M&T easy

Windows 2000

Günter Born

M&T easy

Windows 2000

✓ *leicht*
✓ *klar*
✓ *sofort*

Markt&Technik Verlag

Die Deutsche Bibliothek – CIP-Einheitsaufnahme

**Ein Titeldatensatz für diese Publikation ist bei der
Deutschen Bibliothek erhältlich**

Die Informationen in diesem Produkt werden ohne Rücksicht auf einen
eventuellen Patentschutz veröffentlicht.
Warennamen werden ohne Gewährleistung der freien Verwendbarkeit benutzt.
Bei der Zusammenstellung der Texte und Abbildungen wurde mit größter
Sorgfalt vorgegangen.
Trotzdem können Fehler nicht vollständig ausgeschlossen werden.
Verlag, Herausgeber und Autoren können für fehlerhafte Angaben
und deren Folgen weder eine juristische Verantwortung noch
irgendeine Haftung übernehmen.
Für Verbesserungsvorschläge und Hinweise auf Fehler sind Verlag und
Herausgeber dankbar.

Alle Rechte vorbehalten, auch die der fotomechanischen Wiedergabe und der
Speicherung in elektronischen Medien.
Die gewerbliche Nutzung der in diesem Produkt gezeigten Modelle und Arbeiten
ist nicht zulässig.

Fast alle Hardware- und Software-Bezeichnungen, die in diesem Buch erwähnt werden,
sind gleichzeitig auch eingetragene Warenzeichen oder sollten als solche betrachtet werden.

Umwelthinweis:
Dieses Buch wurde auf chlorfrei gebleichtem Papier gedruckt.
Die Einschrumpffolie – zum Schutz vor Verschmutzung – ist aus
umweltverträglichem und recyclingfähigem PE-Material.

10 9 8 7 6 5 4 3

04 03 02 01

ISBN 3-8272-5654-2

© 2000 by Markt und Technik Verlag,
ein Imprint der Pearson Education Deutschland GmbH,
Martin-Kollar-Straße 10–12, D-81829 München/Germany
Alle Rechte vorbehalten
Umschlaggrafik: Grafikdesign Heinz H. Rauner, Gmund
Illustration: helfer grafik design, München
Lektorat: Nina Krauß, nkrauss@pearson.de
Herstellung: Elisabeth Egger, eegger@pearson.de
Satz: C. Neumann, München
Druck: Kösel, Kempten
Printed in Germany

Inhaltsverzeichnis

Liebe Leserin, lieber Leser ... 11

Die Tastatur 12

Schreibmaschinen-Tastenblock 13
Sondertasten, Funktionstasten,
Kontroll-Leuchten, Zahlenblock 14
Navigationstasten 15

Die Maus 17

»Klicken Sie ...« 17
»Doppelklicken Sie ...« 17
»Ziehen Sie ...« 17

1 Grundlagen und erste Schritte 18

Unter Windows anmelden 20
Was ist ein Desktop? 24
Arbeiten mit der Maus 26
Arbeiten mit Fenstern 32
Die Fenstergröße verändern 37
Fenster verschieben 39
Blättern im Fenster 40
Wo gibt es Hilfe? 42
Windows beenden 53

2 Arbeiten mit Programmen — 56

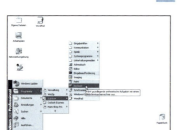

Was ist das Startmenü?	58
Ein Programm starten	58
Umschalten zwischen Programmen	61
Ein Programm beenden	63
Alternativen zum Starten von Programmen	65

3 Der Umgang mit Dateien und Ordnern — 68

Was sind Ordner und Dateien?	70
Laufwerke unter Windows	74
Der Umgang mit Disketten	76
Laufwerke, Dateien und Ordner anzeigen	77
Ordneranzeige sortieren	85
Datei- und Ordneranzeige im Explorer-Modus	88
Zu Laufwerken und Ordnern wechseln	91
Einen neuen Ordner anlegen	94
Eine neue Datei erzeugen	96
Ordner und Dateien umbenennen	98
Ordner und Dateien kopieren	100
Ordner und Dateien verschieben	104
Mehrere Dateien/Ordner gleichzeitig handhaben	106
Eine Diskette kopieren	109
Eine Diskette formatieren	113
Dateien und Ordner löschen	115
Gelöschte Dateien aus dem Papierkorb zurückholen	118

INHALTSVERZEICHNIS

Den Papierkorb leeren 120
Suchen nach Dateien und Ordnern   121
Anzeigeoptionen für Ordnerfenster
anpassen 124
Kleine Erfolgskontrolle 127

4 Schreiben und Zeichnen unter Windows — 130

Schriftstücke mit WordPad
erstellen 132
Texte bearbeiten 139
WordPad-Dokumente speichern,
laden und drucken 146
Ein Textdokument formatieren 153
Bilder mit Paint erstellen 165
Bildteile ausschneiden und
kopieren 175
Ein Bild in Paint speichern, laden
und drucken 178
Text mit Bildern und anderen
Objekten 183
Kleine Erfolgskontrolle 188

5 Umgang mit Briefen, Bildern und anderen Dokumenten — 190

Wie werden Dokumentdateien
dargestellt? 192
Wie lassen sich Dokumentdateien
öffnen? 194
Dokumente auf dem Desktop
einrichten 196
Ein Dokument in verschiedenen
Programmen laden 198
Schnellanzeige des Dateiinhalts 200
Was wurde zuletzt bearbeitet? 202

7

6 Drucken unter Windows _____ 208

Einen neuen Drucker einrichten 210
Den Drucker als Symbol auf dem
Desktop einrichten 218
Wie kann ich ausdrucken? 220
Druckereinstellungen ändern 222
Den Drucker verwalten 225

7 Internet und Web-Surfen mit Windows _____ 230

Was sind Internet, Intranet,
World Wide Web und Browser? 232
Erste Schritte mit dem Internet
Explorer 236
Wo geht's bitte zum WWW? 243
Webseiten merken 250
Dokumentseiten speichern und
drucken 253
Startseite und andere Optionen
einstellen 257
Download von Dateien 261

8 Arbeiten mit Outlook Express _____ 264

Outlook-Express-Schnellübersicht ... 266
E-Mail, die elektronische Post 269
Adressen verwalten 291
Outlook-Express-Objekte löschen 296
Kleine Erfolgskontrolle 299

9 Arbeiten im Netzwerk — 302

Netzwerke, eine kurze Übersicht 302
Wie arbeite ich im Netzwerk? 304
Suchen im Netzwerk 312
Netzlaufwerkressource hinzufügen 316
Netzlaufwerk verbinden und
trennen 318
Drucken im Netzwerk 322
Wie kann ich einen Netzwerk-
drucker einrichten? 323
Wie kann ich einen Drucker
freigeben? 326
Laufwerke/Ordner zur gemein-
samen Benutzung freigeben 328

10 Festplattenpflege und -optimierung — 332

Laufwerke auf Fehler prüfen 334
Laufwerke defragmentieren 336
Laufwerke/Ordner komprimieren ... 339
Dateien verschlüsseln 342
Laufwerke aufräumen 343

11 Windows anpassen — 346

Uhrzeit und Datum einstellen 348
Den Desktop-Hintergrund ändern .. 351
Einen Bildschirmschoner einrichten 358
Die Bildschirmauflösung ändern 360
Windows-Komponenten
installieren 363
Programme installieren 365
Das Startmenü ändern 366
Ein Programmsymbol auf dem
Desktop einrichten 368
Die Maus einrichten 369
Internetzugang und E-Mail-Konto
einrichten 371

Kleine Hilfe bei Problemen — 380

Probleme beim Rechnerstart 380
Probleme mit Tastatur und Maus 381
Probleme mit dem Windows-
Desktop 385
Ordner und Dateien 389
Probleme beim Drucken 392
Probleme mit Benutzer-
berechtigungen 393

Lexikon — 392

Stichwortverzeichnis — 402

Liebe Leserin,
lieber Leser,

Sie haben sich entschlossen in Windows 2000 einzusteigen? Prima, kommen Sie mit. Nach dem Motto »Windows ist eigentlich ganz easy und kann sogar Spaß machen« steigen Sie schrittweise in die Materie ein. Leicht und locker lernen Sie mit Tastatur oder Maus umzugehen, erfahren, was ein Desktop ist und wie eine Diskette in das Laufwerk eingelegt wird.

Mit diesem Grundwissen ist es dann nur noch ein kleiner Schritt, bis Sie professionell mit Fenstern, Programmen, Dateien und Ordnern umgehen können.

Weitere Stationen sind das Schreiben von Briefen oder das Erstellen von Grafiken. Surfen im Internet oder das Bearbeiten Ihrer elektronischen Post (E-Mail) dürfen natürlich nicht fehlen. Auch hier ist der Einstieg ganz easy, denn Schritt-für-Schritt-Anleitungen zeigen Ihnen, wie etwas geht. Nehmen Sie sich etwas Zeit und sehen Sie die Sache locker. Dann klappt der Einstieg und macht sogar Spaß. Vieles lernt sich durch Wiederholen quasi nebenbei. In dieser Hinsicht wünsche ich Ihnen viel Erfolg mit Windows und diesem Buch.

G. Born

Die Tastatur

Auf den folgenden drei Seiten sehen Sie, wie Ihre Computertastatur aufgebaut ist. Damit es für Sie übersichtlich ist, werden Ihnen immer nur bestimmte Tastenblöcke auf einmal vorgestellt. Ein großer Teil der Computertasten funktioniert wie bei der Schreibmaschine. Es gibt aber noch einige zusätzliche Tasten, die für Besonderheiten der Computerarbeit ausgelegt sind. Sehen Sie selbst ...

Schreibmaschinen-Tastenblock

Diese Tasten bedienen Sie genauso wie bei der Schreibmaschine.
Mit der Eingabetaste schicken Sie außerdem Befehle an den Computer ab.

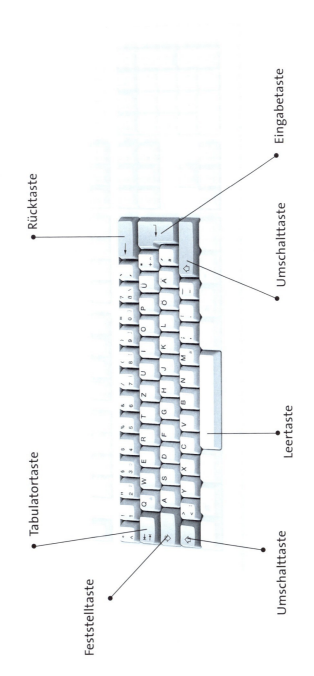

Sondertasten, Funktionstasten, Kontroll-Leuchten, Zahlenblock

Sondertasten und Funktionstasten werden für besondere Aufgaben bei der Computerbedienung eingesetzt; die [Strg]-, [Alt]- und [AltGr]-Taste meist in Kombination mit anderen Tasten. Mit der [Esc]-Taste können Sie Befehle abbrechen, mit [Einfg] und [Entf] u.a. Text einfügen oder löschen.

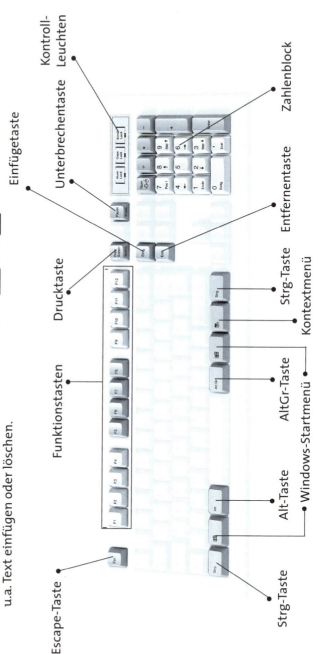

Navigationstasten

Mit diesen Tasten bewegen Sie sich auf dem Bildschirm.

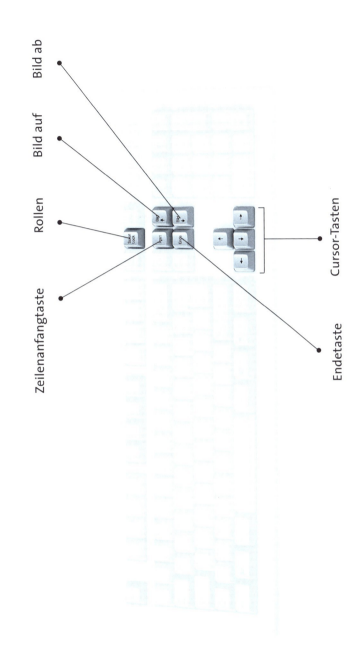

Die Maus

»Klicken Sie ...«
heißt: einmal kurz
auf eine Taste drücken.

Mit der linken
Maustaste klicken

Mit der rechten
Maustaste klicken

»Doppelklicken Sie ...«

heißt: die linke Taste zweimal
schnell hintereinander
ganz kurz drücken.

Doppelklicken

»Ziehen Sie ...«

heißt: auf bestimmte Bildschirm-
elemente mit der linken Maustaste
klicken, die Taste gedrückt halten,
die Maus bewegen und dabei das
Element auf eine andere Position
ziehen.

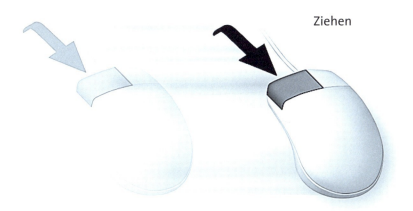

Ziehen

1 und erste Schritte

Was bringt Ihnen dieses Kapitel?

Dieses Kapitel vermittelt Ihnen die Grundlagen zum Umgang mit Windows. Sie können sich nach der Lektüre unter Windows 2000 anmelden und wissen, wie Windows heruntergefahren wird. Weiterhin kennen Sie die wichtigsten Elemente des Windows-Bildschirms. Sie können mit der Maus umgehen und wissen, was Zeigen, Ziehen, Klicken oder Doppelklicken ist. Außerdem haben Sie das Arbeiten mit Fenstern kennen gelernt. Sie wissen, wie sich Fenster öffnen, schließen, verschieben und in der Größe ändern lassen. Zusätzlich beherrschen Sie die Techniken, um über die Windows-Hilfe Informationen abzurufen.

Ihr Erfolgsbarometer

Das lernen Sie neu:

Unter Windows anmelden	20
Was ist ein Desktop?	24
Arbeiten mit der Maus	26
Arbeiten mit Fenstern	32
Die Fenstergröße verändern	37
Fenster verschieben	39
Blättern im Fenster	40
Wo gibt es Hilfe?	42
Windows beenden	53

Unter Windows anmelden

Bevor Sie mit Windows arbeiten können, müssen Sie den Rechner starten, anschließend kurz warten, bis Windows geladen wurde und sich anmelden. Hierzu gehen Sie folgendermaßen vor.

1 Schalten Sie den Rechner und den Monitor ein.

Nach einigen Sekunden wird Windows geladen. Sie sehen dies an einigen Meldungen auf dem Bildschirm.

Sobald Windows geladen ist, erscheint dieses Anmeldefenster (auch als **Anmeldedialog** oder **Dialogfeld** bezeichnet). Windows erwartet jetzt, dass Sie sich mit einem Namen und einem Kennwort anmelden. Dies stellt sicher, dass nur autorisierte Benutzer auf dem Rechner arbeiten können.

Fenster wie das Anmeldefenster werden auch als DIALOGFELDER bezeichnet. Hier zeigt Windows etwas an und erwartet ggf. eine Benutzereingabe. Die kleinen Vierecke im Dialogfeld mit Namen wie OK nennt man SCHALTFLÄCHEN. Ähnlich wie bei den Knöpfen eines Kassettenrecorders kann man durch »Eindrücken« (hier mit der Maus) eine Funktion auslösen. Die weißen Flächen im Dialogfeld erlauben die Eingabe eines Benutzernamens und eines Kennworts und werden als EINGABEFELDER oder TEXTFELDER bezeichnet. Die Elemente eines Dialogfelds fasst man auch mit dem Sammelbegriff STEUERELEMENTE zusammen, da sie zur Steuerung von Funktionen dienen. Dialogfelder und Steuerelemente begegnen Ihnen noch häufiger unter Windows.

Wenn Sie den Rechner gestartet haben und Windows geladen ist, müssen Sie Ihren Benutzernamen und das Kennwort in den gleichnamigen Eingabefeldern eintippen.

Das Feld mit der Bezeichnung *Benutzername* enthält in der Regel bereits Ihren Namen und im Eingabefeld mit der Bezeichnung *Kennwort* erscheint ein senkrechter blinkender Strich. Dies bedeutet, Windows wartet auf eine Eingabe in diesem Feld.

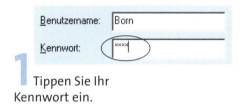

1 Tippen Sie Ihr Kennwort ein.

Das eingetippte Kennwort wird aber durch Sternchen im Textfeld dargestellt. Dies verhindert, dass Unbefugte das Kennwort ausspähen.

Microsoft Windows 2000 unterscheidet bei der Anmeldung bzw. bei der Kennworteingabe nach Groß- und Kleinschreibung. Denken Sie daher daran, für Großbuchstaben die ⇧-Taste gedrückt zu halten. Beachten Sie auch, dass Sie bereits als Benutzer unter Ihrem Namen unter Microsoft Windows 2000 angemeldet sein müssen, um Zugang zum System zu erhalten.

Unter Windows 2000 gibt es einen besonderen Benutzer mit dem Namen »Administrator«, der Benutzernamen und die zugehörigen Kennwörter vergeben darf. Diese Person ist in der Regel auch für das Einrichten und Verwalten Ihres Windows-2000-Systems zuständig. Falls Ihnen also das Kennwort oder der Benutzername fehlt (bzw. Sie das Kennwort vergessen haben), müssen Sie Ihren Administrator fragen. Ähnliches gilt, falls Windows 2000 bei irgendeiner Operation meldet, dass Sie dafür keine Berechtigung besitzen und den Administrator ansprechen sollen.

Wird ein falscher Benutzername im Dialogfeld angezeigt oder fehlt dieser? Dann müssen Sie den Benutzernamen korrigieren.

2 Halten Sie die ⇧-Taste gedrückt und drücken Sie gleichzeitig die ⇆-Taste.

Der Textcursor springt in das Feld *Benutzername*.

3 Tippen Sie jetzt den Benutzernamen ein.

Sind Benutzername und Kennwort richtig eingetragen? Dann können Sie Ihre Eingaben bestätigen.

4 Hierzu drücken Sie die ⏎-Taste.

Windows übernimmt Ihre Eingaben und prüft, ob Sie zur Anmeldung am System berechtigt sind (d.h. ob Benutzername und Kennwort richtig eingetippt wurden). Hat alles geklappt, gelangen Sie zum **Desktop** (siehe unten).

> Wurde ein unbekannter Benutzername oder ein falsches Kennwort eingetippt, verweigert Windows die Anmeldung und zeigt stattdessen einen Fehlerdialog an. Sie müssen dann diesen Fehlerdialog durch Drücken der ⏎-Taste schließen und anschließend den Benutzernamen sowie das Kennwort erneut eingeben. Im Dialogfeld können Sie übrigens durch Drücken der ⇆-Taste bzw. ⇧+⇆ zwischen den beiden Feldern *Benutzername* und *Kennwort* wechseln. Später lernen Sie noch, dass die Textfelder und die Schaltflächen durch Klicken mit der Maus angewählt werden können.

UNTER WINDOWS ANMELDEN

Hat die Anmeldung geklappt? Dann sollte der Windows-Bildschirm mit diesem Fenster erscheinen. Sehen Sie das Fenster *Erste Schritte bei Windows 2000*? Versuchen Sie dieses Fenster zu schließen. Leider muss ich hier auf die Themen der kommenden Seiten vorgreifen. Weitere Hinweise zu diesem Fenster finden Sie später in diesem Kapitel.

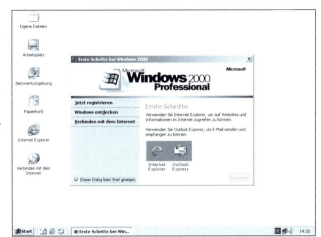

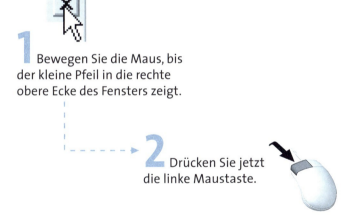

1 Bewegen Sie die Maus, bis der kleine Pfeil in die rechte obere Ecke des Fensters zeigt.

2 Drücken Sie jetzt die linke Maustaste.

Windows schließt dann das Fenster *Erste Schritte bei Windows 2000*.

Bleibt bei Ihnen der Bildschirm dunkel? Vielleicht haben Sie vergessen den Bildschirm einzuschalten. Prüfen Sie bitte auch, ob alle Kabel angeschlossen und die Stecker in der Steckdose eingesteckt sind. Dies gilt auch, wenn der Computer nach dem Einschalten absolut gar nichts tut.

Was ist ein Desktop?

Spätestens nach der Anmeldung präsentiert sich Ihnen Windows ähnlich dem nachfolgend gezeigten Bild.

Dies ist der Arbeitsbereich (oder die **Benutzeroberfläche**) von Windows, der als **Desktop** bezeichnet wird (Desktop ist der englische Name für Schreibtisch). Ähnlich wie auf einem Schreibtisch finden Sie hier im Laufe der Zeit verschiedene Utensilien vor (z.B. Rechner, Papierkorb etc.), mit denen Sie häufig arbeiten.

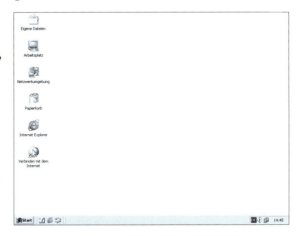

Unter einer BENUTZEROBERFLÄCHE versteht man die Art, wie der Computer Informationen vom Benutzer annimmt und seinerseits Informationen anzeigt. Windows besitzt zum Beispiel eine grafische Oberfläche mit Symbolen und Fenstern.

Enthält der Desktop bei Ihnen mehr Symbole, Fenster, einen blauen Hintergrund oder sogar ein Bild? Dies ist nicht weiter tragisch. Jeder Benutzer kann Windows bzw. den Desktop entsprechend seinen Bedürfnissen anpassen und bei der Installation von Programmen wird der Desktop ebenfalls häufig verändert. Das obige Bild zeigt nur einige ausgewählte Elemente des Desktop. In den verschiedenen Kapiteln dieses Buches lernen Sie weitere Elemente und deren Funktionen kennen.

Arbeitsplatz

Das Symbol **Arbeitsplatz** enthält alle Funktionen (man sagt dazu auch **Ressourcen**), um mit Dateien wie Briefe, Bilder etc. und Programmen auf Ihrem Computer zu arbeiten. Näheres erfahren Sie in den folgenden Kapiteln.

Netzwerkumgebung

Ist das Symbol **Netzwerkumgebung** auf Ihrem Desktop zu sehen? Dann ist der Computer über ein Kabel mit anderen Rechnern in einem Netzwerk eingebunden und Sie können über dieses Symbol auf Funktionen zzugreifen, um Daten mit den anderen Computern eines Netzwerks auszutauschen (siehe Kapitel 9).

Papierkorb

Brauchen Sie etwas (zum Beispiel einen Brief) nicht mehr, »verschieben« Sie dieses Dokument einfach in den Papierkorb. Wie dies genau funktioniert, erfahren Sie in Kapitel 3.

Eigene Dateien

Hinter diesem Symbol verbirgt sich ein Ordner, in dem Sie sehr elegant Dokumente wie Briefe oder Bilder hinterlegen können.

Internet Explorer

Das Symbol **Internet Explorer** erlaubt Ihnen den Zugriff auf das Internet (siehe Kapitel 7).

Verbinden mit dem Internet

Zum Einrichten des Internetzugangs wird das Symbol **Verbinden mit dem Internet** benutzt (siehe Kapitel 7).

Der graue »Balken« am unteren Rand des Bildschirms wird als **Taskleiste** bezeichnet.

In dieser Leiste zeigt Ihnen Windows verschiedene Informationen an.

Rechts in der Taskleiste erscheinen die **Uhrzeit** sowie einige zusätzliche Informationen. Die Zeichen »DE« signalisieren, dass die deutsche Tastaturbelegung benutzt wird.

Die **Schaltfläche** START in der linken Ecke der Taskleiste wird zum Beispiel benutzt, um Programme aufzurufen.

Diese kleinen Symbole stellen ebenfalls Schaltflächen dar. Sie werden benutzt, um bestimmte Programme oder Funktionen direkt per einfachem Mausklick aufzurufen.

Weitere Funktionen der Taskleiste lernen Sie auf den folgenden Seiten und in Kapitel 2 kennen.

Arbeiten mit der Maus

Eine **Maus** sieht so oder zumindest so ähnlich aus. Meist besitzt sie zwei **Tasten** (manchmal auch drei). Die Maus lässt sich über den Schreibtisch bewegen und Sie können die Maustasten drücken.

Zum Drücken einer Maustaste sagt man häufig auch **Klicken**. Am Kapitelanfang haben Sie dies bereits zum Schließen des Fensters *Erste Schritte bei Windows 2000* kennen gelernt. Für Windows benötigen Sie nur die linke und die rechte Maustaste. Eine eventuell vorhandene mittlere Maustaste wird meist durch ein Zusatzprogramm gesteuert, das zur Maus gehört und im zugehörigen Handbuch beschrieben ist. Den Umgang mit der Maus sowie die Bedienung der linken und der rechten Maustaste lernen Sie auf den folgenden Seiten kennen.

Nehmen Sie die Maus so in die Hand, dass der Zeigefinger auf der linken Taste und der Mittelfinger auf der rechten Taste liegt. Die Maus sollte auf einer Unterlage aus Gummi oder Schaumstoff (auch MAUSPAD genannt) liegen. Diese Unterlagen eignen sich besser zum Arbeiten mit der Maus als eine glatte Tischplatte.

1 Nehmen Sie jetzt die Maus in die Hand.

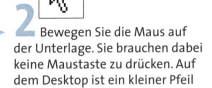

2 Bewegen Sie die Maus auf der Unterlage. Sie brauchen dabei keine Maustaste zu drücken. Auf dem Desktop ist ein kleiner Pfeil zu sehen.

Sobald Sie die Maus verschieben, bewegt sich der Mauszeiger auf dem Bildschirm mit. Dieser kleine Pfeil wird auch als **Mauszeiger** (manchmal auch fälschlicherweise als **Mauscursor**) bezeichnet.

ARBEITEN MIT DER MAUS

3 Verschieben Sie die Maus so lange, bis der Mauszeiger auf das Symbol *Arbeitsplatz* zeigt.

Dies wird als **Zeigen** mit der Maus bezeichnet. Sie können mit der Maus auf alle Elemente (z.B. den Papierkorb, die Taskleiste etc.) des Desktop zeigen.

Eigentlich ist die Anweisung ZEIGEN SIE MIT DER MAUS AUF ... sprachlich nicht ganz korrekt. Die Maus verbleibt ja auf dem Schreibtisch und Sie benutzen den Mauszeiger, um auf ein Bildschirmelement zu deuten. Aber dieser Begriff ist allgemein verbreitet und wird deshalb auch in diesem Buch benutzt.

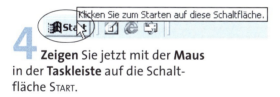

4 **Zeigen** Sie jetzt mit der **Maus** in der **Taskleiste** auf die Schaltfläche START.

Beim Zeigen auf einige Elemente erscheint ein kleines Textfenster, welches als **QuickInfo** bezeichnet wird. Windows gibt Ihnen im QuickInfo-Fenster zusätzliche Informationen.

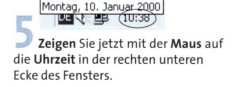

5 **Zeigen** Sie jetzt mit der **Maus** auf die **Uhrzeit** in der rechten unteren Ecke des Fensters.

27

Windows öffnet das QuickInfo-Fenster und blendet den **Wochentag** und das **Datum** ein. Sobald die Maus nicht mehr auf das Element zeigt, schließt Windows automatisch das QuickInfo-Fenster.

Bei vielen Programmen können Sie solche QuickInfo-Fenster abrufen, indem Sie auf ein Element wie zum Beispiel eine Schaltfläche zeigen. Erscheint ein solches Fenster in Form einer »Sprechblase«? Dann klicken Sie zum Schließen auf die Sprechblase. Wie das Klicken funktioniert, erfahren Sie im nächsten Abschnitt.

Das **Zeigen** mit der Maus ist doch recht einfach, oder? Neben dem Zeigen mit der Maus gibt es jedoch noch eine weitere Funktion, die als **Klicken** bezeichnet wird. Auch dies geht ganz einfach:

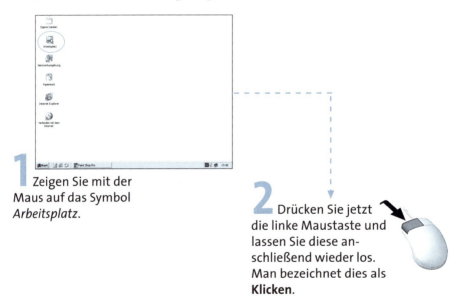

1 Zeigen Sie mit der Maus auf das Symbol *Arbeitsplatz*.

2 Drücken Sie jetzt die linke Maustaste und lassen Sie diese anschließend wieder los. Man bezeichnet dies als **Klicken**.

Das Symbol, welches Sie gerade angeklickt haben, wird farblich hervorgehoben. Wenn Sie ein Element mit einem Mausklick hervorheben, nennt man dies auch **markieren**.

3 Klicken Sie mit der Maus auf eine freie Stelle des Desktop.

ARBEITEN MIT DER MAUS

Windows hebt jetzt die farbige Markierung des Symbols auf, das Symbol sieht dann wie vorher aus.

Arbeitsplatz

4 Klicken Sie jetzt versuchsweise mit der linken Maustaste auf die Schaltfläche START.

Es öffnet sich ein kleines Fenster. Dieses Fenster wird als **Startmenü** bezeichnet.

5 Klicken Sie auf eine freie Stelle im Desktop, um das Startmenü wieder zu schließen.

Der Begriff MENÜ wird Ihnen in Windows häufiger begegnen. Es handelt sich dabei um ein kleines Fenster, welches verschiedene Namen enthält. Ähnlich wie bei einer Speisekarte können Sie auch unter Windows etwas per Mausklick aus einem Menü wählen. Über das STARTMENÜ können Sie Programme oder andere Windows-Funktionen aufrufen (siehe Kapitel 2). Manchmal sind einzelne Buchstaben (als Hinweis auf Abkürzungstasten) im Menünamen unterstrichen. Drücken Sie die Taste, die dem unterstrichenen Buchstaben entspricht (oder (Alt)+Taste), wird der Befehl ausgeführt. Die Unterstreichung von Menübefehlen lässt sich in Windows 2000 aber abschalten.

29

Neben dem Zeigen und Klicken können Sie mit der Maus auch (etwas) **ziehen**:

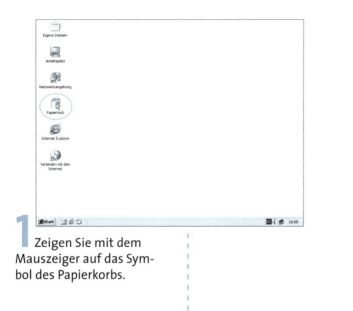

1 Zeigen Sie mit dem Mauszeiger auf das Symbol des Papierkorbs.

2 Drücken Sie die linke Maustaste, halten Sie diese aber weiterhin gedrückt, und ziehen Sie jetzt das Symbol des Papierkorbs über den Bildschirm.

  Unter dem Mauszeiger wird ein zweites Symbol des Papierkorbs angezeigt, welches mit dem Mauszeiger mitwandert.

ARBEITEN MIT DER MAUS

3 Sobald Sie das Symbol des Papierkorbs in die rechte untere Ecke des Desktop gezogen haben, lassen Sie die linke Maustaste wieder los.

Nach dem Ziehen eines Symbols oder Fensters ist dieses noch markiert. Um die Markierung des Symbols nach dem Ziehen aufzuheben, klicken Sie mit der Maus auf eine freie Stelle im Desktop.

Windows verschiebt jetzt das Symbol des Papierkorbs an die Stelle, an der Sie die linke Maustaste losgelassen haben.

Die letzte wichtige Funktion, die Sie mit der Maus ausführen können, bezeichnet man als **Doppelklicken**. Mit einem Doppelklick lassen sich Fenster öffnen oder Programme starten.

1 Zeigen Sie auf das Symbol *Arbeitsplatz*.

2 Drücken Sie kurz hintereinander zweimal die linke Maustaste.

31

Wichtig ist, dass diese beiden Tastendrücke ganz schnell aufeinander folgen.

Wenn alles geklappt hat, öffnet Windows jetzt dieses Fenster mit dem Namen *Arbeitsplatz*.

Der Inhalt des Fensters hängt dabei vom jeweiligen per Doppelklick gewählten Symbol ab. Lassen Sie sich auch nicht stören, wenn bei Ihnen die Symbole kleiner angezeigt werden oder wenn die Schaltflächen am oberen Rand des Fensters einen Text enthalten. Dies lässt sich alles unter Windows einstellen.

Gerade für Anfänger ist das Doppelklicken etwas schwierig. Häufig dauert es zwischen dem ersten und dem zweiten Tastendruck zu lange. Versuchen Sie dann den Doppelklick nochmals, wobei Sie die Tasten schneller drücken.

Bei Windows 2000 gibt es noch eine Funktion, um die Benutzeroberfläche an die Bedienung von Internetseiten anzupassen (siehe auch Kapitel 7). Werden die Desktop-Symbole unterstrichen dargestellt und erscheint beim Zeigen auf ein Symbol eine stilisierte Hand, ist die Option *Öffnen durch einfachen Klick* eingeschaltet. Dann reicht ein einfacher Mausklick anstelle des Doppelklicks, um ein Fenster zu öffnen oder ein Programm zu starten. Diese Funktion ist nach der Windows-Installation standardmäßig deaktiviert. In Kapitel 3 finden Sie Hinweise, wie Sie die Funktion ein- oder ausschalten.

Arbeiten mit Fenstern

In Windows werden Programme und Funktionen in Fenstern (engl. »windows«) ausgeführt und darin Informationen angezeigt. Um sich schnell zurechtzufinden, sollten Sie die wichtigsten Elemente eines

Windows-Fensters kennen. Weiterhin müssen Sie wissen, wie sich solche Fenster öffnen, in der Größe verändern und auch wieder schließen lassen.

1 Arbeitsplatz
Öffnen Sie das Fenster *Arbeitsplatz* mit einem Doppelklick auf das betreffende Symbol.

Der Aufbau der Fenster ist unter Windows weitgehend identisch. Das Fenster *Arbeitsplatz* ist deshalb typisch für viele Windows-Fenster.

Am oberen Fensterrand finden Sie die so genannte **Titelleiste**, in der Windows Ihnen den Namen des Fensters anzeigt.

Unterhalb der Titelleiste ist bei vielen Fenstern eine **Menüleiste** mit Namen wie DATEI, BEARBEITEN, ANSICHT etc. zu sehen. Über diese Menüs lassen sich verschiedene Funktionen aufrufen.

Manche Fenster besitzen zusätzlich eine **Symbolleiste**, über die Sie häufig benutzte Funktionen direkt aufrufen können, ohne zunächst mühsam den Weg über die Menüs gehen zu müssen.

Am unteren Rand besitzen viele Fenster noch eine **Statusleiste**, in der zusätzliche Informationen angezeigt werden.

Hier meldet Windows, dass das Fenster acht Symbole (auch als **Objekte** bezeichnet) enthält. Außerdem sehen Sie, dass gerade der Inhalt von *Arbeitsplatz* angezeigt wird.

Für die ersten Schritte benötigen Sie nur die Symbole der drei kleinen Schaltflächen rechts in der Titelleiste. Über diese Schaltflächen lässt sich ein Fenster schließen oder in der Größe verändern. Die meisten Fenster weisen zumindest eine oder zwei dieser Schaltflächen auf.

2 Zeigen Sie versuchsweise im geöffneten Fenster *Arbeitsplatz* auf die mittlere Schaltfläche. Windows blendet bereits beim Zeigen auf die Schaltfläche einen Hinweis auf deren Funktion in einem QuickInfo-Fenster ein.

ARBEITEN MIT FENSTERN

3 Klicken Sie jetzt auf die mittlere Schaltfläche.

Windows vergrößert das Fenster so weit, bis es den gesamten Bildschirm einnimmt. Man sagt, das Fenster ist **maximiert**. Beachten Sie, dass sich das Symbol für die mittlere Schaltfläche verändert hat.

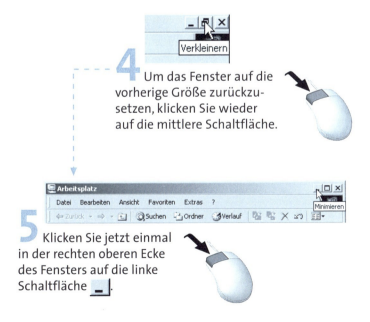

4 Um das Fenster auf die vorherige Größe zurückzusetzen, klicken Sie wieder auf die mittlere Schaltfläche.

5 Klicken Sie jetzt einmal in der rechten oberen Ecke des Fensters auf die linke Schaltfläche.

35

Das Fenster verschwindet vom
Desktop. Wenn Sie aber genau
hinschauen, wurde es lediglich
zum Symbol verkleinert. Sie
finden das Symbol als Schaltfläche in der Taskleiste.

6 Um das Fenster wieder
zu öffnen, klicken Sie in der
Taskleiste auf die Schaltfläche
Arbeitsplatz.

Windows zeigt in der Taskleiste die Symbole der meisten geöffneten Fenster und
Programme an. Klicken Sie auf eine solche Schaltfläche, holt Windows das zugehörige Fenster auf dem Desktop in den Vordergrund. Ist das Fenster bereits im
Vordergrund zu sehen, verkleinert ein Mausklick auf die Schaltfläche in der Taskleiste das Fenster erneut zum Symbol. In Kapitel 2 finden Sie weitere Hinweise,
wie sich die Taskleiste zum Umschalten zwischen Fenstern verwenden lässt.

Bleibt nur noch die Aufgabe, ein geöffnetes Fenster endgültig zu schließen.

7 Klicken Sie in der
rechten oberen Ecke
des Fensters auf die
Schaltfläche ❌.

Die meisten Fenster weisen die Schaltfläche X auf. Möchten Sie also ein Programm beenden oder ein Fenster schließen, reicht ein Mausklick auf diese Schaltfläche.

Über diese Schaltfläche wird das Fenster komplett geschlossen. Sie erkennen dies daran, dass das Symbol aus der Taskleiste verschwindet.

Die Fenstergröße verändern

Im vorhergehenden Lernschritt haben Sie ein Fenster über die Schaltflächen in der rechten oberen Ecke zur vollen Bildschirmgröße vergrößert oder zu einem Symbol verkleinert. Häufig ist es jedoch vorteilhafter, ein Fenster stufenlos auf die gewünschte Größe einzustellen. Dies ist in Windows sehr einfach möglich.

1 Zeigen Sie mit der Maus versuchsweise auf den rechten Rand des betreffenden Fensters.

2 Zeigen Sie auf den unteren Rand und auf eine der Ecken.

Sobald Sie auf die richtige Stelle am Fensterrand zeigen, nimmt der Mauszeiger die Form eines Doppelpfeils an. Notfalls müssen Sie die Maus etwas verschieben, bis dieser Doppelpfeil erscheint. Der Doppelpfeil zeigt dabei die Richtung an, in der sich das Fenster in der Größe verändern lässt. Sie können daher den linken/rechten Fensterrand zum Verändern der Fensterbreite verwenden. Der untere/obere Fensterrand ändert die Höhe und mit den Ecken lässt sich die Fenstergröße proportional einstellen.

3 Zeigen Sie erneut auf den Rand des Fensters.

4 Erscheint der Doppelpfeil, ziehen Sie den Fensterrand bei gedrückter linker Maustaste in die gewünschte Richtung.

Je nach Einstellung zeigt Windows bereits beim Ziehen die neue Fenstergröße an oder stellt diese durch eine gestrichelte Linie dar.

5 Erreicht das Fenster die gewünschte Größe, lassen Sie die linke Maustaste los.

Windows passt jetzt die Größe des Fensters entsprechend an.

Sie können auf diese Weise die Größe eines Fensters beliebig verändern. Ziehen Sie den Rahmen per Maus nach außen, wird das Fenster größer. »Schieben« Sie den Rahmen in das Fenster hinein, verkleinert Windows dieses. Je nach gewähltem Darstellungsmodus wird der linke Teil des Fensters beim Verkleinern durch einen »Balken« abgetrennt. Bei sehr kleinen Fenstern verschwindet dieser linke Rand wieder.

Fenster verschieben

Eine der Stärken von Windows liegt darin, dass Sie gleichzeitig mit mehreren Programmen oder Fenstern arbeiten können. Probieren Sie dies am besten selbst aus.

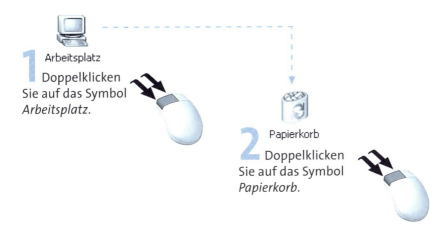

1 Arbeitsplatz
Doppelklicken Sie auf das Symbol *Arbeitsplatz*.

2 Papierkorb
Doppelklicken Sie auf das Symbol *Papierkorb*.

Falls Sie diese Schritte richtig durchgeführt haben, sehen Sie zwei Fenster auf dem Desktop. Leider überlappen sich diese beiden Fenster und der Inhalt des Hintergrundfensters wird teilweise verdeckt.

Sie könnten zwar ein Fenster schließen. Oder Sie klicken per Maus auf das im Hintergrund befindliche Fenster (oder auf dessen Schaltfläche in der Taskleiste), um dieses in den Vordergrund zu holen. Häufig besteht aber der Wunsch, die beiden Fenster nebeneinander anzuordnen, um den Inhalt beider Fenster gleichzeitig zu sehen. Dies ist aber nicht ganz so einfach. Ziehen Sie den Fensterrand, ändert sich lediglich die Fenstergröße. Auch der Versuch, den Fensterinhalt mit der Maus zu ziehen, wird nicht klappen. Um ein Fenster zu verschieben, ist ein kleiner Trick erforderlich.

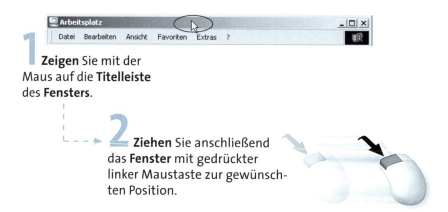

1 Zeigen Sie mit der Maus auf die **Titelleiste** des **Fensters**.

2 Ziehen Sie anschließend das **Fenster** mit gedrückter linker Maustaste zur gewünschten Position.

Je nach Einstellung verschiebt Windows das Fenster oder zeigt beim Ziehen die neue Fensterposition durch eine gestrichelte Linie an.

3 Sobald sich das Fenster an der gewünschten Position befindet, lassen Sie die linke Maustaste los.

Windows verschiebt das Fenster an die neue Position. Bei entsprechend gewählter Fenstergröße können Sie nun beide Fenster auf dem Desktop sehen. Der Fensterinhalt wird dabei so angepasst, dass die wichtigsten Elemente sichtbar bleiben.

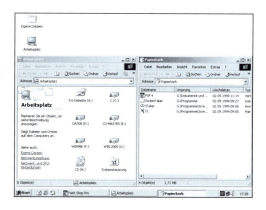

Blättern im Fenster

Was passiert, wenn der Inhalt eines Fensters zu umfangreich ist, um bei der aktuellen Fenstergröße angezeigt zu werden?

BLÄTTERN IM FENSTER

1 Öffnen Sie das Fenster *Arbeitsplatz*.

2 Verkleinern Sie das Fenster, bis ein Teil des Inhalts verschwindet.

Hier sehen Sie das Fenster *Arbeitsplatz*, welches entsprechend verkleinert wurde.

Sobald das Fenster nicht mehr alle Informationen anzeigen kann, erhält das Fenster am rechten oder manchmal auch am unteren Rand eine so genannte **Bildlaufleiste**. Diese Bildlaufleiste erlaubt es Ihnen, den sichtbaren Inhalt des Fensters auszuwählen. Sie können sich dies als eine Art »Blättern« vorstellen.

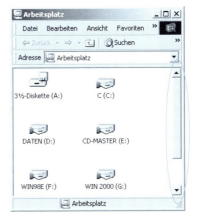

Um in einem Fenster den Inhalt per Bildlaufleiste zu verschieben, gehen Sie folgendermaßen vor:

1 Zeigen Sie mit der Maus auf die rechteckige Fläche innerhalb der Bildlaufleiste. Diese Fläche wird auch als **Bildlauffeld** bezeichnet.

2 Ziehen Sie jetzt das Bildlauffeld per Maus in die gewünschte Richtung. Windows zeigt dann andere Ausschnitte des Fensterinhalts an.

HINWEIS: In den beiden obigen Bildern ist nur eine vertikale Bildlaufleiste zu sehen. Fenster können jedoch auch eine horizontale Bildlaufleiste besitzen. Dann lässt sich der Fensterinhalt nach rechts oder links verschieben. Beim Schreiben eines Texts können Sie beispielsweise über diese Bildlaufleiste im Text blättern.

HINWEIS: An den Enden der Bildlaufleiste sehen Sie die zwei Schaltflächen ◄ und ►. Ist Ihnen das Blättern mit dem Bildlauffeld zu grob, können Sie mit einem Mausklick auf die jeweilige Schaltfläche schrittweise im Dokument blättern. Die Spitze des Pfeils zeigt dann die Richtung an, in die geblättert wird.

Wo gibt es Hilfe?

Vermutlich bleiben nach der Lektüre dieses Buches noch Fragen offen, die Ihnen vielleicht die in Windows eingebaute Hilfefunktion beantwortet. Um das Fenster der Windows-Hilfe anzuzeigen, gehen Sie folgendermaßen vor:

HINWEIS: Falls kein Fenster geöffnet ist, können Sie auch die Funktionstaste [F1] drücken, um die Hilfe abzurufen.

1 Klicken Sie auf die Schaltfläche *Start*, um das Menü START zu öffnen.

2 Klicken Sie auf den Befehl HILFE.

Wo gibt es Hilfe?

Windows öffnet jetzt das zweigeteilte Fenster der Hilfe. Diese Teile werden nach dem englischen Begriff für Rahmen als »Frames« bezeichnet. Der linke Frame enthält vier **Registerkarten** mit den Namen *Inhalt, Index, Suchen* und *Favoriten*. Der rechte Frame zeigt den Hilfetext (bzw. beim ersten Aufruf die Startseite) an.

In vielen Fenstern reicht der Platz zur Darstellung aller Informationen nicht aus. Windows benutzt daher so genannte REGISTERKARTEN zur Anzeige. Diese Registerkarten werden hintereinander angeordnet und lassen sich jeweils durch Anklicken des zugehörigen Registerreiters in den Vordergrund holen. Sie sehen dann immer nur den Inhalt der jeweils aktivierten Registerkarte.

Die Registerkarte *Inhalt* funktioniert wie das Inhaltsverzeichnis eines Buches. Die einzelnen Überschriften sind durch stilisierte Bücher oder Seiten gekennzeichnet.

3 Klicken Sie auf das Symbol eines »geschlossenen« Buches , um die einem Thema zugeordneten Überschriften zu sehen.

4 Ein Mausklick auf das Dokumentsymbol [?] öffnet die betreffende Hilfeseite.

Der Inhalt der gewählten Hilfeseite erscheint im rechten Frame. Über die Bildlaufleiste lässt sich in diesem Text blättern.

Unterstrichene Stellen im Text stellen Verweise (engl. Hyperlinks) auf andere Informationen dar. Zeigen Sie auf einen solchen **Hyperlink**, nimmt der Mauszeiger die Form einer Hand an. Ein Mausklick auf den Hyperlink zeigt das betreffende Thema an. Bei einigen anderen Textstellen blendet ein Mausklick jeweils einen Zusatztext ein oder aus. Sie erkennen solche Stellen daran, dass diese in grüner Schriftfarbe dargestellt sind und der Mauszeiger ebenfalls die Form einer Hand annimmt.

 Haben Sie einen Hyperlink angeklickt bzw. mehrere Hilfeseiten abgerufen, lässt sich mit den beiden Schaltflächen *Vorwärts* und *Zurück* zwischen diesen Seiten blättern.

HYPERLINK ist ein Begriff, der häufig in Verbindung mit Internet-Dokumenten auftritt. Ein Hyperlink definiert einen Verweis auf ein Folgedokument. Sobald Sie diesen Verweis anwählen, wird das Folgedokument angezeigt.

Sie können auch gezielt in der Hilfe nach bestimmten Begriffen suchen. Die Registerkarte *Index* entspricht dem Stichwortverzeichnis eines Buches.

Wo gibt es Hilfe?

1 Klicken Sie auf den Reiter der Registerkarte *Index*.

Diese Art »Kästchen« für Eingaben werden Ihnen noch häufiger begegnen. Man nennt diese Kästchen auch FELDER oder TEXT-FELDER.

2 Tippen Sie im Kästchen oberhalb der Liste mit den Indexeinträgen den **Suchbegriff** ein.

Existiert ein entsprechendes Stichwort, zeigt Windows dieses im unteren Teil des Fensters an.

3 Klicken Sie in der Liste auf den gefundenen Begriff und anschließend auf die Schaltfläche *Anzeigen*.

Jetzt erscheint der zugehörige Hilfetext im rechten Teil des Hilfefensters.

Bei langen Texten lässt sich im rechten Teil mittels der Bildlaufleiste blättern. Werden andere Fenster durch das Hilfefenster verdeckt? Dann verkleinern oder schließen Sie das Hilfefenster.

Die Windows-Hilfe erlaubt Ihnen zusätzlich die Suche nach bestimmten Begriffen.

> **HINWEIS**
> Ist kein Programmfenster geöffnet, können Sie die Windows-Hilfe auch direkt über die [F1]-Taste aufrufen.

1 Öffnen Sie das Hilfefenster und klicken Sie auf den Registerreiter *Suchen*. Im linken Frame erscheint die Registerkarte *Suchen*.

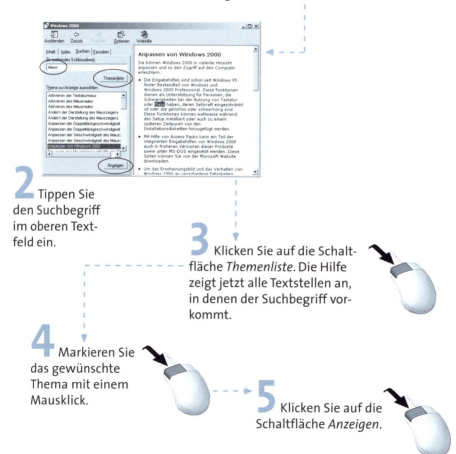

2 Tippen Sie den Suchbegriff im oberen Textfeld ein.

3 Klicken Sie auf die Schaltfläche *Themenliste*. Die Hilfe zeigt jetzt alle Textstellen an, in denen der Suchbegriff vorkommt.

4 Markieren Sie das gewünschte Thema mit einem Mausklick.

5 Klicken Sie auf die Schaltfläche *Anzeigen*.

Im rechten Hilfe-Frame wird der Inhalt des Themas angezeigt.

WO GIBT ES HILFE?

Benötigen Sie eine angezeigte Hilfeseite später nochmals oder möchten Sie sich die Seite »merken lassen«?

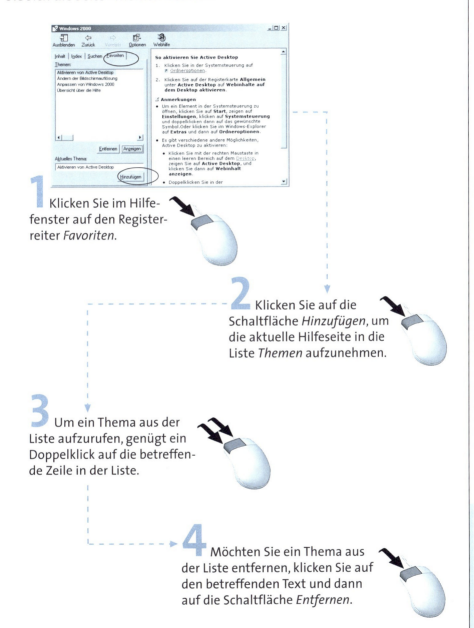

1 Klicken Sie im Hilfefenster auf den Registerreiter *Favoriten*.

2 Klicken Sie auf die Schaltfläche *Hinzufügen*, um die aktuelle Hilfeseite in die Liste *Themen* aufzunehmen.

3 Um ein Thema aus der Liste aufzurufen, genügt ein Doppelklick auf die betreffende Zeile in der Liste.

4 Möchten Sie ein Thema aus der Liste entfernen, klicken Sie auf den betreffenden Text und dann auf die Schaltfläche *Entfernen*.

Weiterhin unterstützen verschiedene Programme den Aufruf des Hilfefensters. Dies wird hier am Beispiel des Fensters *Arbeitsplatz* gezeigt.

1 Öffnen Sie das Fenster *Arbeitsplatz*.

2 Klicken Sie in der Menüleiste auf das Fragezeichen.

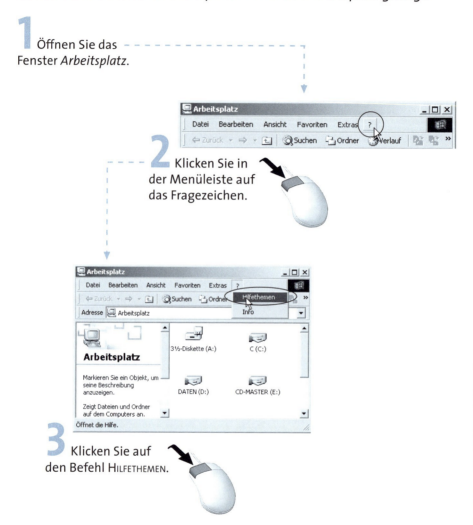

3 Klicken Sie auf den Befehl HILFETHEMEN.

Windows zeigt das Fenster mit den Registerkarten *Themen*, *Index*, *Suchen* und, je nach Programm, zusätzlich *Favoriten* an.

Aber dies ist noch nicht alles. Finden Sie die QuickInfo-Fenster hilfreich, die Windows beim Zeigen auf verschiedene Objekte einblendet? Etwas Ähnliches gibt es auch in einigen Programmfenstern.

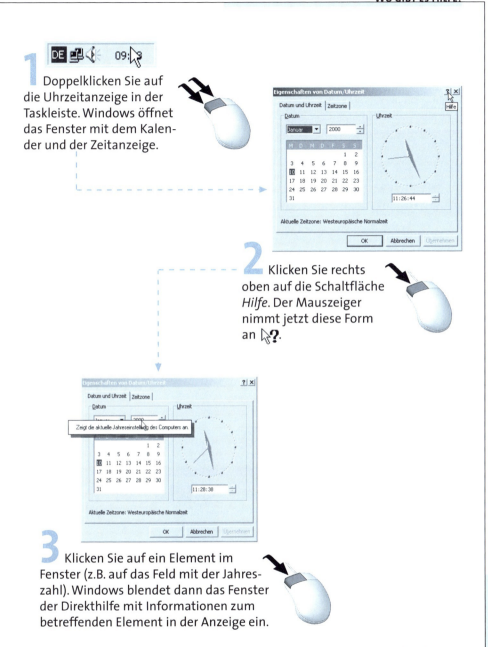

1 Doppelklicken Sie auf die Uhrzeitanzeige in der Taskleiste. Windows öffnet das Fenster mit dem Kalender und der Zeitanzeige.

2 Klicken Sie rechts oben auf die Schaltfläche *Hilfe*. Der Mauszeiger nimmt jetzt diese Form an.

3 Klicken Sie auf ein Element im Fenster (z.B. auf das Feld mit der Jahreszahl). Windows blendet dann das Fenster der Direkthilfe mit Informationen zum betreffenden Element in der Anzeige ein.

Zum Schließen des Hilfefensters klicken Sie auf eine andere Stelle des Fensters.

Das Eigenschaftenfenster schließen Sie über die Schaltfläche OK.

WAS IST DAS Das Fenster zur Anzeige von Datum und Uhrzeit wird auch als EIGENSCHAFTENFENSTER bezeichnet. Windows benutzt diese Fenster, um die Eigenschaften eines Objekts (hier der Uhrzeit und des Datums) anzuzeigen bzw. vom Benutzer ändern zu lassen. Die Eigenschaften werden immer in Registerkarten zusammengefasst.

Erscheint beim Start von Windows das Fenster *Erste Schritte bei Windows 2000*? Auch hier können Sie einige Informationen erhalten.

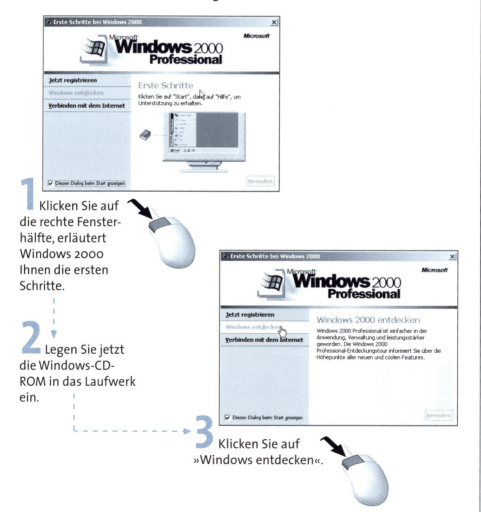

1 Klicken Sie auf die rechte Fensterhälfte, erläutert Windows 2000 Ihnen die ersten Schritte.

2 Legen Sie jetzt die Windows-CD-ROM in das Laufwerk ein.

3 Klicken Sie auf »Windows entdecken«.

Windows startet jetzt ein interaktives **Lernprogramm**, in dem Sie verschiedene Lektionen zur Einführung in Windows abrufen können. Sie brauchen nur auf die jeweiligen Themen zu klicken, um die Lektion anzuwählen. Über den Hyperlink *Beenden* in der linken unteren Ecke beenden Sie das Programm.

Soll das Fenster *Erste Schritte bei Windows 2000* beim nächsten Start nicht mehr erscheinen?

1 Klicken Sie auf das **Kontrollkästchen** »Diesen Dialog beim Start anzeigen«. Das Häkchen im Kontrollkästchen muss verschwunden sein.

2 Klicken Sie auf die Schaltfläche *Beenden* in der rechten unteren Ecke des Fensters.

Jetzt wird das Fenster geschlossen und taucht auch später beim Systemstart nicht mehr auf.

Das kleine Rechteck in der linken unteren Ecke wird als KONTROLLKÄSTCHEN bezeichnet. Kontrollkästchen tauchen in vielen Fenstern auf und erlauben es, eine bestimmte Option ein- oder auszuschalten. Ein Häkchen im Kontrollkästchen zeigt, dass die Option aktiviert ist. Durch Anklicken lässt sich das Häkchen setzen oder löschen.

In den folgenden Kapiteln lernen Sie den Umgang mit Dateien und Ordnern im Fenster *Arbeitsplatz* bzw. in untergeordneten Fenstern. Windows 2000 besitzt dabei die Möglichkeit Ihnen beim Lernen mit Tipps und Tricks unter die Arme zu greifen.

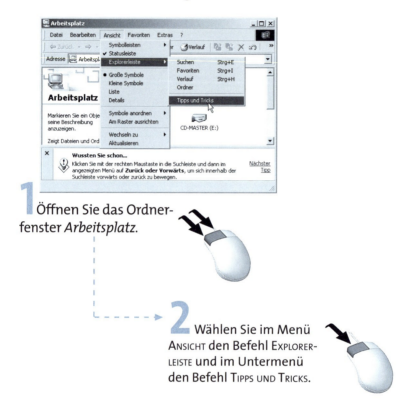

1 Öffnen Sie das Ordnerfenster *Arbeitsplatz*.

2 Wählen Sie im Menü Ansicht den Befehl Explorerleiste und im Untermenü den Befehl Tipps und Tricks.

Im Fenster *Arbeitsplatz* wird im unteren Bereich ein Tippfenster mit Hinweisen eingeblendet. Über den Hyperlink *Nächster Tipp* können Sie die einzelnen Tipp-Seiten abrufen. Benötigen Sie das Fenster mit den Tipps nicht mehr, schließen Sie dieses über das Symbol ✗ in der linken oberen Ecke des Tipp-Fensters.

Windows beenden

Bevor Sie sich mit den nächsten Schritten befassen, bleibt noch eine Frage: Wie wird Windows 2000 eigentlich beendet? Nachdem Sie alle geladenen Programme beendet und eventuell geöffnete Fenster geschlossen haben, müssen Sie Windows gezielt beenden.

Sie könnten vielleicht auf die Idee kommen den Computer samt Bildschirm einfach auszuschalten. Dann wird Windows 2000 zwangsweise beendet. Dies sollten Sie aber niemals tun. Dies kann dazu führen, dass Daten verloren gehen und Windows anschließend nicht mehr startet! Daher sollten Sie immer den folgenden Weg zum Herunterfahren des Rechners wählen.

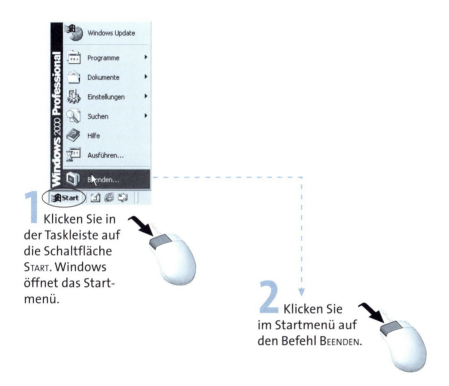

1 Klicken Sie in der Taskleiste auf die Schaltfläche START. Windows öffnet das Startmenü.

2 Klicken Sie im Startmenü auf den Befehl BEENDEN.

Windows öffnet jetzt das Dialogfeld *Windows herunterfahren*.

3 Ist im **Listenfeld** *Wählen Sie eine der folgenden Optionen* der Text »Herunterfahren« enthalten, klicken Sie auf die *OK*-Schaltfläche.

In einigen Dialogfeldern reicht der Platz nicht, um verschiedene Optionen darzustellen. Dann werden LISTENFELDER verwendet, die die Optionen als Liste enthalten. Öffnen Sie ein solches Listenfeld durch Anklicken des Pfeils, wird die Liste sichtbar. Dann können Sie eine Option durch Anklicken wählen.

Falls das Listenfeld einen anderen Text (z.B. »Neu starten«) enthält, müssen Sie die Option umstellen.

1 Klicken Sie auf den Pfeil rechts neben dem Listenfeld.

WINDOWS BEENDEN

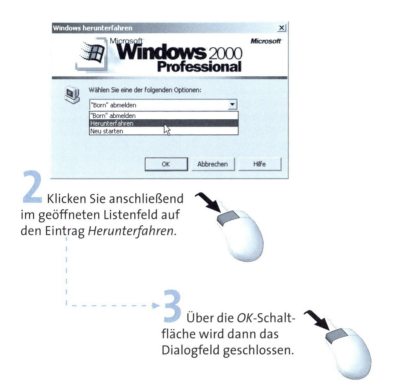

2 Klicken Sie anschließend im geöffneten Listenfeld auf den Eintrag *Herunterfahren*.

3 Über die *OK*-Schaltfläche wird dann das Dialogfeld geschlossen.

Windows erkennt die Aufforderung zum Beenden und beginnt mit dem »Aufräumen«. Hierbei werden Daten auf die Festplatte gespeichert, eventuell noch laufende Programme beendet und die Einstellungen für den nächsten Windows-Start gesichert.

Sobald ein Hinweisfenster mit der Meldung »Sie können den Computer jetzt ausschalten« auf dem Bildschirm erscheint, dürfen Sie den Computer ausschalten.

2 mit Programmen

Was bringt Ihnen dieses Kapitel?

Wenn Sie in Windows einen Brief schreiben, etwas ausdrucken oder ein Fenster öffnen, steckt letztendlich ein Programm dahinter. In diesem Kapitel erfahren Sie, wie man Programme über das Windows-Startmenü oder über die Symbole des  Desktop startet. Weiterhin wird gezeigt, wie Sie zwischen mehreren geladenen Programmen umschalten können.

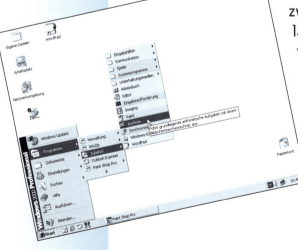

Ihr Erfolgsbarometer

Das können Sie schon:

Unter Windows anmelden	20
Arbeiten mit der Maus	26
Arbeiten mit Fenstern	32
Die Fenstergröße verändern	37
Wo gibt es Hilfe?	42
Windows beenden	53

Das lernen Sie neu:

Was ist das Startmenü?	58
Ein Programm starten	58
Umschalten zwischen Programmen	61
Ein Programm beenden	63
Alternativen zum Starten von Programmen	65

Was ist das Startmenü?

Das **Startmenü** haben Sie bereits kurz in Kapitel 1 kennen gelernt.

1 Klicken Sie in der linken unteren Ecke des Bildschirms auf die Schaltfläche Start.

Windows öffnet ein kleines Fenster mit verschiedenen Symbolen und Namen. Dieses Fenster wird als **Startmenü** bezeichnet. Ähnlich wie bei einer Speisekarte lassen sich jetzt verschiedene Einträge wählen. Diese Einträge sind Windows-Befehle, mit denen Sie verschiedene Funktionen aufrufen, Untermenüs öffnen oder Programme starten können. In Kapitel 1 wurde dies bereits genutzt, um die Windows-Hilfe über den Befehl Hilfe aufzurufen.

Ein Programm starten

Das Starten eines Programms können Sie eigentlich schon. Haben Sie beim Bearbeiten von Kapitel 1 das Fenster *Arbeitsplatz* durch einen Doppelklick auf das Desktop-Symbol geöffnet? Oder haben Sie die Windows-Hilfe über das Startmenü aufgerufen? Damit haben Sie letztendlich Programme gestartet. Aber es gibt noch weitere Programme unter Windows und viele dieser Programme werden über das **Startmenü** aufgerufen. Die Abläufe beim Starten sind für verschiedene Programme identisch. Deshalb soll das Starten eines Programms nochmals exemplarisch gezeigt werden.

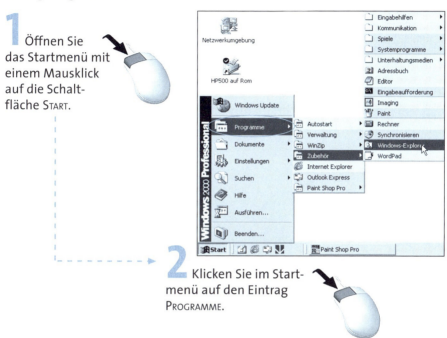

1 Öffnen Sie das Startmenü mit einem Mausklick auf die Schaltfläche START.

2 Klicken Sie im Startmenü auf den Eintrag PROGRAMME.

Windows öffnet ein weiteres Fenster, welches als **Untermenü** bezeichnet wird.

Sie sehen dort die Symbole für Programme wie INTERNET EXPLORER oder OUTLOOK EXPRESS etc., je nachdem, welche Programme auf Ihrem Computer installiert sind.

Neben den Einträgen für Programme enthält das Startmenü noch Einträge, die mit dem Symbol versehen sind. Dieses Symbol (und das kleine Dreieck am rechten Rand eines Eintrags) zeigt so genannte **Programmgruppen** (z.B. AUTOSTART, ZUBEHÖR etc.) an. Programmgruppen fassen mehrere Programmsymbole (oder weitere Gruppen) zu einem **Untermenü** zusammen. Klicken Sie auf das Symbol einer Programmgruppe, öffnet sich ein weiteres **Untermenü**, welches Symbole für weitere Programmgruppen oder Programme aufweisen kann. In der Programmgruppe ZUBEHÖR finden Sie zum Beispiel weitere Untergruppen wie EINGABEHILFEN oder SYSTEMPROGRAMME. Welche Menüs und Untermenüs bei Ihnen im Startmenü zu sehen sind, hängt von den installierten Programmen ab.

> Windows 2000 zeigt im Menü nur die Einträge, die wichtig sind oder häufig benutzt werden. Vermissen Sie in Ihrem Startmenü vielleicht einige Einträge und ist am unteren Menürand das Symbol [⯆] zu sehen? Klicken Sie auf dieses Symbol, blendet Windows anschließend die »versteckten« Menüeinträge ein. Sie erkennen dies daran, dass der Hintergrund der betreffenden Namen etwas heller als der restliche Menühintergrund ist. Klicken Sie den betreffenden Eintrag einmal an, merkt sich Windows dies. Der Befehl wird beim nächsten Öffnen des Menüs automatisch angezeigt. Diesen Effekt können Sie übrigens auch bei den Menüs verschiedener Programme beobachten.

Jetzt soll der Windows-Rechner (ein kleiner »Taschenrechner«) aufgerufen werden. Hierzu sind folgende Schritte notwendig.

1 Öffnen Sie (falls noch nicht geschehen) das Startmenü mit einem Mausklick auf die Schaltfläche START.

2 Zeigen Sie anschließend mit der Maus auf den Menüeintrag PROGRAMME.

3 Im Untermenü PROGRAMME zeigen Sie nun auf den Eintrag ZUBEHÖR.

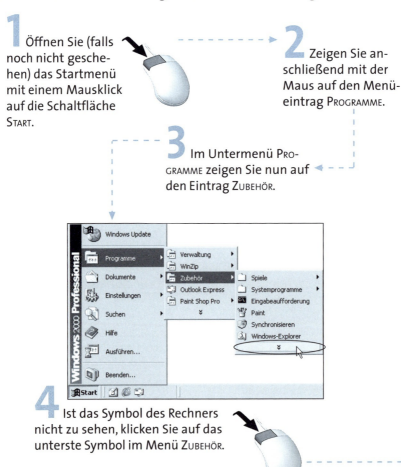

4 Ist das Symbol des Rechners nicht zu sehen, klicken Sie auf das unterste Symbol im Menü ZUBEHÖR.

Umschalten zwischen Programmen

5 Im Untermenü ZUBEHÖR klicken Sie jetzt auf den Eintrag RECHNER.

Der Windows-Rechner wird als Programm gestartet. Gleichzeitig wird das Fenster dieses Programms auf dem Desktop sichtbar und Windows schließt automatisch das Startmenü.

Sie können auf diese Weise alle Programme starten, die als Symbol im Startmenü eingetragen sind. Entsprechende Beispiele hierzu finden Sie auf den folgenden Seiten dieses Buches.

Umschalten zwischen Programmen

Windows ermöglicht es Ihnen, mehrere Programme gleichzeitig zu laden. Anschließend können Sie zwischen den verschiedenen Programmen umschalten und sogar Daten zwischen den Programmen austauschen.

1 Öffnen Sie das Startmenü und zeigen Sie auf PROGRAMME/ZUBEHÖR.

2 Klicken Sie im Menü ZUBEHÖR auf den Eintrag WINDOWS-EXPLORER.

Ausgehend von den vorhergehenden Schritten enthält der Desktop jetzt zwei überlappende Fenster, die zu den gestarteten Programmen gehören. Sie können anschließend mit dem Rechner arbeiten oder Dateien ansehen, ohne vorher das zuletzt benutzte Programm beenden zu müssen.

3 Um beispielsweise mit dem Rechner zu arbeiten, klicken Sie in der Taskleiste auf dessen Symbol.

Das Fenster des Rechners gelangt in den Vordergrund und Sie können mit dem Programm arbeiten.

Windows zeigt in der **Taskleiste** die **Symbole** der geladenen **Programme** an. Die Schaltfläche des aktiven Fensters wird dabei »eingedrückt« dargestellt. Ein **Wechsel** zu einem anderen **Programmfenster** ist durch Anklicken der jeweiligen **Schaltfläche** in der Taskleiste jederzeit möglich. Klicken Sie dagegen auf die »eingedrückt« dargestellte Schaltfläche des aktiven Fensters, verschwindet dieses im Vordergrund und ein anderes Fenster wird im Vordergrund sichtbar.

Neben den Schaltflächen der Taskleiste können Sie noch die Tastenkombination [Alt]+[⇆] zum Umschalten zwischen Programmen verwenden. Halten Sie die [Alt]-Taste gedrückt und betätigen Sie die [⇆]-Taste.

Windows zeigt ein Fenster mit den Symbolen der geladenen Programme an. Jeder Druck auf die [⇆]-Taste markiert ein anderes Programm. Lassen Sie die [Alt]-Taste los, wird das zuletzt gewählte Programmfenster in den Vordergrund »geholt«.

Ein Programm beenden

In Kapitel 1 haben Sie bereits die Techniken zum Schließen eines Fensters kennen gelernt. Ein Programm lässt sich auf ähnliche Weise beenden.

1 Holen Sie das Fenster des Rechners durch einen Mausklick auf die betreffende Schaltfläche in der Taskleiste in den Vordergrund.

Die meisten Fenster besitzen eine Schaltfläche *Schließen*.

2 Klicken Sie in der rechten oberen Ecke auf die Schaltfläche *Schließen*.

Windows schließt das Fenster des Rechners und beendet gleichzeitig das zugehörige Programm. Das Schließen eines Programms funktioniert demnach wie das Schließen eines Fensters.

Abhängig vom Programm gibt es jedoch noch weitere Methoden zum Schließen.

1 Holen Sie das noch geöffnete Explorerfenster (mit dem Titel *Eigene Dateien*) in den Vordergrund.

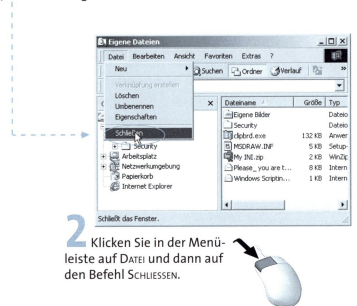

2 Klicken Sie in der Menüleiste auf DATEI und dann auf den Befehl SCHLIESSEN.

Die meisten Fenster enthalten im Menü DATEI einen Befehl mit dem Namen BEENDEN oder SCHLIESSEN. Sobald Sie diesen Befehl wählen, wird das Fenster geschlossen. Enthält ein Programmfenster noch ungespeicherte Daten (z.B. einen gerade geschriebenen Brief), erhalten Sie Gelegenheit diese Daten zu speichern. Wie dies geht, erfahren Sie in den folgenden Kapiteln.

Alternativen zum Starten von Programmen

Das Startmenü ermöglicht Ihnen auf schnellem Weg ein Programm aufzurufen. Allerdings gibt es Nachteile: Das Programm muss so installiert werden, dass ein Eintrag im Startmenü vorhanden ist (siehe auch Kapitel 11). Weiterhin müssen Sie unter Umständen mehrere Menüs öffnen, bevor das betreffende Programm als Eintrag im Menü erscheint. Windows bietet Ihnen verschiedene Alternativen, um Programme zu starten:

Ist das Symbol des Programms auf dem Desktop zu sehen?

1 Internet Explorer
Doppelklicken Sie auf das Symbol eines solchen Programms.

Wie Sie selbst ein Programm als Symbol auf dem Desktop einrichten, erfahren Sie in Kapitel 11. Dort wird auch gezeigt, wie Programme in das Startmenü aufgenommen oder daraus entfernt werden können.

Windows wird dann das zugehörige Programm sofort starten. Dies haben Sie bereits (ohne es zu wissen) beim Doppelklicken auf das Symbol *Arbeitsplatz* kennen gelernt. Ist beispielsweise das Symbol des Internet Explorer auf dem Desktop zu sehen, genügt ein Doppelklick auf dieses Symbol. Schon öffnet Windows das Fenster des Internet Explorers.

Schließlich können Sie ein Programm auch direkt aufrufen.

1 Öffnen Sie das Startmenü über die Schaltfläche START.

2 Klicken Sie im Startmenü auf den Befehl AUSFÜHREN.

Windows öffnet daraufhin das Dialogfeld *Ausführen*.

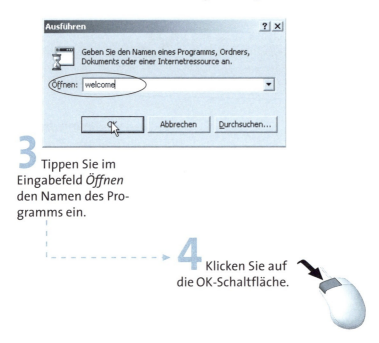

3 Tippen Sie im Eingabefeld *Öffnen* den Namen des Programms ein.

4 Klicken Sie auf die OK-Schaltfläche.

Windows sucht dann nach dem angegebenen Programm. Findet es dieses Programm, wird es gestartet. In diesem Beispiel erscheint das Fenster *Erste Schritte bei Windows 2000*.

Alternativen zum Starten von Programmen

Neben der Schaltfläche *Start* enthält die Taskleiste noch einige kleine Schaltflächen mit Symbolen der **Schnellstart**-Symbolleiste.

Klicken Sie auf eine Schaltfläche, wird das zugehörige Programm oder die Funktion direkt ausgeführt. Mit der Schaltfläche verkleinern Sie z.B. alle geöffneten Fenster und der Desktop wird sichtbar. Ein zweiter Mausklick auf das Symbol stellt den alten Zustand wieder her. Sie können die Symbole anderer Programme zur Schnellstart-Symbolleiste ziehen. Dann richtet Windows das Symbol in dieser Leiste ein und das Programm lässt sich per Mausklick auf die zugehörige Schaltfläche starten.

In Kapitel 3 lernen Sie den Umgang mit Dateien kennen. Wird ein Programm als Datei im Fenster *Arbeitsplatz* oder im Fenster des Explorers angezeigt, lässt es sich ebenfalls mit einem Doppelklick auf das Programmsymbol starten.

3

Dateien und Ordnern

Was bringt Ihnen dieses Kapitel?

In diesem Kapitel lernen Sie den Umgang mit Laufwerken, Ordnern und Dateien kennen. Sie wissen, welche Laufwerktypen es unter Windows gibt und wie Disketten zum Speichern von Daten benutzt werden. Sie können Ordner und/oder Dateien anzeigen, kopieren, löschen, verschieben oder umbenennen. Weiterhin wird das Wiederherstellen von Dateien aus dem Papierkorb gezeigt und Sie erfahren, wie Disketten formatiert und kopiert werden.

Das können Sie schon:

Arbeiten mit Fenstern	37
Ein Programm starten	58
Windows beenden	53

Das lernen Sie neu:

Was sind Ordner und Dateien?	70	Ordner und Dateien verschieben	104
Laufwerke unter Windows	74	Mehrere Dateien/Ordner gleichzeitig handhaben	106
Der Umgang mit Disketten	76	Eine Diskette kopieren	109
Laufwerke, Dateien und Ordner anzeigen	77	Eine Diskette formatieren	113
Ordneranzeige sortieren	85	Dateien und Ordner löschen	115
Datei- und Ordneranzeige im Explorer-Modus	88	Gelöschte Dateien aus dem Papierkorb zurückholen	118
Zu Laufwerken und Ordnern wechseln	91	Den Papierkorb leeren	120
Einen neuen Ordner anlegen	94	Suchen nach Dateien und Ordnern	121
Eine neue Datei erzeugen	96	Anzeigeoptionen für Ordnerfenster anpassen	124
Ordner und Dateien umbenennen	98		
Ordner und Dateien kopieren	100		

69

Was sind Ordner und Dateien?

Ordner und Dateien sind zwei Begriffe, die Ihnen häufig unter Windows begegnen. Falls Ihnen diese Begriffe bereits geläufig sind, können Sie diesen Lernschritt überspringen.

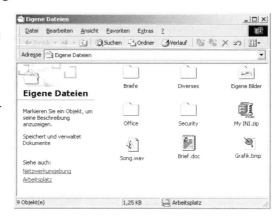

In den Unterfenstern des Fensters *Arbeitsplatz* werden Dateien angezeigt. Das nebenstehende Fenster des **Ordners** *Eigene Dateien* enthält zum Beispiel die Symbole verschiedener Dateien.

Vielleicht haben Sie sich die Frage gestellt: **Was sind Dateien** und wozu braucht man diese?

Sobald Sie ein Programm benutzen, um einen Brief zu schreiben, eine Zeichnung oder ein Bild zu erstellen, eine Abrechnungstabelle zu entwerfen etc., fallen Daten an. Sicherlich möchten Sie in vielen Fällen diese Daten nicht nur auf dem Bildschirm anzeigen oder ausdrucken, sondern sie auch für eine spätere Verwendung »aufheben«. Bei Computern bezeichnet man dieses »Aufheben« als **speichern**. Aufbewahrt werden die Daten vom Computer (hauptsächlich) auf der Festplatte oder auf Disketten.

Nun kann es aber nicht so sein, dass die Buchstaben eines Briefes einfach auf eine Diskette oder Festplatte abgelegt werden. Wie soll der Rechner oder das Programm einen Text wiederfinden, wenn vielleicht mehrere Briefe auf dem betreffenden **Datenträger** (Festplatte oder Diskette) abgelegt sind? Hier hilft eine Analogie weiter: Falls Sie einen Text per Hand oder mit Schreibmaschine verfassen, heften Sie die Blätter in geeigneter Weise zusammen. Besonders akribische Menschen notieren dann noch den Titel und ggf. eine Inhaltsangabe auf einem Deckblatt. Beim Ablegen eines solchen Dokuments in einem Archiv wird dessen Name und die Lage im Archiv höchstwahrscheinlich in einem Inhaltsverzeichnis festgehalten. Dies erlaubt später einen gezielten Zugriff auf das betreffende Dokument.

Was sind Ordner und Dateien?

Etwas Ähnliches geschieht auf dem Computer. Dieser fasst alle zusammengehörenden Daten (z.B. den Text eines Briefes, ein Bild, eine Kalkulationstabelle, ein Programm etc.) zu einer **Datei** zusammen. Sie können sich eine Datei quasi als Container vorstellen, in den die Daten gepackt werden. Jede Datei erhält einen Namen. Dieser Name erlaubt dem Computer und letztlich auch Ihnen die betreffende Datei wieder zu finden.

Regeln für Dateinamen

Die **Namen** für Dateien müssen in Windows bestimmten Regeln genügen. Ein Dateiname darf bis zu 255 Zeichen lang sein. Um sich unnötige Tipparbeit zu ersparen, sollten Sie Dateinamen aber auf ca. 20 Zeichen begrenzen. Sie dürfen im Namen die Buchstaben A bis Z, a bis z, die Ziffern 0 bis 9, das Leerzeichen und verschiedene andere Zeichen verwenden. Ein gültiger Name wäre *Brief an Müller*. Nicht zulässig sind aber die Zeichen " **/ \ : ? | < >** im Dateinamen.

Neben dem Namen dürfen Dateien noch eine so genannte **Dateinamenerweiterung** (oder kurz Erweiterung bzw. Extension genannt) aufweisen. Hierbei handelt es sich um einen Punkt, dem meist drei weitere Buchstaben folgen (z.B. .TXT, .BMP, .EXE, .BAT, .INI, .DOC etc.). Diese Erweiterungen legen den Typ der Datei fest, d.h. mit welchem Programm eine Datei bearbeitet werden kann.

Sie können den Dateinamen und die Erweiterung mit Groß- und Kleinbuchstaben schreiben. Dieses wird von Windows nicht unterschieden, d.h. die Namen »Brief an Müller.doc« und »brief an müller.doc« werden in Windows gleich behandelt.

Abhängig von der Dateinamenerweiterung werden den Dateien unter Windows noch verschiedene Symbole zugewiesen. Nachfolgend sehen Sie einige Beispiele für solche Dateinamen.

Symbol   **Bemerkung**

Dreiecke.bmp

Es handelt sich hier um eine Grafikdatei, die die Erweiterung *.bmp* aufweist. Solche Dateien lassen sich mit dem Windows-Programm *Paint* erstellen und bearbeiten (siehe Kapitel 4).

Anzeige.txt

Das Symbol eines stilisierten Schreibblocks und die Erweiterung *.txt* stehen für Dateien, die einfache Texte enthalten. Solche Dateien können Sie zum Beispiel mit dem Windows-Programm *Editor* erstellen.

Kap01.doc

Kap01.doc

Dateien mit der Erweiterung *.doc* enthalten ebenfalls Texte, die aber zusätzlich Bilder oder speziell formatierte Wörter bzw. Buchstaben (fett, kursiv etc.) enthalten können. Enthält eine *.doc*-Datei das obere Symbol, wurde es mit dem Windows-Programm *WordPad* erstellt (siehe Kapitel 4). Das untere Symbol wird verwendet, wenn das Windows-Programm *Word* auf Ihrem Computer verfügbar ist.

Gehalt.xls

Dateien mit der Erweiterung *.xls* enthalten Kalkulationstabellen und lassen sich durch das Windows-Programm *Excel* bearbeiten.

allesklar.html

Dateien mit der Erweiterung *.htm* oder *.html* enthalten Internet-Dokumente, die sich vom Internet Explorer anzeigen lassen (siehe Kapitel 7).

Edit.hlp

wscript.chm

Dateien mit der Erweiterung *.hlp* enthalten Hilfetexte und werden mit dem Symbol eines Buches angezeigt. Windows benutzt diese Dateien, wenn Sie die Hilfefunktion eines Programms aufrufen. Alternativ werden Hilfedateien mit der Dateinamenerweiterung *.chm* hinterlegt. Dann wird das nebenstehende Symbol für die Datei verwendet.

Attrib.exe

Die Erweiterung *.exe* steht für Programmdateien. Handelt es sich um ältere MS-DOS-Programme, wird das nebenstehend gezeigte Symbol eines Fensters verwendet.

Calc.exe

Windows-Programme besitzen ebenfalls die Erweiterung *.exe* im Dateinamen. Hier besitzt aber jedes Programm ein eigenes Symbol (nebenstehend sehen Sie das Symbol des Windows-Rechners).

Autoexec.bat

Mit der Erweiterung *.bat* werden bestimmte Dateien versehen, die MS-DOS-Befehle enthalten. Diese Dateien lassen sich ähnlich wie Programme ausführen.

Was sind Ordner und Dateien?

Es gibt noch viele andere Symbole für Dateien, die allerdings von den Dateierweiterungen und den unter Windows installierten Programmen abhängen. Falls bei Ihnen die Dateinamenserweiterungen nicht angezeigt werden, liegt dies an einer Windows-Einstellung (sihe folgende Seiten).

Nun bleibt noch die Frage: **Was sind Ordner und wozu werden diese gebraucht?** Auch hier hilft ein Beispiel aus dem Büroalltag weiter. Um besser arbeiten zu können und eine »Zettelwirtschaft« zu vermeiden, werden Briefe und Dokumente in Ordner abgelegt. Ein Ordner nimmt alle Dokumente auf, die irgendwie zusammengehören.

Ähnliches gilt für den Computer. Dateien werden auf der Festplatte oder auf Disketten gespeichert. Öffnen Sie das Fenster *Arbeitsplatz* und das Unterfenster eines Laufwerks (siehe folgende Seiten), zeigt Windows die auf dem Laufwerk gespeicherten Dateien an. Wie bei einem Archiv liest Windows dabei ein Inhaltsverzeichnis ein und zeigt die Dateinamen sowie einige weitere Informationen an.

Es ist sicherlich leicht einsehbar, dass es bei 20, 30 oder 100 Dateien sehr mühsam wird, eine bestimmte Datei aufzuspüren. Etwas Ähnliches passiert, wenn Sie aus einem Stapel Papier einen bestimmten Brief »herausfischen« müssen. Ähnlich wie im Büro gibt es in Windows aber eine recht elegante Lösung zur Ablage der Dokumente: Dateien, die thematisch zusammengehören, werden in **Ordnern** abgelegt.

Auf einer Diskette oder Festplatte werden Ordner angelegt, in denen sich Dateien und Unterordner speichern lassen.

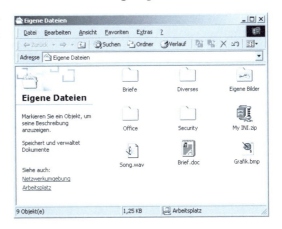

Das nebenstehend gezeigte Fenster zeigt den Inhalt des Ordners *Eigene Dateien*. Sie erkennen darin mehrere Ordnersymbole (*Briefe*, *Diverses* etc.) und verschiedene Dateien.

Alle Ordner werden in den Windows-Fenstern durch ein stilisiertes Ordnersymbol dargestellt. Dies ermöglicht Ihnen, Dateien und Ordner zu unterscheiden. Welche Kriterien Sie zur Aufteilung der Dateien in

Ordner verwenden, bleibt Ihnen überlassen. Sie können die Ablage für Dateien nach bestimmten Gesichtspunkten organisieren (z.B. alle Briefe kommen in einen Ordner *Briefe*, alle Rechnungen in einen zweiten Ordner *Rechnungen* und so weiter).

Ordner werden ähnlich wie **Dateien** mit einem Namen (und einem festen Ordnersymbol) versehen. Für die Vergabe des Ordnernamens gelten die gleichen Regeln wie für die Dateinamen. Allerdings entfällt bei Ordnern in der Regel die bei Dateien benutzte Dateinamenerweiterung. Manchmal werden Ordner auch als Verzeichnisse bezeichnet. Wenn Sie diesen Begriff lesen, wissen Sie, dass damit Ordner gemeint sind.

Dateien und Ordner müssen mit einem eindeutigen Namen versehen werden. Sie können in einem Ordner keine zwei Ordner oder Dateien mit identischem Namen ablegen. Eine Datei darf jedoch unter ihrem (gleichen) Namen in unterschiedlichen Ordnern gespeichert werden.

Laufwerke unter Windows

Zum Speichern von Dateien und Ordnern werden Disketten, Festplatten oder CD-ROMs benutzt. Öffnen Sie zum Beispiel das Fenster *Arbeitsplatz*, zeigt Windows die auf dem Computer für diese Medien verfügbaren Laufwerke. Die verschiedenen Laufwerke sind dabei jeweils durch einen Namen und ein Symbol gekennzeichnet.

Die Symbole liefern Ihnen dabei einen Hinweis bezüglich der Laufwerkstypen.

3,5-Diskette (A:)

5,25-Diskette (A:)

Die beiden nebenstehenden Symbole werden für Diskettenlaufwerke benutzt. Das stilisierte Symbol der Diskette zeigt dabei an, welchen Diskettentyp das Laufwerk unterstützt. Allgemein werden bei neuen Computern nur noch so genannte 3,5-Zoll-Disketten benutzt. Dies sind Disketten mit einer Breite und Höhe von ca. 9 cm, die in einem stabilen Plastikgehäuse stecken. Ältere Computer verwenden häufig noch 5,25-Zoll-Disketten, die einen Durchmesser von ca. 13,5 cm besitzen und in einer biegsamen Plastikhülle untergebracht sind.

Data2 (E:)

Festplattenlaufwerke erhalten dieses Symbol zugewiesen. Derartige Laufwerke sind fest im Computer eingebaut und lassen sich nicht wie eine Diskette wechseln. Auf einer Festplatte lassen sich wesentlich mehr Daten als auf einer Diskette speichern.

(F:)

Besitzt der Computer ein CD-ROM-Laufwerk, wird dieses mit dem nebenstehenden Symbol dargestellt.

Manchmal werden Laufwerke mit einer stilisierten Hand in der linken unteren Ecke dargestellt. Diese Hand signalisiert, dass das Laufwerk in einem Netzwerk freigegeben ist, d.h. andere Benutzer im Netzwerk können auf dieses Laufwerk zugreifen. Diese stilisierte Hand wird auch für freigegebene Drucker oder Ordner benutzt (siehe auch Kapitel 9).

System (C:)

Zum Abschluss bleibt noch die Frage: **Wie werden Laufwerke benannt?** Sobald Sie das Fenster *Arbeitsplatz* öffnen, sehen Sie die Symbole der auf dem Computer verfügbaren Laufwerke samt einer Bezeichnung für das Laufwerk. Die einzelnen Bezeichnungen für die Laufwerke können dabei computerspezifisch voneinander abweichen (z.B. Data1 (D:), System (C:) etc.). Aber alle Laufwerke werden nach einem einfachen Schema benannt, das auf allen Windows-Computern gilt:

⇨ Die Laufwerke werden mit Buchstaben von A bis Z durchnummeriert und mit einem Doppelpunkt abgeschlossen. Sie können diese Buchstaben im Fenster *Arbeitsplatz* erkennen.

⇨ Das **Diskettenlaufwerk** wird meist als erstes Laufwerk erkannt und folglich mit dem Buchstaben **A:** benannt.

⇨ Ist ein **zweites Diskettenlaufwerk** vorhanden, erhält dieses den Buchstaben **B:**.

⇨ Die **erste Festplatte** wird mit dem Buchstaben **C:** versehen.

Existieren **weitere Festplatten** und **CD-ROM**-Laufwerke, werden diesen fortlaufend die Buchstaben **D:, E:, F:** bis **Z:** zugewiesen.

Der Umgang mit Disketten

Bei der Arbeit am Computer werden Sie vermutlich auch Disketten verwenden. Sie können zum Beispiel Dateien von der Festplatte auf Disketten kopieren und diese Disketten in einem Archiv aufbewahren. Weiterhin werden Programme (neben CD-ROMs) nach wie vor auf Disketten zum Kauf angeboten. Sie müssen die Programme von den Disketten dann auf der Festplatte installieren (siehe Kapitel 11).

Beim Arbeiten mit Disketten sind einige Dinge zu beachten. Hier sehen Sie eine 3,5-Zoll-Diskette, die in einer stabilen Plastikhülle untergebracht ist.

Der Papieraufkleber (auch als Label bezeichnet) dient zur Beschriftung der Diskette. Eine Diskette sollten Sie immer an diesem Aufkleber anfassen.

Der Metallschieber am unteren Rand schützt die Magnetschicht der in der Plastikhülle befindlichen Kunststoffscheibe vor Staub, Schmutz und Fingerabdrücken.

In der rechten oberen Ecke enthält die Diskette eine kleine rechteckige Öffnung, die durch einen Schieber verschlossen werden kann. Wird diese Öffnung durch den Schieber versperrt, lassen sich Dateien auf die Diskette kopieren. Durch Öffnen der Aussparung lässt sich die Diskette **vor dem Überschreiben schützen**. Eine Öffnung auf der linken Seite der Diskette signalisiert, dass es sich um eine 1,44-Mbyte-Diskette handelt, während eine 720-Kbyte-Diskette diese Öffnung nicht aufweist.

Zum **Einlegen** der Diskette fassen Sie diese am Papieraufkleber an und schieben sie gemäß nebenstehendem Schema (Metallschieber vorne, Papieraufkleber oben) bis zum Einrasten in das Laufwerk.

Zum Herausnehmen der Diskette drücken Sie die Auswurftaste, die sich am Diskettenlaufwerk befindet.

Die Disketten sollten Sie nach dem Herausnehmen aus dem Laufwerk in einer Diskettenbox wegschließen. Disketten dürfen weder Staub, Flüssigkeiten, Hitze noch Magnetfeldern (direkt neben Telefon, Monitor oder Lautsprecher) ausgesetzt werden, da dies zu Datenverlusten führen kann.

Laufwerke, Dateien und Ordner anzeigen

Zur Anzeige des Inhalts von **Laufwerken** bietet Windows Ihnen verschiedene Möglichkeiten an.

1 Arbeitsplatz
Doppelklicken Sie auf das Symbol *Arbeitsplatz*. Windows öffnet das Ordnerfenster *Arbeitsplatz*.

2 Doppelklicken Sie im Fenster *Arbeitsplatz* auf das Symbol des gewünschten Laufwerks (z.B. C: oder G:).

Jetzt öffnet Windows das Fenster mit der Anzeige des Laufwerksinhalts. In diesem Fenster sehen Sie die Symbole der auf diesem Laufwerk gespeicherten Dateien und Ordner.

Zeigen Sie im Ordnerfenster auf ein Laufwerkssymbol, blendet Windows dessen Größe (als Kapazität bezeichnet) sowie den noch freien Speicher in einem QuickInfo-Fenster an. Klicken Sie auf ein Laufwerks-, Ordner- oder Dateisymbol, erscheinen im linken Teil des Fensters zusätzliche Informationen zum betreffenden Objekt. Beachten Sie aber, dass sich die linke Spalte mit den Informationen auch ausblenden lässt (siehe Kapitelende). Klicken Sie mit der rechten Maustaste auf ein Laufwerks-, Ordner- oder Dateisymbol, erscheint ein Kontextmenü. Über den Befehl EIGENSCHAFTEN können Sie ein Dialogfeld abrufen, welches die sonst in der linken Spalte angezeigten Eigenschaften darstellt (siehe Kapitelende).

Die restlichen Elemente des Fensters wie Bildlaufleisten, Symbolleiste, die Schaltflächen zum Schließen des Fensters etc. kennen Sie ja bereits aus Kapitel 1.

Über die Bildlaufleisten können Sie im **Ordnerfenster** blättern. Alternativ haben Sie die Möglichkeit, die Größe des Fensters zu verändern. Die entsprechenden Schritte sind in Kapitel 1 nachzulesen.

Laufwerke, Dateien und Ordner anzeigen

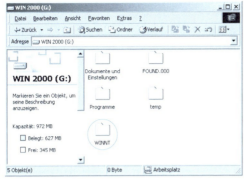

3 Doppelklicken Sie auf das Symbol eines Ordners.

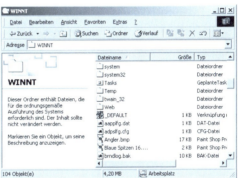

Jetzt öffnet Windows das Fenster des betreffenden **Ordners**. Hier sehen Sie den Ordner *WINNT*, der seinerseits verschiedene Unterordner und weitere Dateien enthält.

Das Fenster eines Unterordners öffnen Sie, indem Sie auf dessen Symbol doppelklicken.

Die Darstellung des Fensterinhalts hängt von der Fenstergröße ab. Bei sehr kleinen Fenstern wird die linke Spalte ausgeblendet.

Bei einigen Ordnerfenstern werden beim Öffnen keine Ordner und Dateisymbole eingeblendet, sondern Sie sehen eine Textseite mit zusätzlichen Hinweisen. Klicken Sie auf eine der unterstrichenen Textstellen, um die Folgeseiten (mit der Dateianzeige) zu öffnen.

4 Um von einem Ordner einen Schritt zum übergeordneten Ordner zurückzugehen, klicken Sie im Fenster auf die Schaltfläche *Aufwärts*.

Die Schaltflächen *Vorwärts* und *Rückwärts* der Symbolleiste ermöglichen Ihnen zwischen Ordnerfenstern zu blättern.

Weiterhin können Sie die ⬅-Taste drücken, um zum übergeordneten Ordner zurückzukehren.

Fehlt in Ihrem Fenster die **Symbolleiste mit den Schaltflächen**? Möchten Sie die Symbolleiste einblenden?

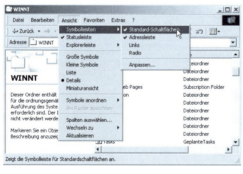

1 Klicken Sie in der Menüleiste auf ANSICHT und dann auf den Befehl SYMBOLLEISTEN.

Ist im Untermenü des Befehls SYMBOLLEISTEN der Eintrag STANDARD-SCHALTFLÄCHEN mit einem Häkchen markiert, wird die Leiste angezeigt.

Ein zweiter Mausklick auf den Befehl Standard-Schaltflächen blendet die Symbolleiste wieder aus. Die restlichen Befehle des Untermenüs blenden die Adressleiste sowie zwei Symbolleisten mit Links ins Internet oder zum Empfang von Radiostationen im Internet ein- oder aus. Beide Optionen werden in diesem Buch aber nicht behandelt.

Über das Menü Ansicht und den Befehl Statusleiste lässt sich übrigens auch die Statusleiste am unteren Fensterrand einblenden. Dies funktioniert bei vielen Fenstern von Windows-Anwendungen.

Standardmäßig werden die Symbole der Symbolleiste mit Texten versehen. Bei verkleinertem Ordnerfenster reicht dann ggf. der Platz der Symbolleiste nicht mehr, um alle Schaltfläche anzuzeigen. Auf den folgenden Seiten wird zwar ein Trick gezeigt, mit dem Sie die »verschwundenen« Schaltflächen abrufen können. Besser ist es aber, den Beschriftungstext unterhalb des Symbols anzuzeigen oder ganz auszublenden.

Wählen Sie im Menü Ansicht/ Symbolleisten den Befehl Anpassen. Windows öffnet das Dialogfeld *Symbolleiste anpassen*. Über das Listenfeld *Textoptionen* können Sie wählen, ob und wo das Symbol angezeigt wird. Weiterhin lässt sich in der linken Liste *Verfügbare Schaltflächen* ein Symbol per Mausklick markieren. Klicken Sie dann auf die Schaltfläche *Hinzufügen*.

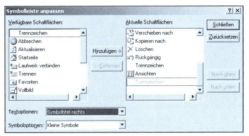

Windows übernimmt die Schaltfläche in die rechte Liste *Aktuelle Schaltflächen* und zeigt diese anschließend in der Symbolleiste an. Die Symbolgröße wird über das Listenfeld *Symboloptionen* eingestellt. Schließen lässt sich das Dialogfeld über die gleichnamige Schaltfläche. Die Schaltfläche der Direkthilfe in der rechten oberen Fensterecke erlaubt Ihnen Zusatzinformationen zum Dialogfeld abzurufen (siehe Kapitel 1).

Anpassen der Symbolgröße

Vermutlich ist Ihnen bereits aufgefallen, dass im Fenster *Arbeitsplatz* und/oder in den Fenstern der zugehörigen Unterordner **unterschiedliche Symbolgrößen** benutzt werden. Einige Fenster verwenden große Symbole für Ordner und Dateien, in anderen Fenstern erscheinen vielleicht kleine Symbole. Sie können dies über die Symbolleiste einstellen.

1 Vergrößern Sie das Ordnerfenster, bis alle Schaltflächen der Symbolleiste zu sehen sind.

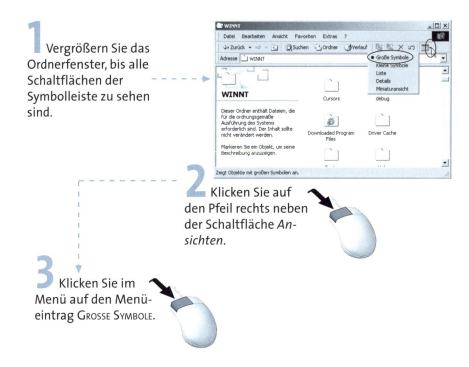

2 Klicken Sie auf den Pfeil rechts neben der Schaltfläche *Ansichten*.

3 Klicken Sie im Menü auf den Menüeintrag GROSSE SYMBOLE.

Es erscheinen **große Symbole** für Dateien und Ordner.

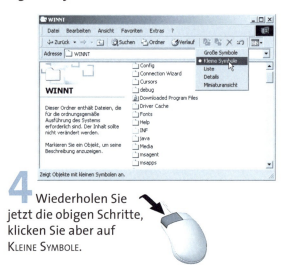

4 Wiederholen Sie jetzt die obigen Schritte, klicken Sie aber auf KLEINE SYMBOLE.

Windows benutzt nun kleine Symbole zur Anzeige der Dateien und Ordner.

LAUFWERKE, DATEIEN UND ORDNER ANZEIGEN

5 Wiederholen Sie jetzt die obigen Schritte, klicken Sie aber auf LISTE.

Die Anzeige im Fenster erfolgt anschließend in Form einer Liste, in der die Symbole und Namen für Ordner bzw. Dateien untereinander dargestellt werden.

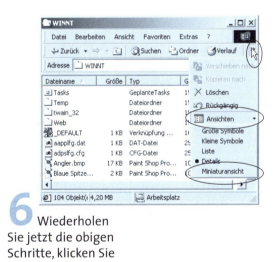

6 Wiederholen Sie jetzt die obigen Schritte, klicken Sie aber auf DETAILS.

Die Anzeige im Fenster wird um die Informationen zur Dateigröße, zum Dateityp und zum Datum der letzten Änderung erweitert.

83

TIPP Das letzte Beispiel zeigt noch zwei Tricks. Einmal wurde das Fenster so verkleinert, dass die Spalte am linken Fensterrand verschwindet. Dann bleibt mehr Platz für die Darstellung der Ordner- und Dateiliste. Leider verschwinden dann einige Schaltflächen der Symbolleiste. Stattdessen wird am rechten Rand ein kleines Symbol »» eingeblendet. Klicken Sie auf dieses Symbol, öffnet Windows ein Menü mit den »verschwundenen« Schaltflächen, und Sie können jetzt einen Eintrag sowie den Befehl wählen.

HINWEIS Die Anzeigeoptionen für die Symbolgröße lassen sich auch über das Menü ANSICHT abrufen. Hier finden Sie die gleichnamigen Befehle. Die aktuelle Einstellung wird durch einen Punkt vor dem Menüeintrag angezeigt.

1 Vergrößern Sie jetzt das Ordnerfenster wieder so weit, bis die linke Spalte zu sehen ist.

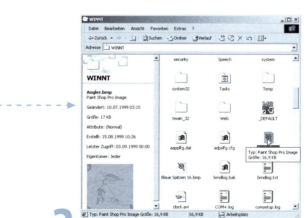

2 Markieren Sie eine Datei (z.B. eine Grafikdatei mit der Dateinamenerweiterung *.bmp*) per Mausklick.

Windows zeigt in der linken Spalte des Ordnerfensters Informationen zum markierten Objekt. Bei einigen Dateien wird auch gleich eine Art Vorschau auf den Inhalt in einem Fenster mitgeliefert.

3 Wiederholen Sie jetzt die obigen Schritte, wählen Sie aber im Menü ANSICHT den Befehl MINIATURANSICHT.

Jetzt zeigt das Ordnerfenster um jede Datei einen kleinen Rahmen. Je nach Dateityp wird im Rahmen ein Symbol oder eine Vorschau auf den Dateiinhalt angezeigt.

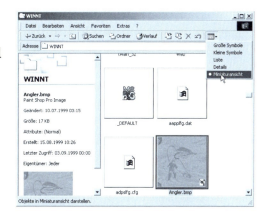

Die Miniaturansicht verlangsamt die Anzeige der Ordnerinhalte. Deshalb sollten Sie nach Möglichkeit diesen Modus nicht verwenden. Klicken Sie auf eine Datei, werden deren Inhalt bzw. Eigenschaften (Größe etc.) in der linken Spalte des Ordnerfensters eingeblendet.

Ordneranzeige sortieren

Die Symbole für Dateien und Ordner werden in der Anzeige nach bestimmten Kriterien sortiert. Sie können diese Sortierkriterien über den Befehl SYMBOLE ANORDNEN im Menü ANSICHT einstellen.

1 Klicken Sie in der Menüleiste auf ANSICHT und dann auf SYMBOLE ANORDNEN.

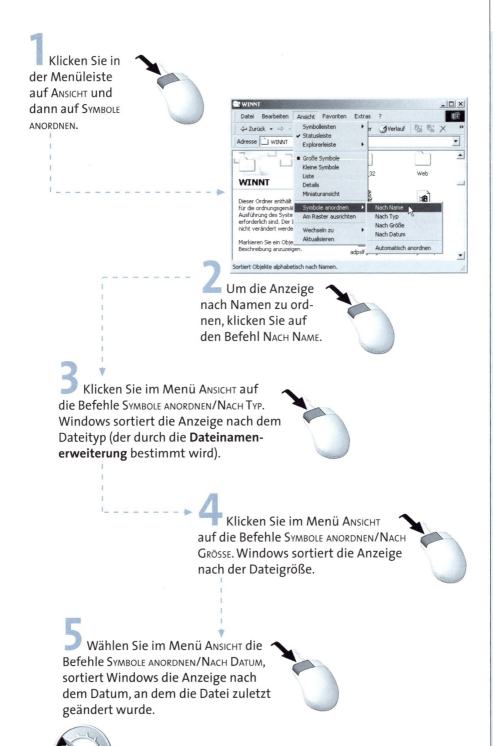

2 Um die Anzeige nach Namen zu ordnen, klicken Sie auf den Befehl NACH NAME.

3 Klicken Sie im Menü ANSICHT auf die Befehle SYMBOLE ANORDNEN/NACH TYP. Windows sortiert die Anzeige nach dem Dateityp (der durch die **Dateinamenerweiterung** bestimmt wird).

4 Klicken Sie im Menü ANSICHT auf die Befehle SYMBOLE ANORDNEN/NACH GRÖSSE. Windows sortiert die Anzeige nach der Dateigröße.

5 Wählen Sie im Menü ANSICHT die Befehle SYMBOLE ANORDNEN/NACH DATUM, sortiert Windows die Anzeige nach dem Datum, an dem die Datei zuletzt geändert wurde.

ORDNERANZEIGE SORTIEREN

Haben Sie als Anzeigemodus *Details* gewählt, lässt sich die Anzeige direkt sortieren. Sie müssen lediglich per Maus auf eine der Spaltenüberschriften klicken, um die Liste nach dem betreffenden Kriterium zu sortieren. In nebenstehendem Bild erfolgt die Sortierung alphabetisch nach dem Dateinamen. Ein Mausklick auf die Spaltenüberschrift »Dateiname« kehrt die Sortierreihenfolge um (z.B. Namen, die mit Z beginnen, zuerst anzeigen). Ein kleines Dreieck im Spaltenkopf signalisiert dabei die Sortierrichtung.

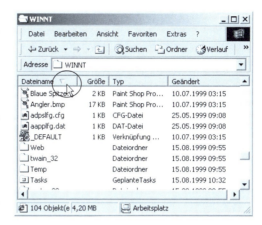

Der Desktop ist letztendlich nichts anderes als ein Ordner. Sie können daher die Symbole auf dem Desktop ebenfalls anordnen.

1 Klicken Sie mit der rechten Maustaste auf eine freie Stelle des Desktop.

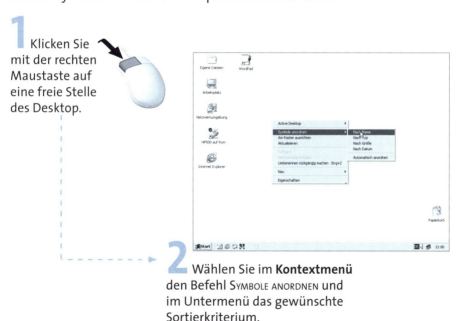

2 Wählen Sie im **Kontextmenü** den Befehl Symbole anordnen und im Untermenü das gewünschte Sortierkriterium.

Windows gibt anschließend die Symbole auf dem Desktop nach dem gewählten Kriterium neu sortiert aus.

87

HINWEIS: Um die Anordnung der Symbole auf dem Desktop oder im Ordnerfenster etwas »aufzuräumen«, haben Sie zwei Möglichkeiten. Wählen Sie den Befehl ANSICHT/AM RASTER AUSRICHTEN, richtet Windows die Symbole im Ordnerfenster oder auf dem Desktop an einem »gedachten« Raster aus. Mit dem Befehl AUTOMATISCH ANORDNEN im Menü ANSICHT/SYMBOLE ANORDNEN erreichen Sie, dass Windows die Symbole automatisch am Raster ausrichtet. Sie können dann zum Beispiel die Symbole auf dem Desktop nicht mehr an beliebige Positionen ziehen. Windows schiebt diese sofort an die alte Position zurück. Beide Befehle sind aber gesperrt, wenn das Ordnerfenster auf den Anzeigemodus »Details« gesetzt ist.

WAS IST DAS: Klicken Sie mit der rechten Maustaste auf ein Objekt, öffnet Windows ein Menü, in dem die gerade (im Kontext) verfügbaren Befehle erscheinen. Man bezeichnet dieses Menü daher als **Kontextmenü**.

Datei- und Ordneranzeige im Explorer-Modus

Das Symbol *Arbeitsplatz* bietet eine elegante Möglichkeit, um den Inhalt eines Laufwerks oder eines Ordners anzuzeigen. Ein Nachteil ist jedoch die fehlende Übersicht über die Ordnerhierarchie. Windows bietet deshalb den **Explorer-Modus** als Alternative zur Anzeige von Laufwerken, Ordnern und Dateien an. Erinnern Sie sich noch an den Eintrag WINDOWS-EXPLORER im Zweig PROGRAMME/ZUBEHÖR des Startmenüs? In Kapitel 2 haben Sie dieses Programm schon mal gestartet. Die Darstellung des Ordnerfensters besteht aus zwei Teilen. Alternativ lässt sich auch ein »normales« Ordnerfenster in den Explorer-Modus umschalten. Haben Sie vielleicht das Fenster *Eigene Dateien* oder *Arbeitsplatz* mit einem Doppelklick auf das betreffende Desktop-Symbol geöffnet?

Datei- und Ordneranzeige im Explorer-Modus

1 Klicken Sie in der Symbolleiste auf die Schaltfläche *Ordner*.

Die Darstellung des Ordnerfensters verändert sich. Ein zweiter Mausklick auf die Schaltfläche stellt übrigens die alte Darstellung wieder her.

Die **rechte Hälfte** des **Fensters** entspricht nach dem Umschalten der bisher gewohnten Ordneranzeige, Sie sehen die Symbole und Namen von Dateien bzw. Ordnern.

Neu ist der **Inhalt des linken** Teils im Ordner- bzw. **Explorer-Fenster**. Dieser Teil wird auch als **Explorerleiste** bezeichnet. Diese zeigt bei gewählter Option »Ordner« die Laufwerke und die **Hierarchie der Ordner** an. Sie sehen in nebenstehendem Bild zum Beispiel den Ordner *Eigene Dateien*, der seinerseits den Unterordner *Briefe* enthält. Der Ordner *Office* enthält wiederum weitere Unterordner.

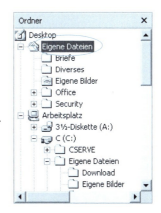

Die Laufwerks- und Ordneranzeige im linken Teilfenster verschafft Ihnen einen schnellen Überblick, mit welchem Laufwerk oder Ordner Sie gerade arbeiten. Mittels der Bildlaufleiste können Sie in der Liste der Laufwerke und Ordner blättern.

89

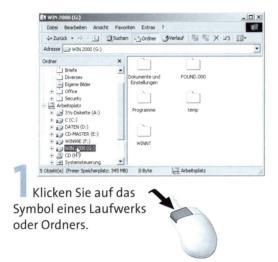

1 Klicken Sie auf das Symbol eines Laufwerks oder Ordners.

Im rechten Fensterteil erscheint dann automatisch der zugehörige Inhalt.

Vor manchen Ordnersymbolen sehen Sie ein kleines Viereck mit einem **Minuszeichen**.

2 Klicken Sie auf dieses Minuszeichen, blendet Windows die zugehörigen Symbole der **Unterordner** aus.

Ein kleines **Plussymbol** im Viereck vor dem Ordnersymbol zeigt an, dass dieser Ordner weitere Unterordner besitzt.

3 Klicken Sie auf das Pluszeichen, blendet Windows die Unterordner der nächsten Ebene in der Anzeige ein.

Durch Anklicken eines Laufwerk- oder Ordnersymbols im linken Fensterteil können Sie also sehr schnell die Ordner oder Laufwerke wechseln. Windows zeigt dann im Explorer-Modus automatisch den Inhalt des Ordners oder Laufwerks im rechten Fensterteil an. In der Statusleiste sehen Sie übrigens, wie viel Speicherplatz ein gewähltes Objekt (Laufwerk, Ordner, Datei) belegt und wie viel Speicherplatz noch auf dem Laufwerk frei ist. Am Kapitelende erfahren Sie, wie Sie zusätzliche Informationen zu einem Laufwerk, einem Ordner oder einer Datei abrufen.

Zu Laufwerken und Ordnern wechseln

Auf den vorhergehenden Seiten haben Sie den Umgang mit Ordnerfenstern kennen gelernt. Sie können das Fenster *Arbeitsplatz* oder *Eigene Dateien* öffnen und die Dateien anzeigen. Daher ist jetzt der richtige Zeitpunkt gekommen die gelernten Schritte anhand eines kleinen Beispiels zu überprüfen.

1 Öffnen Sie das Fenster *Arbeitsplatz* und wählen Sie ein Laufwerk (beispielsweise C:) mit einem Doppelklick an.

2 Suchen Sie im Fenster des Laufwerks den Ordner, in dem Windows gespeichert ist (meist der Ordner *WINNT*), und öffnen Sie das Fenster mit der Ordneranzeige.

3 Suchen Sie den Unterordner *System* und öffnen Sie das Fenster dieses Ordners durch einen Doppelklick auf das Symbol.

4 Legen Sie eine Diskette in Laufwerk A: ein und wechseln Sie anschließend zum Fenster mit der **Anzeige** des **Disketteninhalts**.

Sie müssen mit der Schaltfläche *Aufwärts* (oder mit der Schaltfläche *Zurück*) der Symbolleiste zum Fenster *Arbeitsplatz* »zurückgehen« und anschließend auf das Symbol des Diskettenlaufwerks doppelklicken.

Konnten Sie die obigen Schritte problemlos durchführen? Dann beherrschen Sie bereits die wichtigsten Voraussetzungen zum Umgang mit Dateien. Ist dies nicht der Fall? Auf den folgenden Seiten finden Sie weitere Anleitungen, um Ihre Fertigkeiten zur Bedienung von Windows zu verbessern.

Aber die Übung bezweckte noch etwas anderes: Ist Ihnen aufgefallen, wie umständlich der Wechsel vom Ordner *System* zur Anzeige des Disketteninhalts ist? Selbst der Wechsel zu einem übergeordneten Ordner erfordert einige Mausklicks. Bei der Anzeige der Ordnerhierarchie in der Explorerleiste geht es etwas leichter, da der linke Fensterteil direkt die Symbole der einzelnen Ordner und Laufwerke anzeigt. Vielleicht bevorzugen Sie aber das Fenster *Arbeitsplatz* zum Arbeiten? Es gibt einen eleganteren Weg, mit dem Sie zwischen Ordnern und Laufwerken wechseln können.

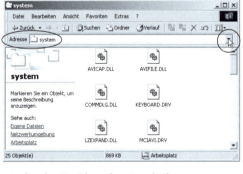

1 Wechseln Sie über das Symbol *Arbeitsplatz* zum Windows-Ordner *WINNT\System*.

2 Sehen Sie sich jetzt einmal die Symbolleiste an.

Zu Laufwerken und Ordnern wechseln

Unterhalb der Symbolleiste mit den Schaltflächen sollte eine weitere Symbolleiste (**Adressleiste**) mit dem Namen des gewählten Ordners zu sehen sein.

3 Klicken Sie mit der Maus auf die Schaltfläche ▼ dieses Listenfelds.

Ist diese Symbolleiste nicht zu sehen, blenden Sie diese über den Befehl ADRESSLEISTE im Menü ANSICHT/SYMBOL-LEISTEN ein.

Windows öffnet das Listenfeld, welches die Hierarchie des aktuell angezeigten Ordners sowie die vom *Arbeitsplatz* erreichbaren Laufwerke des Rechners anzeigt.

4 Blättern Sie ggf. in der Bildlaufleiste, bis das Diskettenlaufwerk zu sehen ist.

5 Klicken Sie auf das Symbol des Laufwerks für die Diskette.

Windows zeigt anschließend direkt den Inhalt dieses Laufwerks im Fenster an.

Das Listenfeld zum Ordnerwechsel finden Sie nicht nur im Fenster *Arbeitsplatz* und dessen Unterfenstern sowie im Fenster des Windows-Explorer. Auch viele Programme besitzen Dialogfelder zum Lesen oder Speichern von Daten. In diesen Dialogfeldern finden Sie ebenfalls das betreffende Listenfeld. Dieses wird dann aber nicht mit *Adresse*, sondern mit *Suchen in*, *Speichern in* etc. benannt.

Einen neuen Ordner anlegen

Um einen neuen Ordner auf einem Laufwerk oder in einem bestehenden Ordner anzulegen, gehen Sie in folgenden Schritten vor:

1 Öffnen Sie das Fenster mit dem Laufwerk oder dem Ordner (hier *Eigene Dateien*).

2 Klicken Sie mit der **rechten** Maustaste auf eine freie Stelle im Fenster.

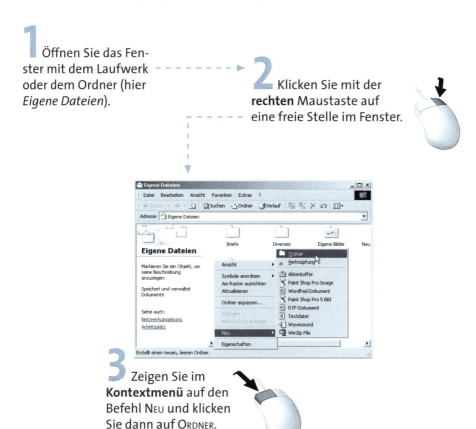

3 Zeigen Sie im **Kontextmenü** auf den Befehl Neu und klicken Sie dann auf Ordner.

Einen neuen Ordner anlegen

Windows legt einen neuen Ordner mit dem Namen *Neuer Ordner* im Fenster an. Der Name des neuen Ordners ist dabei farblich markiert, d.h., Sie können diesen Namen noch ändern.

4 Tippen Sie den neuen Namen für den Ordner ein.

In nebenstehendem Fenster wurde als Name *Beispiel* gewählt. Sie können aber jeden gültigen Ordnernamen verwenden.

5 Klicken Sie anschließend auf eine freie Stelle im Fenster.

Windows hebt die Markierung auf und weist dem neuen Ordner den eingetippten Namen zu. Sie können jetzt noch die Ordneranzeige sortieren lassen (siehe vorherige Seiten).

Neue Ordner können Sie nicht nur in allen Ordnerfenstern (z.B. Fenster *Eigene Dateien, Arbeitsplatz* oder dessen Unterfenstern) bzw. im rechten Fensterteil des Windows-Explorers anlegen. Der **Desktop** ist letztendlich ein ständig geöffneter Ordner, d.h. Sie können die Schritte zum Anlegen eines neuen Ordners auch auf dem Desktop verwenden. Selbst in Anwendungen wie *WordPad* oder *Paint* etc. ist es möglich, innerhalb der Dialogfelder zum Speichern von Dateien (siehe Kapitel 4) die Befehle zum Anlegen eines neuen Ordners zu verwenden.

Eine neue Datei erzeugen

Dateien werden Sie in den meisten Fällen mit Textprogrammen, Zeichenprogrammen etc. erzeugen (siehe Kapitel 4). Am Kapitelanfang wurde bereits erwähnt, dass es verschiedene Dateitypen (für Grafik, Text etc.) gibt. Die Programme sorgen automatisch dafür, dass die betreffenden Dateitypen für neue Dateien benutzt werden. Windows erlaubt Ihnen jedoch, leere Dateien bestimmter Dateitypen ohne Aufruf des Anwendungsprogramms anzulegen. Sie können dann zum Beispiel eine Vorlage für einen Brief oder eine leere Textdatei erzeugen (die Vorteile werden in Kapitel 5 deutlich).

1 Klicken Sie mit der **rechten** Maustaste auf eine freie Stelle im Fenster.

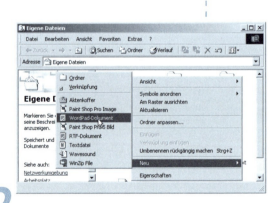

2 Zeigen Sie mit der Maus im Kontextmenü auf den Befehl NEU und wählen Sie dann den gewünschten Dateityp (z.B. WORDPAD-DOKUMENT) aus.

3 Tippen Sie den gewünschten Namen für die neue Datei ein.

4 Klicken Sie auf einen freien Bereich im Fenster.

Windows legt jetzt eine neue Datei mit dem betreffenden Namen an.

Beim Anlegen einer neuen Datei oder eines neuen Ordners passiert es am Anfang häufig, dass Sie vor der Eingabe des Namens auf eine andere Stelle im Fenster klicken. Windows verwendet dann den vorgegebenen Namen für den neuen Ordner oder die neue Datei. Im nächsten Lernschritt erfahren Sie, wie sich der Name einer Datei oder eines Ordners nachträglich ändern lässt.

Haben Sie die Anzeige der **Dateinamenerweiterung** eingeschaltet (Menü EXTRAS/ ORDNEROPTIONEN, Registerkarte *Ansicht*, Kontrollkästchen *Dateinamenerweiterung bei bekannten Dateitypen ausblenden* nicht markiert)? Dann werden die Dateinamenerweiterungen (*.doc, .bmp, .txt* etc.) mit angezeigt. Bei der Eingabe des neuen Dateinamens wird schnell die vorher zugewiesene Dateinamenerweiterung geändert. Windows benutzt diese Erweiterung jedoch zur Erkennung der Dateitypen.

Erscheint diese Warnung, schließen Sie das Meldungsfeld über die *Nein*-Schaltfläche und tippen Sie den Namen samt Dateinamenerweiterung ein.

Ordner und Dateien umbenennen

Die Namen von Dateien oder Ordnern lassen sich auch nachträglich sehr einfach ändern:

1 Klicken Sie mit der **rechten** Maustaste auf das Symbol des umzubenennenden Ordners oder der Datei.

Drücken Sie bei einer markierten Datei oder bei einem markierten Ordner die Funktionstaste [F2], lässt sich der Name ebenfalls ändern.

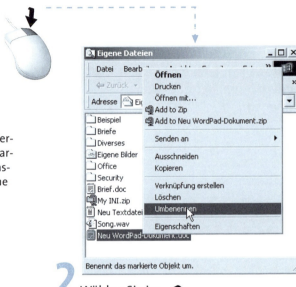

2 Wählen Sie im Kontextmenü den Befehl UMBENENNEN.

Windows markiert den Namen des Ordners oder der Datei.

3 Klicken Sie jetzt auf eine Textstelle im Namen.

Die Position wird durch einen senkrechten blinkenden Strich (die **Einfügemarke**) angezeigt.

4 Tippen Sie den neuen Namen ein.

Die eingetippten Buchstaben erscheinen an der Position der Einfügemarke. Der rechts von der Einfügemarke stehende Teil des alten Namens wird gleichzeitig nach rechts verschoben.

Stellt sich die Ihnen die Frage, die **überflüssigen Zeichen** des alten Namens beim Eintippen zu entfernen? Zeichen, die rechts von der Einfügemarke stehen, können Sie mit der [Entf]-Taste löschen. Zeichen links vom Textcursor entfernen Sie mit der [⇐]-Taste. Weiterhin lassen sich die so genannten Cursortasten [←] und [→] benutzen, um die Einfügemarke im Text zu verschieben. Der Befehl UMBENENNEN markiert automatisch den kompletten Dateinamen. Markierte Textstellen werden beim Drücken der ersten Taste durch den Buchstaben ersetzt. Durch Anklicken einer Textstelle heben Sie die Markierung auf. Markieren lässt sich ein (Teil-)Text, indem Sie auf das erste Zeichen klicken und dann die Maus bei gedrückter linker Maustaste über den Text ziehen. Markierte Stellen werden mit einem farbigen Hintergrund hervorgehoben. Diese Tasten sollten Sie sich merken, da diese bei allen Texteingaben äußerst nützlich sind (wird in Kapitel 4 beim Schreiben von Briefen besonders deutlich).

Windows lässt sich aber so einstellen, dass die Dateinamenerweiterung mit angezeigt wird (wie in diesem Buch häufiger genutzt). Ist der Dateiname markiert und tippen Sie den ersten Buchstaben des neuen Namens ein, wird der markierte Text mit dem bisherigen Namen (und damit auch die ggf. angezeigte Dateinamenerweiterung) überschrieben. Bei Änderung der Dateinamenerweiterung wird die Datei eventuell »unbrauchbar«, es tritt der bereits im vorherigen Lernschritt erwähnte Fehlerdialog auf. Verhindern können Sie dies, indem Sie entweder vor der Eingabe des Texts die Markierung des Namens aufheben. Oder Sie tippen die Dateinamenerweiterung mit dem neuen Dateinamen ein.

5 Klicken Sie mit der linken Maustaste auf eine freie Stelle des Desktop.

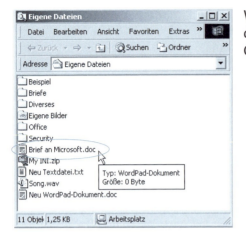

Windows ändert anschließend den Namen der Datei (bzw. des Ordners).

6 Klicken Sie jetzt ein zweites Mal auf eine freie Stelle im Fenster, um die Markierung aufzuheben.

Ordner und Dateien kopieren

Dateien lassen sich zwischen Ordnern der Festplatte oder zwischen Festplatte und Diskette kopieren. Nehmen Sie zum Beispiel einen Brief, der für eine spätere Verwendung aufzuheben ist. Kopieren Sie die Datei mit dem Brief auf eine Diskette und schließen Sie die Diskette weg. Möchten Sie einen Brieftext als Vorlage für ein neues Schreiben verwenden, ohne die Vorlage zu verändern? Eine Kopie der Datei mit dem Brieftext, die unter neuem Namen in einem Ordner abgelegt wird, löst das Problem.

Windows bietet Ihnen sehr viele Möglichkeiten, um Dateien oder komplette Ordner samt den darin enthaltenen Dateien zu kopieren. Nachfolgend lernen Sie die wichtigsten Schritte kennen, um Dateien und Ordner zu kopieren.

Haben Sie die auf den vorhergehenden Seiten gezeigten Schritte ausgeführt? Dann liegt sowohl ein Ordner *Beispiel* als auch eine Datei *Brief an Microsoft.doc* vor. Im ersten Beispiel soll diese Datei in den Ordner *Beispiel* übertragen werden.

Ordner und Dateien kopieren

1 Öffnen Sie das Fenster *Eigene Dateien* mit einem Doppelklick auf das zugehörige Desktop-Symbol.

2 Doppelklicken Sie auf das Ordnersymbol *Beispiel*.

3 Öffnen Sie ein zweites Mal das Ordnerfenster *Eigene Dateien* mit einem Doppelklick auf das zugehörige Desktop-Symbol.

4 Positionieren Sie die beiden geöffneten Fenster nebeneinander (oder etwas überlappend).

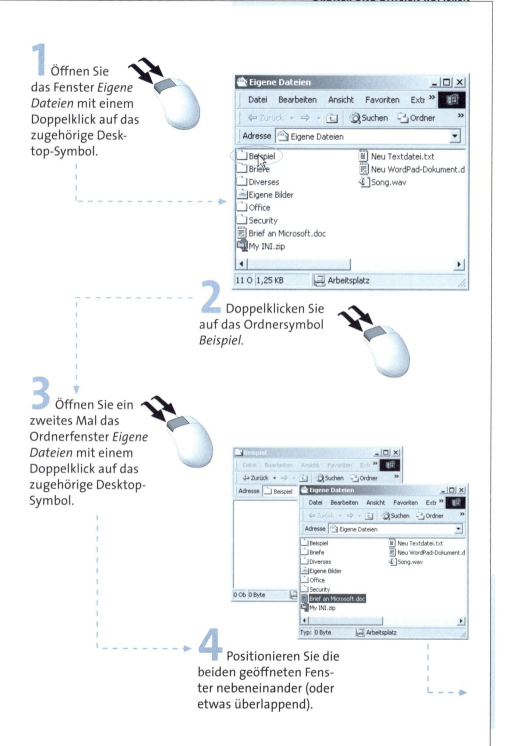

101

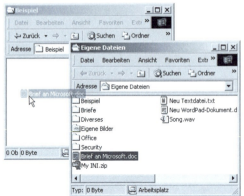

5 Ziehen Sie die Datei (hier *Brief an Microsoft.doc*) bei gleichzeitig gedrückter rechter Maustaste aus dem Ursprungsfenster in das zweite Ordnerfenster *Beispiel*.

6 Lassen Sie die rechte Maustaste los, sobald sich das Dateisymbol über dem Fenster befindet.

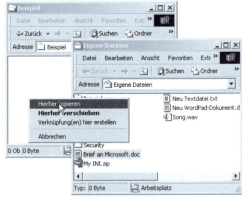

7 Wählen Sie im Kontextmenü den Befehl Hierher kopieren.

Windows kopiert anschließend die Datei in das angegebene Fenster (und damit aus dem Ordner *Eigene Dateien* in den Unterordner *Beispiel*).

Bei sehr großen Dateien wird während des Kopiervorgangs zusätzlich der Fortschritt in einem kleinen Fenster angezeigt.

1 Wiederholen Sie die letzten Schritte und kopieren Sie nochmals die Datei *Brief an Microsoft.doc* aus dem Ordner *Eigene Dateien* in den Unterordner *Beispiel*.

Windows stellt beim Kopieren fest, dass bereits eine Datei mit dem betreffenden Namen auf der Diskette vorhanden ist. Es wird dann das nebenstehende **Meldungsfeld** angezeigt. Mit der Schaltfläche *Nein* brechen Sie den Kopiervorgang ab.

Wählen Sie die Schaltfläche *Ja*, überschreibt Windows die Kopie der Datei auf der Diskette.

Immer wenn eine Datei oder ein Ordner im Ziel bereits unter dem betreffenden Namen existiert, gibt Windows eine Warnung aus. Sie können dann entscheiden, ob die Dateien bzw. Ordner trotzdem kopiert werden sollen oder nicht.

Windows erlaubt Ihnen nicht nur, Dateien und Ordner auf einem Laufwerk zu kopieren. Sie können auch Dateien auf Diskette oder auf ein anderes Laufwerk kopieren. Hierzu öffnen Sie einfach die beiden Fenster mit den beiden Ordnern (bzw. Laufwerken). Der Ordner, in dem sich die Dateien befinden, wird dabei auch als **Quellordner** bezeichnet.

Der Ordner, in den die Dateien zu kopieren sind, ist der **Zielordner**. Dann können Sie den Kopiervorgang auf die oben beschriebene Art durchführen.

> **TIPP**
> Möchten Sie die Kopie einer Datei, die vielleicht einen Brieftext enthält, als Basis für ein neues Schreiben verwenden? Dann verschieben Sie das Dateisymbol im Ordnerfenster bei gedrückter rechter Maustaste ein Stück. Beim Loslassen der Maustaste erscheint das Kontextmenü mit den Befehlen zum Kopieren der Datei. Die Kopie wird dabei automatisch mit dem Namen *Kopie von ....* versehen, um einen eindeutigen Dateinamen zu schaffen. Sie können anschließend diesen Namen mit den auf den vorherigen Seiten beschriebenen Techniken bearbeiten.

Ordner und Dateien verschieben

Beim Kopieren im gleichen Ordner oder zwischen Ordnern bzw. Laufwerken liegen anschließend zwei Dateien mit gleichem Inhalt vor. Manchmal soll eine Datei jedoch nur von einem Ordner in einen anderen Ordner verschoben werden. Die Datei wird also im **Zielordner** angelegt und gleichzeitig im **Quellordner** gelöscht. Dies funktioniert ähnlich wie beim Kopieren.

1 Öffnen Sie das Fenster des Ordners, der die Datei enthält.

2 Öffnen Sie das Fenster des Ordners, in den die Datei zu verschieben ist.

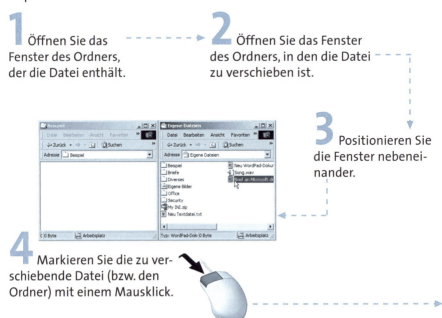

3 Positionieren Sie die Fenster nebeneinander.

4 Markieren Sie die zu verschiebende Datei (bzw. den Ordner) mit einem Mausklick.

Ordner und Dateien verschieben

5 Ziehen Sie das markierte Objekt bei gedrückter **rechter** Maustaste vom Quellfenster zum Zielfenster.

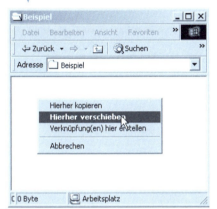

6 Lassen Sie die Maustaste los und wählen Sie im Kontextmenü den Befehl Hierher verschieben.

Windows verschiebt jetzt das markierte Objekt (Datei oder Ordner) in den Zielordner. Die Datei bzw. der Ordner wird aus dem Quellordner entfernt.

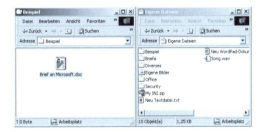

Ist bereits eine Datei mit dem entsprechenden Namen im Zielordner vorhanden, fragt Windows nach, ob diese Datei durch die zu verschiebende Datei ersetzt werden soll. Lehnt Windows das Kopieren, Verschieben oder Löschen von Dateien bzw. Ordnern ab? Dann wurden diese vielleicht von einem anderen Benutzer angelegt und sind vor Veränderungen durch Dritte geschützt. Diese Funktionalität wird in diesem Buch nicht behandelt, sprechen Sie ggf. den Administrator an, falls Sie solche Dateien bearbeiten müssen.

TIPP

Haben Sie eine Datei oder einen Ordner irrtümlich verschoben oder kopiert? Fast alle Dateioperationen lassen sich sofort nach der Ausführung rückgängig machen. Klicken Sie mit der rechten Maustaste auf eines der Ordnerfenster und wählen Sie im Kontextmenü den Befehl *xxx rückgängig machen*, wobei *xxx* für den Befehl steht.

HINWEIS

Klicken Sie in der Symbolleiste auf die Schaltfläche ↶ oder drücken Sie die Tastenkombination [Strg]+[Z]. Windows hebt dann den letzten Befehl auf. Nach einem Kopiervorgang werden die Objekte im Zielordner gelöscht, beim Verschieben einfach zurückgeschoben.

Mehrere Dateien/Ordner gleichzeitig handhaben

Möchten Sie mehrere Dateien oder Ordner kopieren oder verschieben, könnten Sie die im vorhergehenden Abschnitt beschriebenen Schritte mehrfach ausführen. Aber dieser Weg ist recht umständlich. Es geht auch einfacher, Sie können mehrere Objekte (Dateien oder Ordner) gleichzeitig bearbeiten (d.h. kopieren, verschieben, löschen etc.). Hierzu müssen Sie diese nur markieren. Dies soll jetzt einmal geübt werden.

1 Öffnen Sie die Ordnerfenster *Eigene Dateien* und *Beispiele* und positionieren Sie diese nebeneinander.

2 Falls der Ordner *Eigene Dateien* keine Dateien enthält, erzeugen Sie einige Textdateien.

Mehrere Dateien/Ordner gleichzeitig handhaben

Wie Sie Ordner und Dateien neu anlegen und die Fenster eines Ordners öffnen bzw. positionieren, wurde auf den vorhergehenden Seiten gezeigt. Jetzt benötigen Sie noch eine Methode, um mehrere Dateien zum Kopieren oder Verschieben zu **markieren**:

1 Klicken Sie im Ordner *Eigene Dateien* auf die erste der zu kopierenden Dateien.

2 Halten Sie die ⇧-Taste gedrückt.

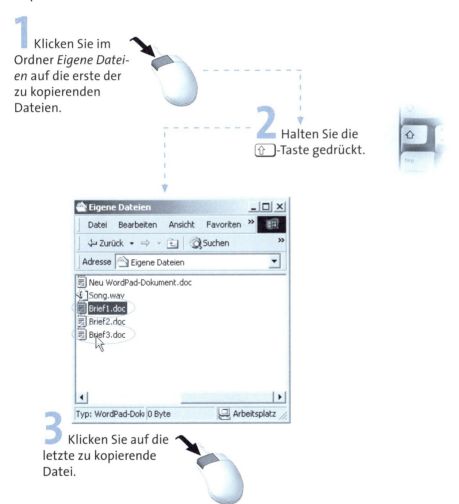

3 Klicken Sie auf die letzte zu kopierende Datei.

Windows markiert jetzt alle dazwischenliegenden Dateien. Sie sehen dies an der farbigen Hinterlegung der Dateinamen.

107

Möchten Sie mehrere Dateien markieren, die nicht aufeinander folgen?

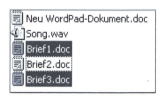

1 Halten Sie die Strg-Taste gedrückt.

2 Klicken Sie dann auf die zu markierenden Dateien.

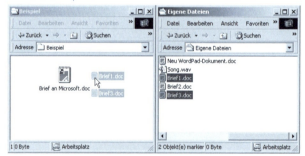

3 Zum Kopieren bzw. Verschieben halten Sie die **rechte** Maustaste gedrückt und ziehen die markierten Dateien in das Fenster mit dem Zielordner. Lassen Sie dann die Maustaste wieder los.

4 Im nun geöffneten Kontextmenü wählen Sie den Befehl HIERHER KOPIEREN bzw. HIERHER VERSCHIEBEN.

Jetzt kopiert oder verschiebt Windows die markierten Dateien vom Quellordner in den Zielordner.

Neben Dateien können Sie natürlich auch Ordner markieren und durch Ziehen per Maus in einen anderen Ordner kopieren. Und die Möglichkeit zur Behandlung mehrerer markierter Objekte (Dateien, Ordner) funktioniert nicht nur beim Kopieren bzw. Verschieben, sondern auch beim Löschen (siehe unten).

Eine Diskette kopieren

Auf den vorhergehenden Seiten haben Sie das Kopieren bzw. Verschieben von Dateien bzw. Ordnern kennen gelernt. Natürlich lässt sich als Zielordner auch ein Diskettenlaufwerk wählen. Wie sieht es aber aus, wenn Sie eine Diskette mit Dateien haben, von der Sie eine Kopie benötigen? Dann ist es zu umständlich, erst alle Dateien/Ordner auf ein Laufwerk zu kopieren und dann auf eine neue Diskette zu übertragen. Windows ermöglicht Ihnen, den Inhalt einer kompletten Diskette auf eine zweite Diskette zu kopieren.

1 Legen Sie die Diskette mit den Daten in das Diskettenlaufwerk ein.

2 Öffnen Sie das Fenster *Arbeitsplatz*.

3 Klicken Sie mit der **rechten** Maustaste auf das Symbol des Diskettenlaufwerks.

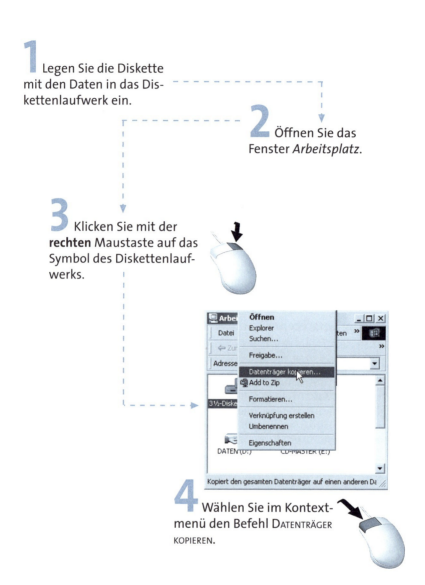

4 Wählen Sie im Kontextmenü den Befehl DATENTRÄGER KOPIEREN.

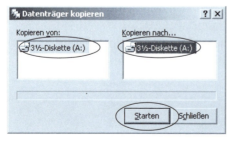

Windows zeigt das Dialogfeld *Datenträger kopieren* an.

Eine Diskette kopieren

5 Verfügen Sie über mehrere Diskettenlaufwerke, können Sie das Laufwerk für die Quell- und Zieldiskette durch Anklicken wählen.

6 Klicken Sie auf die Schaltfläche *Starten*, um den Kopiervorgang zu starten.

7 Werden Sie per Dialogfeld aufgefordert, den Quelldatenträger einzulegen, so tun Sie dies bitte und bestätigen über die *OK*-Schaltfläche.

Windows liest die Daten der Quelldiskette ein. Eine **Fortschrittsanzeige** informiert Sie über den Status.

Wurden die Daten gelesen, fordert Windows Sie zum Wechsel der Disketten auf.

8 Klicken Sie auf die *OK*-Schaltfläche.

Windows schreibt anschließend die Daten auf die neue (Ziel-)Diskette. Das nebenstehende Dialogfeld informiert Sie über den Fortschritt der Operation.

Ist das Kopieren der Diskette abgeschlossen, erscheint eine entsprechende Meldung.

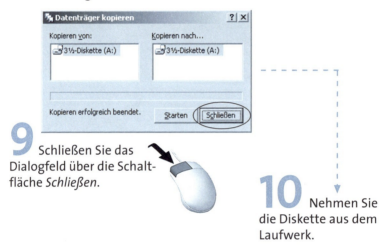

9 Schließen Sie das Dialogfeld über die Schaltfläche *Schließen*.

10 Nehmen Sie die Diskette aus dem Laufwerk.

Sie besitzen jetzt eine exakte Kopie der Ursprungsdiskette.

Beim Kopieren wird die Zieldiskette komplett überschrieben. Enthält diese Diskette eventuell noch Dateien, gehen diese verloren. Sie können auch nur zwischen zwei gleichen Medien kopieren. Das Kopieren einer 3,5-Zoll-Diskette auf eine 5,25-Zoll-Diskette funktioniert auf diese Weise nicht. Ähnliches gilt, falls Sie eine 3,5-Zoll-Diskette mit 720 Kbyte Speicherkapazität auf eine 1,44-Mbyte-Diskette kopieren möchten.

Zeigt Windows eine Fehlermeldung an und weigert sich auf die Diskette zu kopieren? Die Diskette ist vielleicht **schreibgeschützt**. Sie müssen dann den Schreibschutz aufheben (siehe Lernschritt »Der Umgang mit Disketten« in diesem Kapitel).

Eine Diskette formatieren

Vor der ersten Benutzung muss eine Diskette entsprechend vorbereitet werden. Man bezeichnet diesen Vorgang als **formatieren**. Hierbei wird auf der Diskette ein **Inhaltsverzeichnis** erzeugt. In diesem Inhaltsverzeichnis trägt Windows später die Namen der Ordner und Dateien ein, die auf der Diskette gespeichert werden.

> Neu gekaufte Disketten sind häufig bereits vom Hersteller zur Verwendung unter Windows/MS-DOS vorformatiert. Dies wird durch Angaben wie Formatiert, DOS-Formatted, Preformatted etc. auf der Diskettenverpackung angegeben. Sie können aber auch selbst Disketten formatieren. Dabei gehen jedoch alle eventuell bereits auf der Diskette gespeicherten Dateien verloren.

Um eine neue Diskette zu formatieren, führen Sie folgende Schritte aus:

1 Legen Sie die neue Diskette in das Laufwerk ein. Achten Sie dabei darauf, dass der Schreibschutz nicht aktiviert ist.

2 Öffnen Sie das Fenster *Arbeitsplatz* und klicken Sie mit der **rechten** Maustaste auf das Symbol des Diskettenlaufwerks.

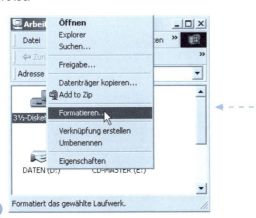

3 Wählen Sie im Kontextmenü den Befehl FORMATIEREN.

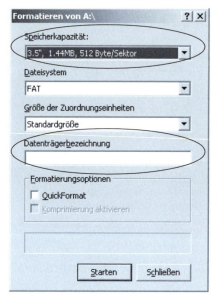

Windows öffnet das Dialogfeld zum Formatieren der Diskette. Im Listenfeld *Speicherkapazität* können Sie für den Diskettentyp zwischen zwei verschiedenen Speicherdichten wählen. 3,5-Zoll-Disketten können Daten in einem Umfang von entweder 720 Kbyte oder 1,44 Mbyte aufnehmen. Formatieren Sie eine Diskette mit 1,44 Mbyte, passen mehr Daten darauf.

Auf Wunsch können Sie im Feld *Datenträgerbezeichnung* noch einen Namen (max. 11 Zeichen) für die Diskette angeben.

Neue (noch unformatierte) Disketten werden immer vollständig formatiert. Eine bereits benutzte Diskette lässt sich über das Kontrollkästchen *QuickFormat* formatieren. Dann wird nur das Inhaltsverzeichnis gelöscht und die gespeicherten Dateien sind weg. Die Formatierung wird dadurch wesentlich schneller durchgeführt.

4 Klicken Sie auf die Schaltfläche *Starten*.

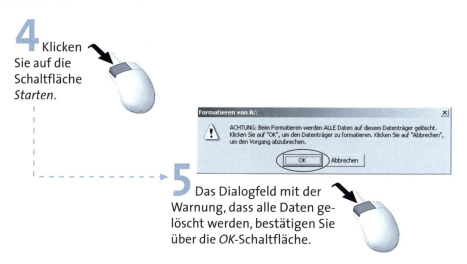

5 Das Dialogfeld mit der Warnung, dass alle Daten gelöscht werden, bestätigen Sie über die *OK*-Schaltfläche.

Jetzt beginnt die Formatierung einer Diskette, was einige Zeit dauert.

Dateien und Ordner löschen

Im unteren Teil des Dialogfelds informiert Sie Windows, wie weit die Formatierung fortgeschritten ist.

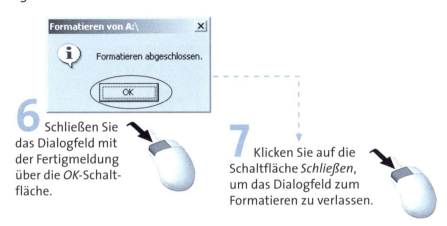

6 Schließen Sie das Dialogfeld mit der Fertigmeldung über die *OK*-Schaltfläche.

7 Klicken Sie auf die Schaltfläche *Schließen*, um das Dialogfeld zum Formatieren zu verlassen.

Anschließend lässt sich die Diskette zum Speichern von Dateien und Ordnern verwenden.

Dateien und Ordner löschen

Benötigen Sie einen Ordner oder eine Datei nicht mehr? Dann können Sie diese auf einfache Weise löschen.

1 Öffnen Sie das Fenster des Ordners, welches die Datei oder den Ordner enthält.

2 Markieren Sie die zu löschende Datei oder den zu löschenden Ordner.

115

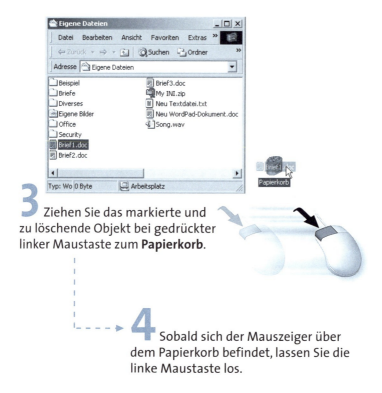

3 Ziehen Sie das markierte und zu löschende Objekt bei gedrückter linker Maustaste zum **Papierkorb**.

4 Sobald sich der Mauszeiger über dem Papierkorb befindet, lassen Sie die linke Maustaste los.

Windows verschiebt jetzt die markierte(n) Datei(en) bzw. den/die Ordner in den Papierkorb.

So komfortabel die obige Methode ist, es gibt einen Nachteil: Manchmal wird der Papierkorb von anderen Fenstern verdeckt. Sie können dann zwei weitere Methoden zum Löschen der Dateien oder Ordner verwenden.

1 Öffnen Sie das Fenster, in dem der Ordner oder die Datei angezeigt wird.

Dateien und Ordner löschen

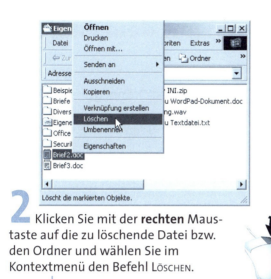

2 Klicken Sie mit der **rechten** Maustaste auf die zu löschende Datei bzw. den Ordner und wählen Sie im Kontextmenü den Befehl LÖSCHEN.

3 Oder Sie markieren die Datei und klicken in der Symbolleiste auf die Schaltfläche *Löschen* ✕ .

Windows fragt beim Löschen zur Sicherheit nach, ob das Objekt (Datei/Ordner) auch wirklich entfernt werden soll.

> **HINWEIS**
> Eine markierte Datei oder ein Ordner wird auch gelöscht, wenn Sie die [Entf]-Taste drücken.

4 Klicken Sie im Dialogfeld *Löschen von Dateien bestätigen* auf die Schaltfläche *Ja*.

Jetzt wird das markierte Objekt ebenfalls in den Papierkorb verschoben.

Gelöschte Dateien aus dem Papierkorb zurückholen

Haben Sie irrtümlich eine Datei oder einen Ordner gelöscht und möchten diese(n) wieder zurückholen? Solange sich diese Datei bzw. die Dateien des Ordners noch im Papierkorb befinden, ist dies problemlos möglich. Zum Zurückholen einer gelöschten Datei gibt es zwei Möglichkeiten.

Bemerken Sie bereits beim Löschen den Fehler, geht das Zurückholen ganz einfach.

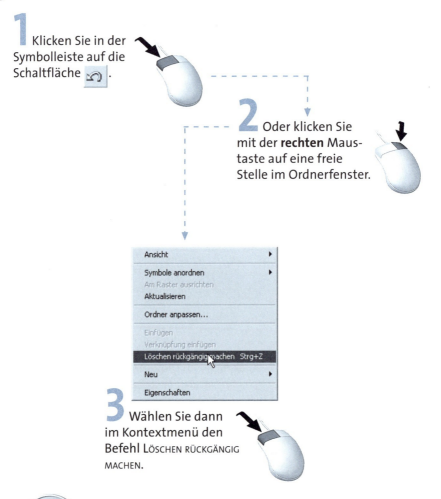

1. Klicken Sie in der Symbolleiste auf die Schaltfläche.

2. Oder klicken Sie mit der **rechten** Maustaste auf eine freie Stelle im Ordnerfenster.

3. Wählen Sie dann im Kontextmenü den Befehl LÖSCHEN RÜCKGÄNGIG MACHEN.

Gelöschte Dateien aus dem Papierkorb zurückholen

Diese Methode funktioniert aber nur, wenn Sie sonst noch nichts anderes gemacht haben. Der Eintrag RÜCKGÄNGIG bezieht sich immer auf den zuletzt ausgeführten Windows-Befehl. Weiterhin muss die Datei noch im Papierkorb vorhanden sein.

In beiden Fällen holt Windows die zuletzt gelöschte(n) Datei(en) bzw. Ordner aus dem Papierkorb in das aktuelle Fenster zurück.

Sofern Sie mehrere Schritte ausgeführt haben und erst später den Fehler bemerken, gibt es eine weitere Methode, um die gelöschten Dateien vielleicht doch noch zu »retten«.

1 Doppelklicken Sie auf das Symbol des Papierkorbs.

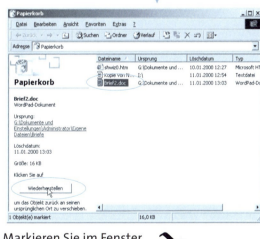

Markieren Sie einen Eintrag im Papierkorb, zeigt Windows in der linken Spalte die Informationen zum betreffenden Objekt (z.B. den Ursprungsordner) an.

2 Markieren Sie im Fenster des Papierkorbs die gelöschte(n) Datei(en).

3 Klicken Sie auf die Schaltfläche *Wiederherstellen*.

Windows verschiebt anschließend die markierte(n) Datei(en) in den ursprünglichen Ordner zurück.

119

Den Papierkorb leeren

Beim Löschen einer Datei oder eines Ordners verschiebt Windows dieses »Objekt« lediglich in den Papierkorb. Dadurch ist die Datei oder der Ordner zwar aus dem aktuellen Fenster verschwunden. Der von den Dateien auf dem Laufwerk benötigte **Speicherplatz** bleibt aber weiterhin belegt. Windows prüft zwar gelegentlich, ob der Papierkorb »voll« ist, und entfernt automatisch die ältesten als gelöscht eingetragenen Dateien. Sie können aber »nachhelfen« und den **Papierkorb** von Zeit zu Zeit selbst **leeren**.

1 Klicken Sie mit der **rechten** Maustaste auf das Symbol des Papierkorbs.

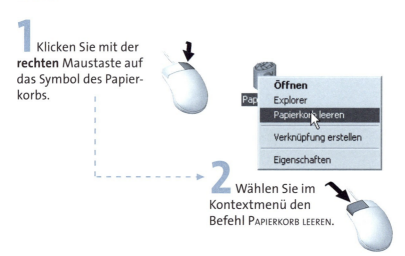

2 Wählen Sie im Kontextmenü den Befehl PAPIERKORB LEEREN.

Windows fragt nach, ob Sie den Inhalt des Papierkorbs wirklich leeren wollen.

3 Klicken Sie auf die Schaltfläche *Ja*.

ACHTUNG Nachdem Sie den Papierkorb geleert haben, sind die gelöschten Dateien endgültig weg.

Die Dateien werden aus dem Papierkorb entfernt. Gleichzeitig wird der von den Dateien belegte Speicher auf dem Laufwerk freigegeben. Anschließend erscheint das Symbol eines leeren Papierkorbs.

HINWEIS Sie können am Symbol des Papierkorbs erkennen, ob dieser gelöschte Dateien enthält.

Dieser Papierkorb enthält mindestens eine gelöschte Datei.

Dieser Papierkorb ist leer und enthält keine gelöschten Dateien.

Suchen nach Dateien und Ordnern

Haben Sie vergessen, in welchem Ordner sich eine Datei oder ein Unterordner befindet? Windows unterstützt Sie bei der Suche nach einer Datei oder einem Ordner.

1 Klicken Sie in der Symbolleiste des Ordnerfensters auf die Schaltfläche *Suchen*.

Windows blendet im linken Teil des Ordnerfensters in der so genannten **Explorerleiste** ein Suchfenster ein.

2 Tippen Sie im Feld *Nach folgenden Dateien oder Ordnern suchen:* einen Suchbegriff (z.B. »Brief«) ein.

3 Bei Textdateien können Sie auch einen Begriff, der in der Datei vorkommt, im Feld *Enthaltener Text* eintragen.

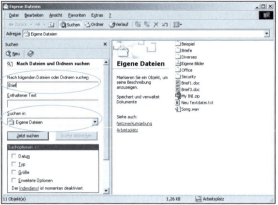

4 Wählen Sie im Listenfeld *Suchen in* das gewünschte Laufwerk oder den gewünschten Ordner, ab dem die Suche beginnt.

5 Geben Sie jetzt die Suchbedingungen ein und klicken Sie auf die Schaltfläche *Jetzt suchen*.

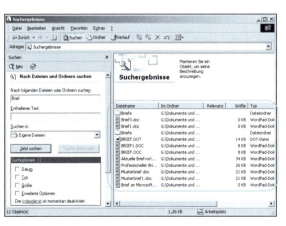

Windows durchsucht den angegebenen Ordner bzw. die angegebenen Laufwerke und zeigt Ihnen im rechten Fenster die gefundenen Suchergebnisse an.

Gefundene Ordner werden durch entsprechende Symbole dargestellt. Weiterhin zeigt die Spalte *Im Ordner* die Lage der Fundstelle. Ordnernamen wird das Zeichen \ vorangestellt. Der Ordner *Briefe* auf dem Laufwerk *G:* wird dann als *G:\Briefe* angegeben. Der Unterordner *Privat* im Ordner *Briefe* wird folglich als *G:\Briefe\Privat* angegeben. Man bezeichnet eine Angabe wie *G:\Briefe\Privat* auch als **Pfad** oder **Pfadangabe**, weil es den Weg (oder eben Pfad) zu einem Ordner angibt. Solche Pfadangaben tauchen in Windows bei jedem Zugriff auf Dateien auf. Möchten Sie das Zeichen \ (auch **Backslash** genannt) direkt per Tastatur eingeben? Dann müssen Sie gleichzeitig die Tasten [AltGr]+[ß] drücken.

Der Name der zu suchenden Datei oder des gesuchten Ordners wird im Eingabefeld *Nach folgenden Dateien oder Ordnern suchen* eingetragen.

- Wenn Sie den Namen genau kennen, können Sie diesen vollständig eintragen.

- Häufig ist es aber so, dass die genaue Schreibweise nicht bekannt ist. Sie wissen vielleicht nur, dass die Datei mit den Buchstaben *Brief* beginnt. Tragen Sie in diesem Fall nur den Anfang des Namens im Feld *Name* ein. Dann werden alle Dateien und Ordner im Ergebnisbereich des Fensters *Suchen nach* aufgeführt, die mit diesen Zeichen beginnen oder den Text »Brief« im Namen enthalten.

- Möchten Sie die Suche auf einen bestimmten Dateityp begrenzen, können Sie einen Suchbegriff in der Form *Brief*.txt* verwenden. Bei dem Sternchen handelt es sich um ein so genanntes **Wildcard**-Zeichen, d.h. das Zeichen * ist ein Stellvertreter für beliebige Buchstaben im Namen. Es können dabei ein oder mehrere Buchstaben ersetzt werden. Im Ergebnisfenster werden dann Dateien mit Namen wie *Brief.txt, Brief3.txt, Brief an Müller.txt, Briefe.txt* etc. angezeigt. Der Ordner *Briefe* wird nicht angezeigt, da ihm die angegebene Dateinamenerweiterung *.txt* fehlt. Auch *Mein Brief.txt* wird nicht gefunden, da hier das Suchmuster nicht passt.

Im Feld *Suchen in* müssen Sie das Laufwerk und/oder den Ordner angeben, in dem zu suchen ist. Es handelt es sich dabei um ein so genanntes **Kombinationsfeld**. Der Laufwerksbuchstabe und der Ordnername lässt sich direkt im Feld eintippen.

Über die Schaltfläche ▼ öffnet sich ein Listenfeld, in dem Sie Laufwerke und/oder Ordner auswählen können.

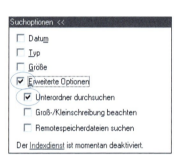

Markieren Sie eines der Kontrollkästchen in der Gruppe *Suchoptionen*, werden zusätzliche Optionen eingeblendet. Durch Markieren der einzelnen Kontrollkästchen lässt sich die Suche steuern.

> **HINWEIS**
> Möchten Sie, dass Windows auch die Unterordner eines Laufwerks/Ordners nach dem Namen durchsucht? Dann achten Sie darauf, dass die Kontrollkästchen *Erweiterte Optionen* und das Kontrollkästchen *Unterordner durchsuchen* mit einem kleinen Häkchen markiert ist (ansonsten klicken Sie das Kontrollkästchen an).

> **HINWEIS**
> Die Suchfunktion lässt sich auch direkt über die Funktionstaste F3 aufrufen, wenn der Desktop, ein Ordnerfenster oder das Fenster des Explorers geöffnet ist. Weiterhin steht im Startmenü der Befehl SUCHEN zur Verfügung. Neben der Suche nach Dateien und Ordnern erlaubt die Funktion auch die Suche nach Rechnern oder Personennamen. Diese Funktionen stehen ebenfalls im Suchfenster zur Verfügung, werden hier aber nicht behandelt.

Anzeigeoptionen für Ordnerfenster anpassen

Auf den vorherigen Seiten wurden (mit Ausnahme der Dateinamenerweiterungen) die Standarddarstellung des Windows-Ordnerfensters

ANZEIGEOPTIONEN FÜR ORDNERFENSTER ANPASSEN

verwendet. Nervt Sie die Darstellung am linken Rand des Ordnerfensters oder möchten Sie die Dateinamenerweiterungen wahlweise ein- bzw. ausblenden? Windows erlaubt Ihnen die Anpassung der Ordnerdarstellung.

1 Wählen Sie im Menü EXTRAS den Befehl ORDNEROPTIONEN.

Auf der Registerkarte *Allgemein* finden Sie verschiedene **Optionsfelder**, mit denen Sie die Anzeige beeinflussen können.

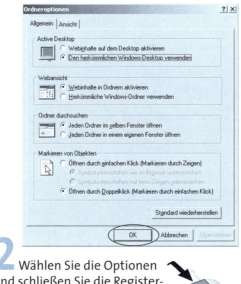

2 Wählen Sie die Optionen und schließen Sie die Registerkarte über die *OK*-Schaltfläche.

Optionsfelder sind die kleinen Kreise innerhalb eines Dialogfelds. Durch Anklicken eines Optionsfelds können Sie eine Option auswählen. Das gewählte Optionsfeld wird durch einen schwarzen Punkt markiert. Im Gegensatz zu **Kontrollkästchen** lässt sich immer nur eine Option innerhalb einer Gruppe von Optionsfeldern wählen.

Wählen Sie das Optionsfeld *Jeden Ordner in einem eigenen Fenster öffnen*, öffnet ein Mausklick auf ein Ordnersymbol ein zweites Ordnerfenster. Stört Sie die Webanzeige in der linken Spalte des Ordnerfensters, markieren Sie das Optionsfeld *Herkömmliche Windows-Ordner verwenden*. Der Vorteil: Es steht Ihnen mehr Platz zur Datei- und Ordneranzeige zur Verfügung. Allerdings fehlt dann der Komfort, dass Zusatzinformationen zum angewählten Objekt angezeigt werden.

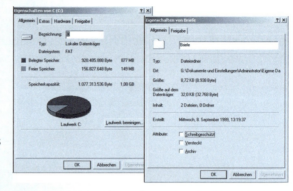

Haben Sie über die Registerkarte *Allgemein* die Option *Herkömmliche Windows-Ordner verwenden* gewählt und benötigen Sie trotzdem Informationen über ein Laufwerk, einen Ordner oder eine Datei? Klicken Sie mit der rechten Maustaste auf das Symbol des Objekts (z.B. ein Laufwerk) und wählen Sie im Kontextmenü den Befehl EIGENSCHAFTEN. Windows öffnet dann das Eigenschaftenfenster des Objekts mit zusätzlichen Informationen. Nebenstehend sehen Sie die Eigenschaftenfenster eines Laufwerks und eines Ordners.

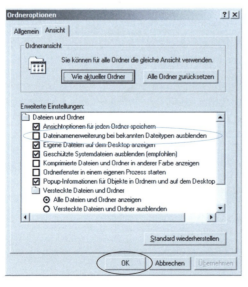

Auf der Registerkarte *Ansicht* finden Sie die Liste *Erweiterte Einstellungen*. Über die Kontrollkästchen lassen sich Anzeigeoptionen setzen. Mit *Dateinamenerweiterungen bei bekannten Dateitypen ausblenden* lassen sich die Dateinamenerweiterungen (z.B. *.txt*) zu- oder abschalten.

Details zu den einzelnen Optionen liefert Ihnen die Direkthilfe, die Sie über die in der linken oberen Ecke gezeigte Schaltfläche mit dem Fragezeichen abrufen können (siehe auch Kapitel 1).

Kleine Erfolgskontrolle

Haben Sie die ersten drei Kapitel durchgearbeitet? Dann beherrschen Sie bereits die Grundlagen im Umgang mit Windows. Die folgenden Kapitel befassen sich mit speziellen Fragen zu einzelnen Programmen und Funktionen. Zur Überprüfung Ihrer bisherigen Kenntnisse können Sie die folgenden Fragen bearbeiten. Hinter jeder Frage wird in Klammern der Lernschritt angegeben, in dem die Antwort zu finden ist.

⇨ **Wie erreichen Sie, dass ein Fenster den gesamten Bildschirm einnimmt?**

(Antwort in Kapitel 1 im Lernschritt »Arbeiten mit Fenstern«)

⇨ **Wie wird ein Programm beendet?**

(Antwort in Kapitel 1 im Lernschritt »Arbeiten mit Fenstern« oder in Kapitel 2 im Lernschritt »Ein Programm beenden«)

⇨ **Nennen Sie die Alternativen, um ein Programm zu starten.**

(Antworten in Kapitel 2 im Lernschritt »Ein Programm starten« oder im Lernschritt »Alternativen zum Starten von Programmen«)

⇨ **Wie lässt sich ein Programm (EXE-Datei) aus dem Fenster *Arbeitsplatz* oder im Explorer starten?**

(Antwort in Kapitel 2 im Tipp am Ende von Lernschritt »Alternativen zum Starten von Programmen«)

⇨ **Wie werden Dateinamen benannt?**

(Antwort in Kapitel 3 im Lernschritt »Was sind Ordner und Dateien?«)

⇨ **Wie lässt sich feststellen, welche Dateien auf einer Diskette gespeichert sind?**

(Antwort in Kapitel 3 im Lernschritt »Laufwerke, Dateien und Ordner anzeigen«)

⇨ **Wie lassen sich große Symbole im Fenster *Arbeitsplatz* anzeigen?**

(Antwort in Kapitel 3 im Lernschritt »Laufwerke, Dateien und Ordner anzeigen«)

⇨ **Wie kopieren Sie eine Datei oder einen Ordner?**

(Antwort in Kapitel 3 im Lernschritt »Dateien und Ordner kopieren«)

⇨ **Wie wird eine Datei gelöscht?**

(Antwort in Kapitel 3 im Lernschritt »Dateien und Ordner löschen«)

KLEINE ERFOLGSKONTROLLE

Konnten Sie die Fragen ohne Probleme beantworten? Prima, dann beherrschen Sie bereits die wichtigsten Windows-Grundlagen. Wenn es an einigen Stellen noch etwas hapert, ist dies auch nicht sonderlich tragisch. Lesen Sie einfach bei Bedarf in den entsprechenden Lernschritten nach, wie etwas funktioniert. Viele Abläufe sind in Windows ähnlich, d.h. Sie lernen vieles nebenbei, wenn Sie die nächsten Kapitel bearbeiten.

4

zeichnen unter Windows

Was bringt Ihnen dieses Kapitel?

Mit Windows-Programmen können Sie Texte, Briefe, Einladungen, Rechnungen etc. erfassen, bearbeiten, drucken und zur späteren Verwendung in Dateien speichern. Zusätzlich ermöglichen Windows-Anwendungen Skizzen, Zeichnungen oder Bilder zu erstellen, zu bearbeiten, zu speichern und in Dokumenten zu verwenden. In diesem Kapitel lernen Sie solche bereits in Windows 2000 enthaltenen Programme kennen.

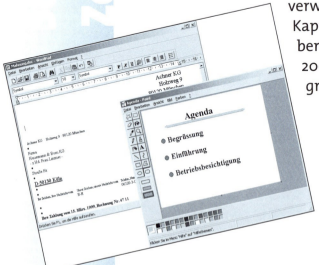

Das können Sie schon:

Die Fenstergröße verändern	37
Umschalten zwischen Programmen	61
Einen neuen Ordner anlegen	94

Das lernen Sie neu:

Schriftstücke mit WordPad erstellen	132
Texte bearbeiten	139
WordPad-Dokumente speichern, laden und drucken	146
Ein Textdokument formatieren	153
Bilder mit Paint erstellen	165
Bildteile ausschneiden und kopieren	175
Ein Bild in Paint speichern, laden und drucken	178
Text mit Bildern und anderen Objekten	183

Schriftstücke mit WordPad erstellen

Eine häufige Tätigkeit am Computer stellt wohl das Verfassen von Briefen oder ähnlichen Schriftstücken dar. Im Büro werden dabei spezielle Programme wie Microsoft Word benutzt. Wer noch über kein solches Schreibprogramm verfügt, kann auf das mit Windows 2000 mitgelieferte WordPad zurückgreifen. Dieses Programm ist mehr als ein »Schreibmaschinenersatz«. Natürlich können Sie WordPad verwenden, um einfache Texte zu erfassen, zu drucken und zur späteren Verwendung in Dateien zu speichern. Aber Sie können Ihre Texte (Briefe, Einladungen etc.) etwas ansprechender gestalten und mit einer persönlichen Note versehen. Wie einfach das Gestalten von Schriftstücken mit WordPad ist, zeigt Ihnen dieser Lernschritt. Also, auf geht's, starten Sie das betreffende Programm.

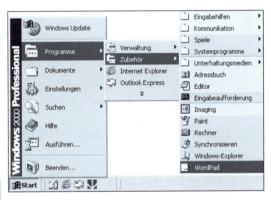

1 Klicken Sie hierzu im **Startmenü** auf Programme/Zubehör/ WordPad.

Fehlt der WordPad-Eintrag im Startmenü, klicken Sie auf das Symbol ˇ, um das Menü zu erweitern. Fehlt dann nach wie vor der Eintrag für WordPad, wenden Sie sich an Ihren Administrator.

Windows startet dann das zugehörende Programm mit dem Namen *Wordpad.exe*.

Das WordPad-Fenster ist beim Aufruf noch leer und enthält die bereits von anderen Fenstern bekannten Elemente wie Titelleiste, Menüleiste, Symbolleiste und Statusleiste. Zusätzlich gibt es auch den Textbereich mit der Einfügemarke. Der Mauszeiger nimmt innerhalb des Textbereichs die Form des Textcursors an.

Hier ist das leere WordPad-Fenster zu sehen, welches eine Menüleiste, zwei Symbolleisten, eine Statusleiste und ein Lineal besitzt. Neu ist der weiße **Fensterinnenbereich**, der zur **Aufnahme des Texts** dient. Beim Aufruf zeigt der Editor ein »weißes Blatt« an, das noch keinen Text enthält.

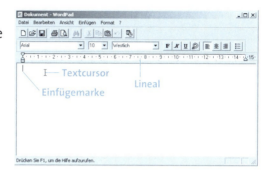

Über die **Menüleiste** können Sie die einzelnen Befehle zur Gestaltung des Dokuments abrufen. Die **Symbolleisten** enthalten in WordPad die Schaltflächen und Elemente, um den Text zu speichern, zu drucken und mit Auszeichnungen zu versehen. In der linken oberen Ecke des Fensters sehen Sie die **Einfügemarke**.

Die **Einfügemarke** wird als senkrechter blinkender schwarzer Strich dargestellt. Diese Marke zeigt an, wo das nächste eingegebene Zeichen auf dem Bildschirm eingefügt wird. Einfügemarken werden in Windows überall verwendet, wo Texte einzugeben sind. Sie haben dies in Kapitel 3 beim Umbenennen von Dateinamen bereits kennen gelernt.

Zeigen Sie auf den Textbereich, erscheint anstelle des Mauszeigers der bereits erwähnte **Textcursor**. Dieser lässt sich genauso wie der Mauszeiger handhaben. Sie können mit dem Textcursor auf ein Wort zeigen, etwas markieren oder klicken.

Besitzt *WordPad* bei Ihnen keine Symbolleisten oder fehlt vielleicht das Lineal? Im Menü Ansicht finden Sie die Befehle, um diese Elemente ein- oder auszublenden. (Ähnliches haben Sie bereits in Kapitel 3 beim Ordnerfenster kennen gelernt. Sie sehen, in Windows ähnelt sich vieles.)

Um ein neues Dokument zu erstellen, sind nur zwei Schritte erforderlich:

1 Klicken Sie auf die Schaltfläche ▢ (oder wählen Sie den Befehl NEU im Menü DATEI).

HINWEIS

Bei Anwahl der Schaltfläche *Neu* ▢ fragt WordPad nach, welcher Dokumenttyp gewünscht wird. Wählen Sie dann *Word 6.0-Dokument* oder *RTF-Dokument*.

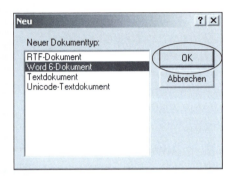

Diese Schritte sind natürlich nicht erforderlich, wenn Sie WordPad neu aufrufen, da dann ja bereits ein leeres »Blatt« (standardmäßig mit dem Dokumenttyp *RTF-Dokument*) für den Text vorliegt.

2 Geben Sie den gewünschten Text ein.

Das nebenstehende Fenster enthält einen einfachen Text, der zur Demonstration eingetippt wurde. Sie sollten jetzt vielleicht diesen Text ebenfalls eintippen. Am Ende der dritten und vierten Zeile drücken Sie die ⏎-Taste einmal und am Ende der fünften Zeile zweimal.

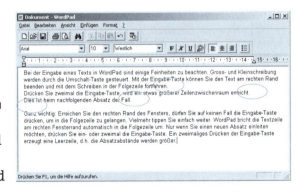

134

Sofern Sie sich mit der **Bedienung der Tastatur** noch nicht auskennen, hier ein paar Tipps zur Eingabe des Textes.

⇨ Tippen Sie einfach die Zeichen ein, um die betreffenden Wörter zu schreiben. Der **Zwischenraum** zwischen den Wörtern wird durch die ⎵-Taste am unteren Rand der Tastatur eingefügt.

⇨ Normalerweise erscheinen beim Drücken der Buchstabentasten kleine Buchstaben. Um einen **Großbuchstaben einzugeben**, halten Sie die ⇧-Taste fest und drücken anschließend die Taste mit dem gewünschten Zeichen.

⇨ Möchten Sie **Sonderzeichen** (z.B. §, $ etc.) über die oberste Tastenreihe eintippen, müssen Sie ebenfalls die ⇧-Taste gedrückt halten.

Drücken Sie die ⇩-Taste, stellt sich die Tastatur auf Großschreibung um. Alle eingetippten Zeichen erscheinen als Großbuchstaben. Nur wenn Sie gleichzeitig die ⇧-Taste drücken, erscheinen Kleinbuchstaben. Um den Modus aufzuheben, tippen Sie kurz die ⇧-Taste an.

Zahlen lassen sich auch über den rechten Ziffernblock der Tastatur eingeben. Dieser Ziffernblock besitzt aber eine Doppelfunktion, er lässt sich auch zur Cursorsteuerung im Textfenster verwenden. Die Umschaltung erfolgt durch einmaliges Drücken der ⇩-Taste. Leuchtet die Anzeige »Num« auf der Tastatur, lassen sich Ziffern eingeben.

⇨ Wenn Sie eine Taste länger festhalten, schaltet der Computer in den **Wiederholmodus**. Dann wird das Zeichen automatisch bei der Eingabe wiederholt.

Ein irrtümlich eingegebenes Zeichen lässt sich sofort durch Drücken der ⌫-Taste löschen.

⇨ Manche Tasten sind mit drei Symbolen versehen. Das erste Zeichen können Sie direkt durch Drücken der Taste abrufen. Das zweite Zeichen erreichen Sie, indem Sie die ⇧-Taste beim Tippen gedrückt halten. Um auch an das dritte Zeichen zu gelangen, müssen Sie die Taste zusammen mit der (Alt Gr)-Taste drücken. Die Tilde ~ wird dann beispielsweise mit der

Tastenkombination (AltGr)+(~) eingegeben. Unterstützt eine Taste vier Zeichen, müssen Sie die Tastenkombination (AltGr)+(⇧) in Verbindung mit der Taste drücken.

⇒ Gelangen Sie beim Schreiben eines Satzes an den **rechten Rand** des Fensters, tippen Sie einfach weiter. WordPad »schreibt« den Text in der nächsten Zeile weiter. Keinesfalls dürfen Sie wie bei einer Schreibmaschine am Zeilenende die (↵)-Taste drücken, um eine neue Zeile einzuleiten. Dies führt bei der späteren Bearbeitung des Dokuments zu vielfältigen Problemen.

> Ausnahme: Sie möchten Listen, Adresse etc. eingeben, bei denen eine Textzeile an einer bestimmten Position endet. Dann benötigen Sie natürlich einen Zeilenumbruch, um zur nächsten Zeile zu gelangen.

⇒ Um eine Zeile an einer bestimmten Stelle zu beenden und **zum nächsten Absatz weiterzuschalten**, drücken Sie die (↵)-Taste. Diese Taste fügt einen so genannten **Absatzwechsel** im Text ein.

⇒ Brauchen Sie etwas mehr **Abstand zwischen zwei Absätzen**, drücken Sie zweimal die (↵)-Taste.

⇒ Drücken Sie die (⇥)-Taste, »springt« die Einfügemarke etwas nach rechts. Tippen Sie dann Text ein, wird dieser etwas nach rechts **eingerückt** (man bezeichnet dieses Einrücken auch als **Einzug**). Anstelle der (⇥)-Taste könnten Sie auch die (   )-Taste verwenden. Im Laufe dieses Kapitels lernen Sie aber, warum die (⇥)-Taste vorteilhafter ist.

> Haben Sie noch etwas Schwierigkeiten, die richtigen Tasten zu finden? Eine Übersicht über die Tastatur finden Sie am Anfang dieses Buches. Fehlt das Währungssymbol für den Euro auf Ihrer Tastatur? Dann verwenden Sie die Tastenkombination (AltGr)+(E) zur Eingabe des Euro-Symbols €.

Vielleicht versuchen Sie einmal den obigen Text oder irgendeinen anderen Text probehalber einzutippen. Sie bekommen schnell ein Gefühl für die Texteingabe.

Schriftstücke mit WordPad erstellen

Haben Sie sich weiter oben über die Anweisungen zur Verwendung der ⏎-Taste gewundert? Sie wurden ja angewiesen, am Ende der dritten, der vierten Zeile und der fünften Zeile die ⏎-Taste zu drücken. Bei den restlichen Zeilen mussten Sie den Text dagegen weiterschreiben, WordPad übernimmt dann **automatisch** den Zeilenumbruch. Schauen wir uns einmal an, was passiert, wenn jede Textzeile mit einem Absatzwechsel (durch Drücken der ⏎-Taste) abgeschlossen wird.

1 Verkleinern Sie jetzt einmal das WordPad-Fenster mit dem eingetippten Text.

Das Ergebnis sollte dann in etwas so aussehen. Ab dem zweiten Absatz sieht der Text etwas wild aus, (die zweite Zeile des zweiten Absatzes enthält nur ein Wort).

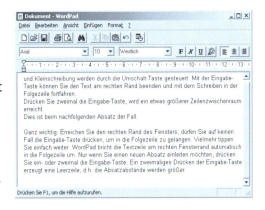

Bei den anderen Absätzen passt WordPad dagegen den Zeilenumbruch am rechten Fensterrand an. Ursache ist der Absatzwechsel am Ende der ersten Zeile im zweiten Absatz. Dieser zwingt WordPad die Zeile nach dem Wort »erreicht« in die Folgezeile zu Umbrechen. Sie können sich nun sicher vorstellen, welche Probleme auftreten, wenn Sie längere Texte zeilenweise mit Absatzwechseln versehen und später etwas am Text ändern. Dann heißt es, alle Zeilen neu in der Länge anpassen. Verwenden Sie dagegen nur die ⏎-Taste, um einen Absatzwechsel am Absatzende einzuleiten, übernimmt WordPad die Ausrichtung der Zeilenlänge automatisch.

An dieser Stelle noch ein Hinweis. Sicherlich ist Ihnen am oberen Blattrand das Lineal aufgefallen, welches die Zeilenbreite angibt. Wenn Sie WordPad aufrufen und einen neuen Text eintippen, erfolgt der automatische Zeilenumbruch aber nicht an dem durch das Lineal festgelegten rechten Blattrand, sondern am rechten Fensterrand. Dies ist unüblich. Sie können dies aber leicht korrigieren:

1 Wählen Sie im Menü ANSICHT den Befehl OPTIONEN.

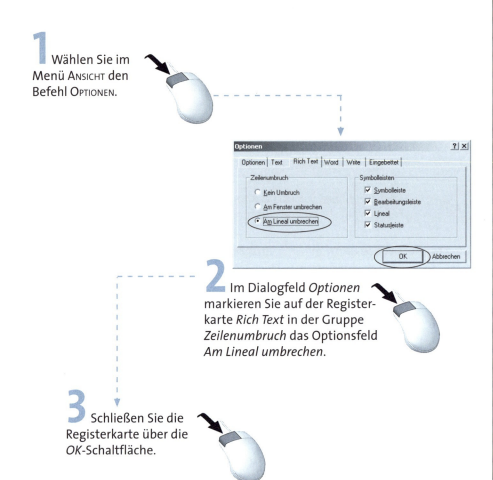

2 Im Dialogfeld *Optionen* markieren Sie auf der Registerkarte *Rich Text* in der Gruppe *Zeilenumbruch* das Optionsfeld *Am Lineal umbrechen*.

3 Schließen Sie die Registerkarte über die *OK*-Schaltfläche.

Mit dieser Umstellung sollte der Zeilenumbruch am rechten Blattrand erfolgen. Falls nicht, wiederholen Sie die letzten Schritte und stellen diese Option auch noch auf der Registerkarte *Word* ein.

> **HINWEIS**
> WordPad unterstützt Texte, die von verschiedenen anderen Anwendungen (z.B. Windows Write, Microsoft Word 6.0 etc.) erzeugt wurden. Die verschiedenen Registerkarten des Dialogfelds *Optionen* erlauben Ihnen WordPad im Hinblick auf diese Anwendungen anzupassen. Details zu den Optionen des Dialogfelds liefert Ihnen die Schaltfläche *Direkthilfe* in der rechten oberen Ecke (siehe auch Kapitel 1).

Texte bearbeiten

Bei der Eingabe von Texten geht es selten ohne Fehler ab. Schnell wird ein Wort vergessen, ein Buchstabe ist zu viel oder es sind Ergänzungen erforderlich. Vermutlich stellen Sie beim späteren Lesen des Textes fest, dass dieser zu korrigieren ist. Die nachträgliche Bearbeitung eines Textes ist aber eine der Stärken von WordPad. Daher möchte ich kurz auf die betreffenden Techniken eingehen.

Text einfügen und überschreiben

Haben Sie noch das auf den vorhergehenden Seiten eingegebene Dokument? Sie können den Text zum Üben verwenden. Möchten Sie ein neues Wort an einer bestimmten Stelle im Text einfügen?

1 Sie den Text am rechten Rand
Klicken Sie an die betreffende Textstelle.

2 Sie nicht nur den Text am rechten Rand
Tippen Sie den gewünschten Text ein.

WordPad fügt die neu eingetippten Buchstaben an der Position der Textmarke im Dokument ein. Der rechts von der Textmarke stehende Text wird nach rechts verschoben

> Soll der rechts von der Textmarke stehende Text mit den neu eingetippten Buchstaben überschrieben werden? Dann drücken Sie die Taste (Einfg) auf dem nummerischen Ziffernblock. WordPad aktiviert den Modus »Überschreiben«. Anschließend tippen Sie den neuen Text ein. Dieser überschreibt den bereits vorhandenen Text. Ein zweites Drücken der Taste (Einfg) schaltet den Modus wieder auf »Einfügen« zurück.

Text löschen

In einem weiteren Schritt sollen jetzt die überflüssigen Absatzwechsel des vorherigen Beispiels an den Zeilenenden entfernt werden.

1 Klicken Sie im Text vor das zu entfernende Zeichen.

2 Drücken Sie die Taste [Entf].

WordPad entfernt jetzt das rechts von der Einfügemarke stehende Zeichen. In diesem Beispiel wird die Absatzmarke gelöscht, WordPad zieht die Textzeilen zu einem Absatz zusammen.

> **TIPP** Mit der Taste [Entf] löschen Sie immer **Zeichen**, die rechts von der Einfügemarke stehen. Um ein Zeichen links von der Einfügemarke zu **entfernen**, drücken Sie die [⇐]-Taste.

Positionieren im Text

Die Einfügemarke können Sie an jeder Stelle im Text positionieren, indem Sie mit der Maus vor den jeweiligen Buchstaben klicken. Sie dürfen aber auch die so genannten **Cursortasten** sowie weitere Tasten benutzen, um die Einfügemarke im Text zu bewegen. Nachfolgend finden Sie eine Aufstellung der wichtigsten Tasten und Tastenkombinationen, um die Einfügemarke im Text zu bewegen.

Verschiebt die Einfügemarke im Text eine Zeile nach oben.

Verschiebt die Einfügemarke im Text eine Zeile nach unten.

 Verschiebt die Einfügemarke im Text ein Zeichen nach links in Richtung Textanfang.

Verschiebt die Einfügemarke im Text ein Zeichen nach rechts in Richtung Textende.

 +  Verschiebt die Einfügemarke im Text um ein Wort nach links.

Verschiebt die Einfügemarke im Text um ein Wort nach rechts. +

 Drücken Sie diese Taste, springt die Einfügemarke an den Zeilenanfang.

Mit dieser Taste verschieben Sie die Einfügemarke an das Zeilenende.

Markieren von Texten

Bei bestehenden Texten kommt es häufiger vor, dass ganze Sätze oder Textteile gelöscht werden müssen. Sie können hierzu die Einfügemarke an den Anfang des Textbereichs setzen und dann die [Entf]-Taste so lange drücken, bis alle Zeichen gelöscht sind. Eleganter klappt das Löschen aber, wenn Sie den Text **markieren**.

Der Begriff **Markieren** kommt in Windows und in den zugehörigen Programmen häufiger vor. Sie können Dateien, Symbole, Ordner, Textbereiche oder Bildausschnitte mit der Maus markieren. Je nach Programm zeigt Windows den markierten Bereich mit einem farbigen Hintergrund oder durch eine gestrichelte Linie an.

Das Markieren lässt sich mit dem farbigen Auszeichnen eines Texts auf einem Blatt Papier vergleichen. In WordPad benutzen Sie hierzu den Textcursor, den Sie über den zu markierenden Text ziehen.

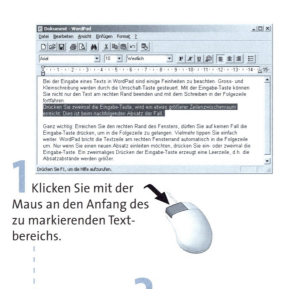

1 Klicken Sie mit der Maus an den Anfang des zu markierenden Textbereichs.

2 Halten Sie die linke Maustaste gedrückt und ziehen Sie die Maus zum Ende des Markierungsbereichs.

Der markierte Textbereich wird farbig hervorgehoben. Wenn Sie jetzt die
[Entf]-Taste drücken, löscht WordPad den gesamten markierten Textbereich. Tippen Sie dagegen einen neuen Text ein, wird der markierte Bereich mit dem neuen Text ersetzt. Aber dies kennen Sie ja bereits aus Kapitel 3 vom Umbenennen von Dateien und Ordnern.

Haben Sie irrtümlich etwas gelöscht? Wenn Sie die Tastenkombination [Strg]+[Z] drücken oder auf die Schaltfläche ↶ klicken, wird die **letzte Änderung rückgängig** gemacht.
Haben Sie einen Textbereich markiert, wirken alle Befehle auf den Inhalt der Markierung.

Zum **Aufheben der Markierung** klicken Sie auf eine Stelle außerhalb des markierten Bereichs.

Sie können Texte auch mit der Tastatur markieren. Verschieben Sie die Einfügemarke an den Anfang des zu markierenden Bereichs. Anschließend halten Sie die [⇧]-Taste gedrückt und verschieben die Einfügemarke mit den oben beschriebenen Tasten im Text. WordPad markiert die jeweiligen Zeichen.
Und hier noch ein paar Tipps zum Markieren des Texts per Maus:
Doppelklicken Sie auf ein Wort, wird dieses markiert.
Ein Mausklick vor eine Zeile markiert die komplette Zeile.
Ein Dreifachklick auf ein Wort markiert den Absatz.
Drücken Sie die Tastenkombination [Strg]+[A], wird das gesamte Dokument markiert.

Texte ausschneiden, kopieren und verschieben

Abschließend stellt sich die Frage, wie sich größere Textbereiche in einem Dokument »verschieben« oder kopieren lassen. Dies ist vor allem bei der Übernahme bereits bestehender Texte äußerst hilfreich. Auch hierfür stellen Windows bzw. die betreffenden Programme entsprechende Funktionen bereit. Die nachfolgend beschriebenen Techniken lassen sich bei fast allen Windows-Anwendungen verwenden.

1 Markieren Sie den auszuschneidenden oder zu verschiebenden Text.

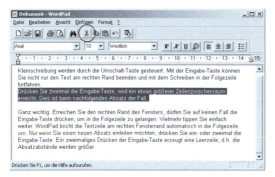

Hier wurde ein ganzer Absatz markiert, der an das Textende versetzt werden soll.

2 Wählen Sie im Menü BEARBEITEN den Befehl AUSSCHNEIDEN.

Schneller geht es, wenn Sie in der Symbolleiste auf die Schaltfläche klicken oder die Tastenkombination [Strg]+[X] drücken. Der markierte Bereich wird jetzt aus dem WordPad-Fenster gelöscht. Windows hat den markierten Text in der **Zwischenablage** übernommen.

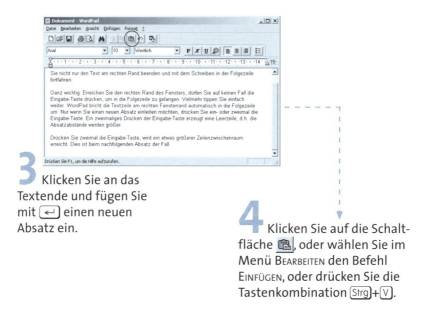

3 Klicken Sie an das Textende und fügen Sie mit [↵] einen neuen Absatz ein.

4 Klicken Sie auf die Schaltfläche, oder wählen Sie im Menü BEARBEITEN den Befehl EINFÜGEN, oder drücken Sie die Tastenkombination [Strg]+[V].

WordPad fügt jetzt den **Text** aus der **Zwischenablage** an der **Einfügemarke** im Dokument ein. Sie haben mit diesen Schritten quasi den vorher markierten Text an die neue Position verschoben.

TEXTE BEARBEITEN

Windows besitzt einen bestimmten Speicherbereich, der als **Zwischenablage** bezeichnet wird. Wählen Sie die Funktionen AUSSCHNEIDEN oder KOPIEREN (z.B. im Menü BEARBEITEN), fügt Windows den markierten Bereich (Text, Bildbereiche, Dateinamen etc.) in die Zwischenablage ein. Mit dem Befehl EINFÜGEN im Menü BEARBEITEN wird der Inhalt der Zwischenablage im aktuellen Fenster eingefügt.

Möchten Sie eine Textstelle lediglich kopieren (d.h. der markierte Bereich soll erhalten bleiben), lassen sich ähnliche Schritte verwenden.

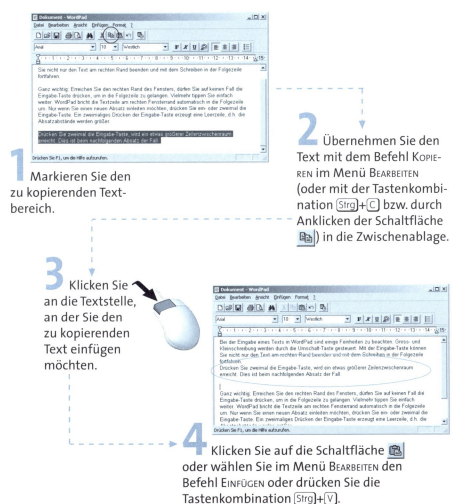

1 Markieren Sie den zu kopierenden Textbereich.

2 Übernehmen Sie den Text mit dem Befehl KOPIEREN im Menü BEARBEITEN (oder mit der Tastenkombination [Strg]+[C] bzw. durch Anklicken der Schaltfläche) in die Zwischenablage.

3 Klicken Sie an die Textstelle, an der Sie den zu kopierenden Text einfügen möchten.

4 Klicken Sie auf die Schaltfläche oder wählen Sie im Menü BEARBEITEN den Befehl EINFÜGEN oder drücken Sie die Tastenkombination [Strg]+[V].

145

WordPad fügt den Text aus der **Zwischenablage** an der aktuellen Position der Einfügemarke ein. Der vorher markierte Textbereich bleibt bei der *Kopieren*-Funktion erhalten.

> Sie können nicht nur einzelne Sätze, sondern ganze Abschnitte markieren und diese in die Zwischenablage übernehmen. Anschließend lässt sich der Inhalt der Zwischenablage beliebig oft im Dokument einfügen.
>
> Der **Datenaustausch** über die **Zwischenablage** funktioniert auch **zwischen verschiedenen Fenstern**. Sie können zum Beispiel WordPad zweimal starten. Markieren Sie in einem Fenster den Text und übernehmen Sie diesen in die Zwischenablage. Dann wechseln Sie zum zweiten Fenster und fügen den Text aus der Zwischenablage wieder ein.

An dieser Stelle soll es mit den ersten Übungen genug sein. Sie können einen einfachen Text eingeben, Textstellen markieren und auch korrigieren sowie mit der Zwischenablage arbeiten. Im nächsten Lernschritt speichern Sie den Text, laden diesen erneut und drucken das Ergebnis.

WordPad-Dokumente speichern, laden und drucken

In WordPad können Sie den Text in Dateien speichern. Zum Speichern sind ebenfalls verschiedene Varianten zulässig. Wählen Sie im Menü Datei den Befehl Speichern oder drücken Sie die Tastenkombination [Strg]+[S], wird das Dokument gespeichert. Da WordPad aber eine Symbolleiste besitzt, geht das Speichern noch einfacher:

1 Klicken Sie in der Symbolleiste auf die Schaltfläche Speichern.

WordPad-Dokumente speichern, laden und drucken

Bei einem neuen Dokument erscheint des Dialogfeld *Speichern unter*. Das Dialogfeld enthält in der linken Leiste die Symbole für Speicherorte, an denen Sie die Datei ablegen können. Klicken Sie bei Bedarf auf das Symbol des gewünschten Speicherorts (z.B. *Eigene Dateien*).

Über das **Listenfeld** *Speichern in* wählen Sie ggf. das Laufwerk und den Ordner, in dem die Datei zu speichern ist. Das Listenfeld lässt sich durch einen Mausklick auf den Pfeil öffnen. Einen Ordner öffnen Sie durch einen Doppelklick auf das zugehörige Symbol.

Für unsere Zwecke soll das Dokument im Ordner *Eigene Dateien/Briefe* hinterlegt werden. Falls dieser Unterordner noch nicht existiert, sind einige zusätzliche Schritte erforderlich.

1 Klicken Sie in der linken Leiste des Dialogfelds auf das Symbol *Eigene Dateien*.

2 Wählen Sie in der Symbolleiste des Dialogfelds die Schaltfläche *Neuen Ordner erstellen*.

147

3 Tippen Sie den Ordnernamen *Briefe* ein.

4 Klicken Sie auf eine freie Stelle des Ordnerfensters, um den Namen zu übernehmen.

5 Doppelklicken Sie auf das neue Ordnersymbol oder markieren Sie das Ordnersymbol und wählen Sie die Schaltfläche *Datei öffnen*.

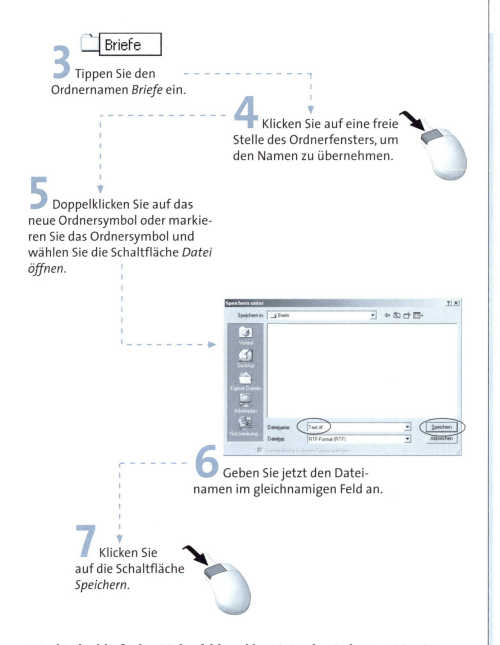

6 Geben Sie jetzt den Dateinamen im gleichnamigen Feld an.

7 Klicken Sie auf die Schaltfläche *Speichern*.

WordPad schließt das Dialogfeld und legt jetzt das Dokument in einer Datei im gewünschten Ordner ab. Die Datei erhält den von Ihnen gewählten Namen und eine Dateinamenerweiterung wie *.doc* oder *.rtf*.

WORDPAD-DOKUMENTE SPEICHERN, LADEN UND DRUCKEN

Die Erweiterung .doc oder .rtf brauchen Sie im Dokument nicht anzugeben. WordPad unterstützt beim Speichern die Ablage des Textes in verschiedenen (Datei-)Formaten, um die Bearbeitung durch andere Programme wie Microsoft Word zu ermöglichen. Die Auswahl des Dateiformats erfolgt im Listenfeld *Dateityp*.

Öffnen Sie das Listenfeld und wählen Sie den Eintrag *Word für Windows 6.0* oder *RTF-Format (RTF)*.

Standardmäßig verwendet WordPad in Windows 2000 das RTF-Dateiformat (Dateinamenerweiterung .rtf). Falls Sie aber die Dokumente später mit Microsoft Word bearbeiten möchten, können Sie im Feld *Dateityp* auch den Eintrag *Word für Windows 6.0* wählen. Dann verwendet WordPad die Dateinamenerweiterung .doc (und benutzt die meisten Speicheroptionen aus Microsoft Word 6.0). Word ist ein Textverarbeitungsprogramm, welches wesentlich leistungsfähiger als WordPad ist und häufig im Bürobereich verwendet wird. Wählen Sie dagegen den Typ *Textdokument* (Dateinamenerweiterung .txt), speichert WordPad das Dokument als einfache Textdatei. Dann geht die Formatierung (siehe Folgeseiten) beim Speichern in eine .txt-Datei verloren. Markieren Sie das Kontrollkästchen *Standardmäßig in diesem Format speichern*, bleibt das zuletzt eingestellte Dateiformat erhalten und wird automatisch bei den nächsten Dokumenten eingestellt.

Möchten Sie ein geändertes Dokument, dem bereits ein Dateiname zugewiesen wurde, speichern, reicht ein Mausklick auf die Schaltfläche *Speichern*. WordPad sichert dann die Änderungen ohne weitere Nachfragen in der zugehörigen Datei. Um ein Dokument unter einem neuen Namen zu speichern, wählen Sie im Menü DATEI den Befehl SPEICHERN UNTER. Dann erscheint das oben gezeigte Dialogfeld *Speichern unter* und Sie können einen neuen Dateinamen angeben.

In den Dialogfeldern *Speichern unter* und *Öffnen* können Sie mit der rechten Maustaste ein Kontextmenü öffnen und Befehle zur Dateibearbeitung abrufen.

Textdokumente lassen sich in WordPad **laden** und anschließend anzeigen, bearbeiten oder drucken.

1 Klicken Sie im WordPad-Fenster auf die oben stehende Schaltfläche.

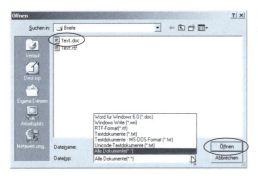

WordPad öffnet dieses Dialogfeld.

2 Wählen Sie wie auf den vorherigen Seiten beim Speichern den Ordner aus, der die zu ladende Datei enthält.

3 Klicken Sie auf die Datei, die Sie öffnen möchten.

4 Klicken Sie auf die Schaltfläche *Öffnen*.

WordPad lädt anschließend die Datei und zeigt das Ergebnis im Dokumentfenster an.

> **HINWEIS**
> WordPad kann nicht nur Dateien mit der Erweiterung *.doc* laden. Über das Listenfeld *Dateityp* lassen sich auch Dateien mit Erweiterungen wie *.txt* (Textdateien) oder *.rtf* (spezielle Textdateien aus Word für Windows) laden. Am günstigsten ist der Wert »Alle Dokumente(*.*)«, da dann alle Dateien des Ordners angezeigt werden. Sie können dann eine für WordPad geeignete Dokumentdatei (*.txt*, *.doc*, *.rtf*, *.wri*) wählen.

Das **Drucken** eines **Dokuments** ist in WordPad sehr einfach.

1 Klicken Sie in der Symbolleiste auf die obenstehend gezeigte Schaltfläche.

Während des Ausdrucks zeigt WordPad dieses Dialogfeld an.

Um den Ausdruck abzubrechen, klicken Sie auf die Schaltfläche *Abbrechen*.

Haben Sie ein mehrseitiges Dokument verfasst und möchten nur einige Seiten ausdrucken? Verwendet WordPad vielleicht den verkehrten Drucker oder versucht gar, auf einem Faxgerät zu drucken?

1 Wählen Sie im Menü DATEI den Befehl DRUCKEN oder drücken Sie die Tastenkombination [Strg]+[P].

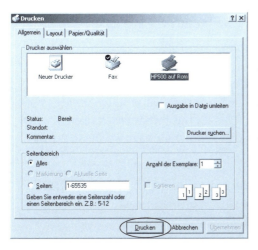

WordPad öffnet das Dialogfeld *Drucken* mit verschiedenen Registerkarten. Auf der Registerkarte *Allgemein* können Sie den Drucker wählen, indem Sie in der Gruppe *Drucker auswählen* auf das gewünschte Symbol klicken.

151

Möchten Sie nur einzelne Seiten eines Dokuments drucken?

2 Klicken Sie auf das Optionsfeld *Seiten* und geben Sie die zu druckenden Seitenzahlen in der Form »x-y« im betreffenden Feld ein.

3 Um den Ausdruck zu starten, klicken Sie auf die Schaltfläche *Drucken*.

Weiterhin können Sie über *Anzahl der Exemplare* mehrere Kopien eines Ausdrucks anfertigen lassen.

> **HINWEIS** Auf der Registerkarte *Layout* lässt sich wählen, ob der Ausdruck im Hoch- oder Querformat erfolgt. Die Registerkarte *Papier/Qualität* erlaubt die Auswahl der Papierquelle (ist bei Briefumschlägen hilfreich). Die Optionen hängen aber vom verwendeten Drucker ab. Weitere Informationen zu diesen Funktionen finden Sie in der WordPad-Hilfe sowie in der Direkthilfe des betreffenden Dialogfelds.

Seitenvorschau und WordPad beenden

Möchten Sie lediglich sehen, wie das Dokument im Ausdruck aussieht, ohne gleich zu drucken?

Dann genügt es, auf die Schaltfläche **Seitenansicht** zu klicken.

WordPad zeigt dann das Dokument in einem verkleinerten **Vorschaufenster** an. Über die Schaltfläche *Schließen* des Vorschaufensters schalten Sie zur normalen Darstellung zurück.

Um WordPad zu beenden, klicken Sie entweder auf die Schaltfläche *Schließen* in der rechten oberen Ecke des WordPad-Fensters. Oder Sie wählen den Befehl Beenden im Menü Datei.

Enthält das Dokumentfenster noch ungespeicherte Änderungen, erscheint folgendes Dialogfeld. Über die Ja-Schaltfläche werden diese Änderungen gespeichert.

Mit der Nein-Schaltfläche wird WordPad beendet und die Änderungen werden verworfen. Möchten Sie dagegen mit WordPad weiterarbeiten, klicken Sie auf die Schaltfläche Abbrechen.

Ein Textdokument formatieren

Die Gestaltung eines Textdokuments mit verschiedenen Schrifteffekten wie Fett, Farbe, größere Buchstaben etc. bezeichnet man auch als **formatieren**.

Bestimmt haben Sie schon einmal eine Einladung oder einen Brief bekommen, der besonders schön gestaltet war. Bestimmte Textstellen waren fett gedruckt oder Überschriften standen in der Zeilenmitte. In WordPad können Sie Ihre Dokumente auch entsprechend **formatieren**.

Wie Sie WordPad nutzen, um einen formatierten Brief zu erstellen, der auch professionellen Ansprüchen genügt, erfahren Sie auf den folgenden Seiten.

Vielleicht verwenden Sie im Büro nicht WordPad, sondern Microsoft Word zur Gestaltung der Geschäftskorrespondenz. Auch in diesem Fall dürften die folgenden Erläuterungen zur Briefgestaltung ganz nützlich sein. Außerdem lassen sich viele Funktionen in Microsoft Word über gleiche oder ähnliche Schaltflächen wie bei WordPad abrufen. Sie können die nachfolgenden Ausführungen daher auch auf andere Textverarbeitungsprogramme übertragen.

Bevor wir mit dem Entwurf des Briefes beginnen, möchte ich noch einige Überlegungen zur Briefgestaltung anstellen. Bei privaten Briefen sind Sie in der Gestaltung der Vorlage weitgehend frei. Im Geschäftsverkehr sollten Briefe nach DIN 5008 (Regeln für allgemeine Schreibweisen) und nach DIN 676 (Gestaltung/Abstände Geschäftsbrief) gestaltet werden. Ein nach den DIN-Regeln gestalteter Brief entspricht im Aufbau dem nachfolgend gezeigten Schema. Allerdings musste der Briefbogen aus Platzgründen etwas in der Höhe gekürzt werden.

[Briefmuster: Harry Hirsch, Schälgasse 3, 50130 Köln, Tel. 06520-3-0 — an Firma Hausmann & Born KG, z.Hd. Frau Linzner, Straße Nr., 50130 Köln. Betreff: Ihre Zahlung vom 15. März 1999, Rechnung Nr. 47 11. "Sehr geehrte Damen und Herren, wir danken Ihnen für die Zahlung der offenstehenden Rechnung. Leider wurde von Ihnen ein Skontobetrag abgezogen, der gemäß unseren Zahlungs- und Lieferbedingungen nicht vereinbart ist. Wir bitten Sie den Differenzbetrag in Höhe von 5.300,00 DM bis zum 21. März 1999 zu begleichen. Hochachtungsvoll, Harry Hirsch. Anlage: Liefer- und Zahlungsbedingungen. Bankverbindung: Konto-Nr. 47 11 03, BLZ 500 700 00, Commerzbank Köln."]

Ein DIN-A4-Blatt ist 21 cm breit und 29,7 cm lang, wobei die ersten 4,5 cm im DIN-Brief zur freien Gestaltung des Briefkopfes reserviert sind. Die DIN legt den Rand für den Brief mit mindestens 2,14 cm links und 0,81 cm rechts fest. Als Schriftgrad ist ein Wert von mindestens 10 Punkt vorgegeben. Das Anschriftenfeld mit der Empfängeradresse beginnt 5,08 cm vom oberen sowie 2,41 cm vom linken Rand und weist neun Zeilen auf. Die erste Zeile enthält den Namen oder die Versandart (z.B. Einschreiben). Die letzte Zeile ist der (nicht hervorgehobenen) Ortsangabe vorbehalten. Weitere Bestandteile des Briefs sind Bezugs- und Betreffzeilen, die Anrede, die Grußformel, Unterschriftenfeld und die Anlagen. Diese Bestandteile werden durch eine vorgegebene Anzahl an Leerzeilen getrennt (im hier gezeigten Schema durch kleine Punkte markiert). Die Fußzeile am unteren Rand ist nach DIN frei gestaltbar.

Ein solcher Brief soll jetzt mit WordPad gestaltet werden. Nebenbei lernen Sie dann die Funktionen zum Formatieren des Dokuments kennen.

Ein Textdokument formatieren

1 Starten Sie ggf. WordPad und öffnen Sie ein neues Dokument (z.B. durch Anklicken der Schaltfläche und Auswahl des Dokumenttyps *Word 6.0-Dokument*).

2 Tippen Sie den Brieftext zunächst ohne Format ein.

Dies könnte in etwa so aussehen. Alle Texte sind am linken Seitenrand ausgerichtet. Im Briefkopf und im Adressfeld werden die Zeilen mit der ⏎-Taste abgeschlossen. Zusätzliche Leerzeilen sorgen für die vertikalen Abstände, die in etwa den DIN-Regeln entsprechen sollen.

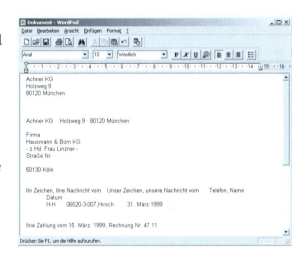

In der Bezugszeile wurde die ⇥-Taste zum Einrücken verwendet. Den eigentlichen Brieftext können Sie nach eigenem Gusto eintippen. Im nächsten Schritt gilt es, den Brieftext so zu formatieren, dass dieser einmal gut aussieht und halbwegs den DIN-Regeln entspricht.

1 Markieren Sie die ersten drei Zeilen mit der Absenderangabe.

2 Klicken Sie in der Symbolleiste auf die Schaltfläche *Rechtsbündig*.

WordPad richtet den markierten Textbereich am rechten Seitenrand aus.

Mit den drei Schaltflächen *Linksbündig*, *Zentrieren* und *Rechtsbündig* können Sie den Text am linken (Seiten-)Rand, in der Zeilenmitte und am rechten Rand ausrichten.

 Die Schaltfläche *Linksbündig* sorgt dafür, dass die Zeilen am **linken Rand** ausgerichtet werden. Erreicht der Text den rechten Rand, wird das nächste Wort automatisch in die Folgezeile übernommen (umbrochen). Weil die Zeilen am rechten Rand unterschiedlich lang sind, bezeichnet man dies auch als »Flatterrand«. Eine linksbündige Ausrichtung ist die übliche Art der Texterfassung.

 Verwenden Sie die Schaltfläche *Zentrieren*, um Texte zwischen dem linken und rechten Rand zu **zentrieren**. Diese Anordnung eignet sich zum Beispiel zur Gestaltung von Überschriften.

 Über die Schaltfläche *Rechtsbündig* enden die Textzeilen am **rechten Seitenrand**, während der »Flatterrand« links auftritt.

> Das **Ausrichten** bezieht sich auf den **markierten Textbereich** oder den aktuellen **Absatz**. Haben Sie bei der Eingabe eines Satzes am Zeilenende die ⏎-Taste gedrückt, legt WordPad jede Zeile als Absatz an. Dann wird das Ausrichten dieses Satzes recht aufwendig. Sie sehen, auch hier zahlt es sich aus, wenn Sie den Text bereits bei der Eingabe in Absätzen schreiben.

Jetzt soll der Firmenkopf noch mit fetter Schrift und etwas größeren Buchstaben hervorgehoben werden.

1 Stellen Sie sicher, dass der Text der Zeilen noch markiert ist.

2 Klicken Sie auf die Schaltfläche *Fett*.

Jetzt wird der Text fett angezeigt.

3 Klicken Sie auf das Listenfeld *Schriftgrad*.

4 Stellen Sie einen Wert von 18 Punkt für die Zeichengröße ein.

5 Klicken Sie auf eine Stelle neben dem Text, um die Markierung aufzuheben.

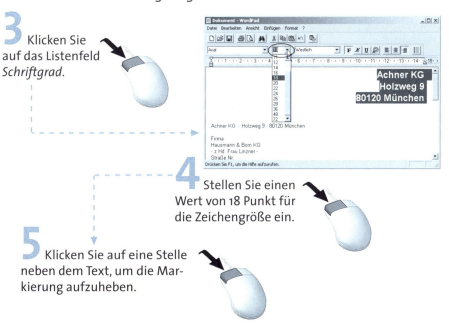

Das Dokument sieht nun bereits etwas besser aus, der Firmenkopf erscheint jetzt in fetter Schrift und vergrößert in der rechten oberen Ecke des Briefkopfes.

Sie können Textstellen in WordPad fett, kursiv oder unterstrichen hervorheben. WordPad bietet Ihnen hierzu drei Schaltflächen:

F Diese Schaltfläche formatiert den markierten Text mit **fetten** Buchstaben.

K Klicken Sie auf diese Schaltfläche, erscheint der markierte Text mit schräg gestellten Buchstaben. Man bezeichnet dies auch als *kursiv* formatieren.

U Um einen markierten Text zu unterstreichen, klicken Sie auf diese Schaltfläche.

> Bei der Formatierung von Texten werden verschiedene Fachbegriffe benutzt. Die Größe der Zeichen nennt man nicht Zeichengröße oder Zeichenhöhe, der korrekte Fachausdruck lautet **Schriftgrad**. Die Zahlen geben dabei den Schriftgrad in **Punkt** an, was eine Maßeinheit wie mm ist. Zur Darstellung von Texten werden so genannte **Schriftarten** benutzt. Es gibt verschiedene Schriftarten (Times Roman, Courier, Helvetica etc.), die für unterschiedliche Stile stehen. Sie kennen dies vermutlich: die Schrift einer Zeitung sieht sicherlich anders aus als das Werbeplakat Ihres Lebensmittelhändlers. Die Schriftarten lassen sich direkt über das Listenfeld in der Format-Symbolleiste wählen.

Jetzt soll dem gesamten Text die Schriftart »Times New Roman« zugewiesen werden. Diese sieht etwas gefälliger als die standardmäßig benutzte »Arial«-Schriftart aus.

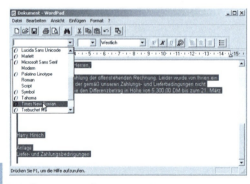

1 Markieren Sie den gesamten Dokumentbereich (z.B. über die Tasten [Strg]+[A]).

EIN TEXTDOKUMENT FORMATIEREN

2 Wählen Sie die gewünschte Schriftart.

3 Klicken Sie auf eine freie Stelle im Dokument, um die Markierung aufzuheben.

WordPad unterstützt bei entsprechenden Voraussetzungen auch die Eingabe fremdsprachlicher Zeichen in Hebräisch, Arabisch, Koreanisch etc. Da hier deutschsprachige Texte eingegeben werden, belassen Sie den Zeichensatz, der zur Darstellung der Texte verwendet wird, auf »Westlich«.

Jetzt soll die Absenderangabe im Adressfeld etwas verkleinert und unterstrichen formatiert werden. Die betreffende Zeile muss dabei so durch Einfügen von Leerzeilen ausgerichtet werden, dass sie in das Fenster eines Kuverts passt.

1 Markieren Sie die Adresszeile.

2 Klicken Sie auf die Schaltfläche *Unterstreichen*.

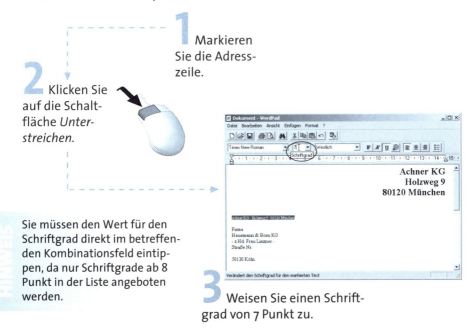

Sie müssen den Wert für den Schriftgrad direkt im betreffenden Kombinationsfeld eintippen, da nur Schriftgrade ab 8 Punkt in der Liste angeboten werden.

3 Weisen Sie einen Schriftgrad von 7 Punkt zu.

> **HINWEIS**
> Die DIN 5008 kennt eine Langform sowie die hier benutzte Kurzform für die Bezugszeile. Die Spalten besitzen folgende Abstände vom linken Seitenrand: 2,41; 7,49; 12,57 und 17,65 cm.

Die Empfängerangabe können Sie in der hier gezeigten Form belassen. Notfalls müssen Sie an dieser Stelle einen Probeausdruck anfertigen, um zu prüfen, ob die Angaben in das Fenster eines Kuverts passen.

Durch Einfügen oder Entfernen von Leerzeilen lässt sich der Textblock vertikal justieren. Jetzt gilt es, die Bezugszeichenzeile zu formatieren. In dieser Zeile werden Sachbearbeiterzeichen, Telefonnummern und das Datum eingetragen.

1 Markieren Sie die beiden Zeilen des Bezugsfelds.

2 Verkleinern Sie ggf. den Schriftgrad auf 9 Punkt.

Schwieriger wird das spaltenweise Ausrichten der beiden Zeilen. Bei der Eingabe der Textblöcke wurden diese jeweils spaltenweise durch die ⇆-Taste eingerückt. Sie müssen jetzt noch die genauen Positionen für die Tabulatorstopps festlegen.

3 Klicken Sie im Lineal auf die Positionen, an denen ein Tabulatorstopp für die markierten Zeilen zu setzen ist.

WordPad markiert die Tabulatorposition mit einem kleinen Winkel. Gleichzeitig werden die Tabulatorzeichen im markierten Textbereich bis zu dieser Position eingerückt. Bei Bedarf können Sie die Marken für die Tabulatorstopps der aktuellen Zeile oder des markierten Bereichs per Maus verschieben:

1 Zeigen Sie mit der Maus auf die Tabulatormarke.

2 Verschieben Sie die Marke durch Ziehen mit der Maus nach links oder rechts.

Eine kleine gestrichelte Linie zeigt die Tabulatorposition im Text an.

3 Zum Löschen einer Tabulatormarke ziehen Sie diese in den Textbereich und lassen anschließend die Maustaste los.

Tabulatoren eignen sich sehr gut zum Erstellen von Listen (z.B. bei Rechnungen). Die einzelnen Spalten lassen sich prima über die ⇆-Taste ausrichten. Bei Listen wird übrigens jede Zeile am Zeilenende mit der ⏎-Taste abgeschlossen. Nach dem Eingeben des Listentexts können Sie diesen markieren und die Tabulatorpositionen bei Bedarf nachträglich anpassen.

Eine weitere Option zur Gestaltung eines Schriftstücks bietet die **Zeilenlänge** für den Text. WordPad beginnt mit der Zeile am linken Rand und sorgt dafür, dass der Text am Zeilenende in der nächsten Zeile fortgesetzt wird. Aber woher weiß WordPad, wo der rechte und linke Rand für eine Zeile zu finden ist?

Im Lineal sehen Sie am linken und rechten Rand kleine Dreiecke.

Diese Dreiecke werden auch **Randsteller** genannt. Sie können mit dem linken unteren und dem rechten unteren Randsteller den Zeilenanfang und das Zeilenende für die aktuelle Zeile oder für einen markierten Bereich festlegen. Der Randsteller links oben legt bei Absätzen mit mehreren Zeilen den Anfang der ersten Zeile fest. Man sagt auch, dass dieser Randsteller den **Erstzeileneinzug** (d.h. den Einzug der ersten Zeile eines Absatzes) festlegt.

Haben Sie die Bezugszeile entsprechend den Anforderungen formatiert? In dem hier gezeigten Beispiel wurde der dritte Tabulatorstopp bei 12 cm gesetzt, damit das Datum noch auf das Blatt passt. Dieses Datum können Sie manuell in der Form »31. März 1999« oder als »1999.3.31« eintippen. Sie können WordPad das aktuelle Datum auch automatisch einfügen lassen.

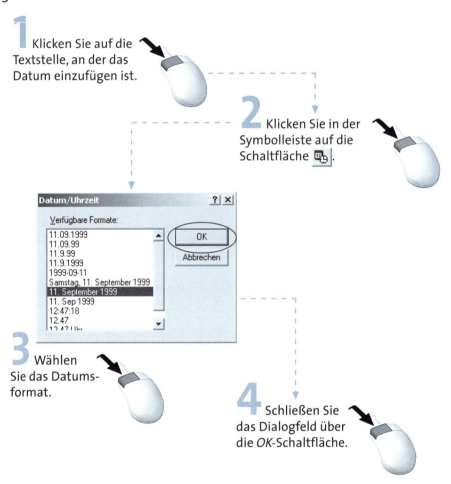

1 Klicken Sie auf die Textstelle, an der das Datum einzufügen ist.

2 Klicken Sie in der Symbolleiste auf die Schaltfläche.

3 Wählen Sie das Datumsformat.

4 Schließen Sie das Dialogfeld über die *OK*-Schaltfläche.

Sie sehen, dass WordPad Ihnen die Datumsformate bereits in der DIN-gerechten Form anbietet. Auf diese Weise können Sie den Brief verfassen, formatieren und anschließend drucken bzw. in eine Datei zur späteren Verwendung speichern.

Ein Textdokument formatieren

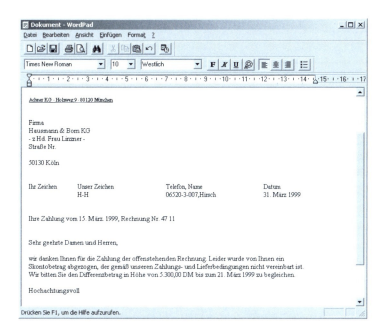

Abschließend möchte ich noch eine Funktion zur Formatierung Ihrer Texte vorstellen. Manchmal sollen Absätze mit einem vorangestellten **Schmuckpunkt** optisch hervorgehoben werden. Man bezeichnet solche hervorgehobenen Absätze auch als **Aufzählungen**. In WordPad lässt sich eine solche Aufzählung sehr elegant gestalten.

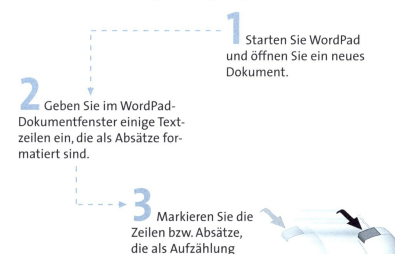

1 Starten Sie WordPad und öffnen Sie ein neues Dokument.

2 Geben Sie im WordPad-Dokumentfenster einige Textzeilen ein, die als Absätze formatiert sind.

3 Markieren Sie die Zeilen bzw. Absätze, die als Aufzählung erscheinen sollen.

4 Klicken Sie in der Symbolleiste auf die Schaltfläche *Aufzählungs*zeichen.

WordPad setzt nun vor die betreffenden ersten Zeilen der Absätze einen kleinen Punkt (auch **Schmuckpunkt**, **Aufzählungszeichen** oder **Bullet** genannt).

Besteht ein Absatz aus mehreren Zeilen, werden die Folgezeilen an den Anfang der ersten Zeile angepasst. Man sagt dazu auch, dass die **Folgezeilen** zur gleichen **Spalte** der ersten Zeile **eingezogen** werden.

> In obigem Beispiel bestehen die Absätze aus jeweils einer Zeile. Um die horizontalen Abstände zu vergrößern, wurden jeweils Leerzeilen in der Aufzählung eingefügt. Normalerweise verwenden Sie hierzu die ⏎-Taste. Dies führt aber dazu, dass auch die Leerzeilen mit Schmuckpunkten versehen werden. Um dies zu verhindern, drücken Sie am Zeilenende jeweils Alt+⏎. Dies führt zu einem »weichen« Zeilenumbruch und nicht zu einem Absatzwechsel. Anschließend drücken Sie noch die ⏎-Taste, um den Absatzwechsel einzuleiten. Im Ergebnis besteht jetzt ein Absatz aus zwei Zeilen, wobei die zweite Zeile leer ist.

> WordPad bietet weitere Funktionen, die an dieser Stelle nicht erwähnt werden. Informationen zu diesen Funktionen finden Sie in der WordPad-Hilfe sowie in der Direkthilfe des betreffenden Dialogfelds.

Bilder mit Paint erstellen

Windows enthält das Programm *Paint*. Mit diesem Programm können Sie Bilder bearbeiten oder kleine Zeichnungen erstellen.

1 Klicken Sie im Startmenü auf Programme/Zubehör/Paint.

Windows startet das Programm *Paint*. Paint zeigt ein Fenster, welches eine Titelleiste und eine Menüleiste enthält. Diese beiden Elemente kennen Sie bereits aus anderen Fenstern.

Neu ist der **Zeichenbereich**. Befindet sich der Mauszeiger in diesem Bereich, nimmt er die Form eines Stifts oder Pinsels an.

Am linken Fensterrand finden Sie eine **Werkzeugleiste** mit den Schaltflächen der Zeichenfunktionen. Am unteren Fensterrand befindet sich die **Farbpalette** zur Auswahl der Zeichenfarben.

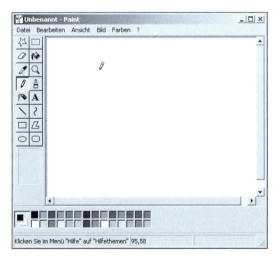

Mit dem Stift und dem Pinsel lassen sich bei gedrückter Maustaste Striche (auch als **Freihandlinien** bezeichnet) in der gewählten Farbe ziehen. Beim Pinsel können Sie zusätzlich die Strichstärke wählen.

Um zu zeichnen, führen Sie die folgenden Schritte aus:

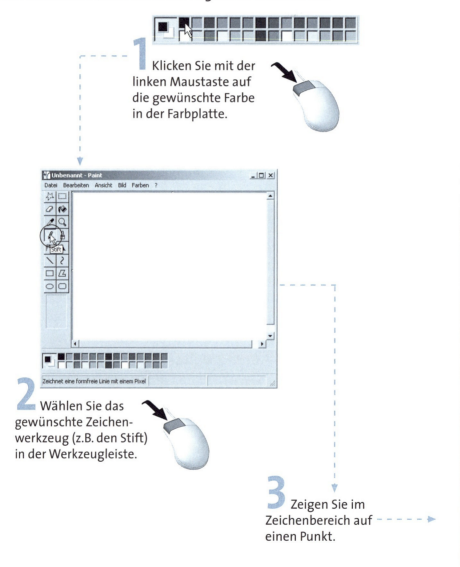

1 Klicken Sie mit der linken Maustaste auf die gewünschte Farbe in der Farbplatte.

2 Wählen Sie das gewünschte Zeichenwerkzeug (z.B. den Stift) in der Werkzeugleiste.

3 Zeigen Sie im Zeichenbereich auf einen Punkt.

Bilder mit Paint erstellen

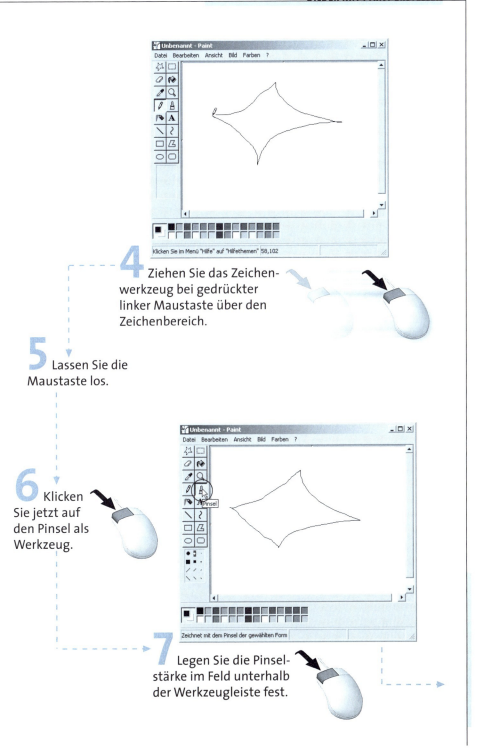

4 Ziehen Sie das Zeichenwerkzeug bei gedrückter linker Maustaste über den Zeichenbereich.

5 Lassen Sie die Maustaste los.

6 Klicken Sie jetzt auf den Pinsel als Werkzeug.

7 Legen Sie die Pinselstärke im Feld unterhalb der Werkzeugleiste fest.

8 Ziehen Sie den Pinsel bei gedrückter linker Maustaste über den Zeichenbereich.

Abhängig vom gewählten Werkzeug wird jetzt eine Freihandlinie in der gewählten Farbe und Strichstärke im Zeichenbereich ausgegeben.

> **HINWEIS**
>
> Das Feld zur **Auswahl** der **Strichstärke** wird auch bei anderen Werkzeugen (Radiergummi, Spraydose etc.) angezeigt. Durch Anklicken einer Option lässt sich dann die »Dicke« des Werkzeugs ändern.
>
> Ist Ihnen ein **Fehler beim Zeichnen** unterlaufen? Drücken Sie die Tastenkombination [Strg]+[Z]. Der letzte **Befehl** zum Zeichnen wird **rückgängig** gemacht. Sie können mit dieser Tastenkombination z.B. den zuletzt gezeichneten Strich entfernen. In Paint lassen sich die drei zuletzt durchgeführten Befehle wieder zurücknehmen.

Leider besitzt Paint keine Funktion, um ein »Element« in einem Bild anzuklicken und dann zu löschen. Es gibt aber die Möglichkeit Teile der Zeichnung mit dem Radiergummi »auszuradieren«.

1 Klicken Sie in der Werkzeugleiste auf den Radiergummi.

2 Wählen Sie bei Bedarf eine andere Stärke für den Radiergummi (dies funktioniert wie beim Ändern der Pinselstärke).

3 Zeigen Sie auf eine Stelle der Zeichnung.

Bilder mit Paint erstellen

4 Halten Sie die linke Maustaste gedrückt und ziehen Sie den Radiergummi über die Zeichnung.

Paint löscht die Zeichnungsteile, über die Sie den »Radiergummi« gezogen haben.

In der Regel arbeiten Sie mit einem weißen Hintergrund. Sie können aber eine Farbe mit der **rechten Maustaste** in der Farbpalette anklicken. Diese Farbe wird dann als **Hintergrundfarbe** verwendet. Wählen Sie anschließend im Menü Datei den Befehl Neu, verwirft Paint die aktuelle Zeichnung und legt ein neues »Blatt« mit der gewählten Hintergrundfarbe an. Beim »Radieren« verwendet das Werkzeug ebenfalls die gewählte Hintergrundfarbe. Falls Ihnen dies irrtümlich passiert, wählen Sie eine andere Hintergrundfarbe.

Das Programm *Paint* stellt Ihnen weitere Zeichenwerkzeuge zur Verfügung. Mit diesen Werkzeugen können Sie spezielle Objekte zeichnen oder besondere Effekte erzielen.

Die *Sprühdose* lässt sich beispielsweise ähnlich wie ein Pinsel verwenden, liefert jedoch einen Sprüheffekt.

1 Klicken Sie auf das Werkzeug *Sprühdose*.

2 Ziehen Sie das Werkzeug bei gedrückter linker Maustaste über den Zeichenbereich.

Es entsteht dabei der von Sprühdosen bekannte Effekt. Ziehen Sie langsamer, wird die »Farbe« dicker aufgetragen. Das Werkzeug verwendet zum »Sprühen« die zuletzt eingestellte Farbe.

Die Breite des Zeichenwerkzeugs lässt sich übrigens ähnlich wie beim Pinsel über das nebenstehend gezeigte Feld (befindet sich unterhalb der Werkzeugleiste) einstellen.

 Diese Schaltflächen dienen zur Auswahl von Werkzeugen, um gerade Linien, Bogen, Vielecke und Figuren zu zeichnen.

Das Zeichnen von Linien und Figuren funktioniert bei den meisten Werkzeugen auf ähnliche Weise.

1 Klicken Sie auf das gewünschte Werkzeug (hier das Rechteck).

2 Zeigen Sie auf den Anfangspunkt des Rechtecks.

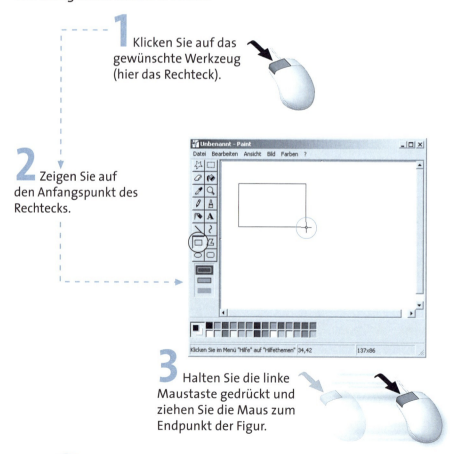

3 Halten Sie die linke Maustaste gedrückt und ziehen Sie die Maus zum Endpunkt der Figur.

Bilder mit Paint erstellen

Beim Ziehen zeigt Paint bereits die Umrisse der Linie oder der Figur. Sobald Sie die Maustaste loslassen, zeichnet Paint die Figur oder die Linie in der gewählten Größe.

Bei **Flächen** (Rechteck, Kreis) können Sie übrigens über die nebenstehend gezeigten Symbole wählen, ob die Figur aus einer Linie bestehen, in der Hintergrundfarbe gefüllt und/ oder mit einem Rand versehen werden soll.

Mit dem Werkzeug *Vieleck* lassen sich kompliziertere Figuren durch Aneinanderfügen mehrerer Linien zeichnen. Sie müssen die Linien hierzu beginnend mit dem Ausgangspunkt per Maus »ziehen«.

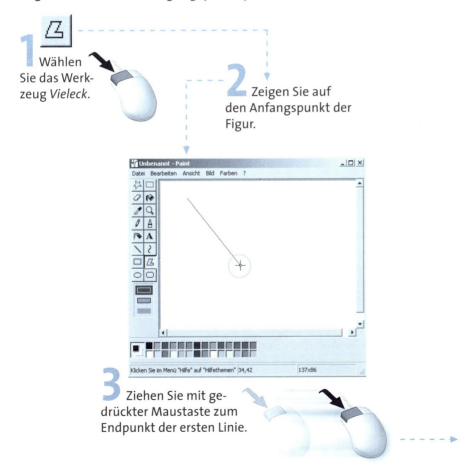

1 Wählen Sie das Werkzeug *Vieleck*.

2 Zeigen Sie auf den Anfangspunkt der Figur.

3 Ziehen Sie mit gedrückter Maustaste zum Endpunkt der ersten Linie.

4 Klicken Sie auf den Endpunkt, um die Linie zu fixieren.

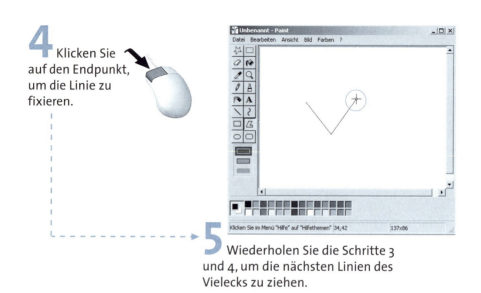

5 Wiederholen Sie die Schritte 3 und 4, um die nächsten Linien des Vielecks zu ziehen.

Paint fügt die Linienstücke automatisch aneinander.

6 Um das Vieleck zu schließen, doppelklicken Sie auf das Ende der letzten Linie.

Das Werkzeug fügt automatisch die Endpunkte der Linienstücke zusammen. Doppelklicken Sie auf den letzten Punkt, schließt die Zeichenfunktion das Vieleck automatisch mit einer Linie.

Bilder mit Paint erstellen

Geschlossene **Figuren** lassen sich mit dem *Farbfüller* **füllen**.

1 Legen Sie über die Farbpalette die gewünschte Füllfarbe fest.

2 Wählen Sie das Werkzeug *Farbfüller* aus.

Paint zeigt bereits nach Auswahl des Werkzeugs einen Farbeimer als Mauszeiger. Sobald Sie eine **geschlossene Figur** anklicken, wird deren Inhalt mit Farbe gefüllt.

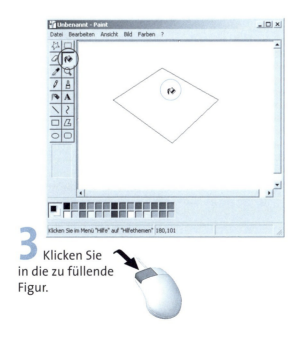

3 Klicken Sie in die zu füllende Figur.

Häufig sollen **Zeichnungen beschriftet** werden. Mit dem Werkzeug *Text* ist dies kein Problem.

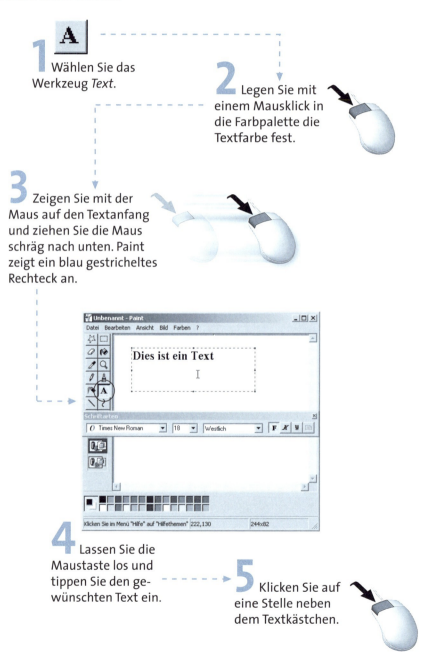

1 Wählen Sie das Werkzeug *Text*.

2 Legen Sie mit einem Mausklick in die Farbpalette die Textfarbe fest.

3 Zeigen Sie mit der Maus auf den Textanfang und ziehen Sie die Maus schräg nach unten. Paint zeigt ein blau gestricheltes Rechteck an.

4 Lassen Sie die Maustaste los und tippen Sie den gewünschten Text ein.

5 Klicken Sie auf eine Stelle neben dem Textkästchen.

Mit Schritt 5 fixieren Sie den Text an der aktuellen Position in der Zeichnung. Sie können den Text anschließend nicht mehr bearbeiten, da dieser jetzt quasi als »Bild« in der Zeichnung enthalten ist. Sie haben aber die Möglichkeit den Text mit dem Werkzeug *Radiergummi* zu entfernen.

Während der Texteingabe erscheint die Symbolleiste *Schriftarten*. Solange Sie den Text eingeben, lässt sich dieser über die Symbolleiste formatieren. In der Symbolleiste lassen sich die *Schriftart*, der *Schriftgrad* sowie die Formatierung für *Fett*, *Kursiv* und *Unterstrichen* wählen. Abweichend zu WordPad bezieht sich die Formatierung jedoch auf den gesamten Text, der gerade geschrieben wird.

Mit dem Werkzeug *Farbe auswählen* können Sie die Vorder- und Hintergrundfarbe direkt in der Zeichnung (anstelle der Farbpalette) wählen. Sie müssen lediglich den gewünschten Farbpunkt mit der linken oder rechten Maustaste anklicken.

Ist das Werkzeug *Lupe* gewählt, können Sie mit einem Klick der linken Maustaste den Bildausschnitt vergrößern, während ein Klick mit der rechten Maustaste die Vergrößerung wieder zurücknimmt.

Bildteile ausschneiden und kopieren

Im Lernschritt zu WordPad haben Sie die Funktionen zum Markieren, Ausschneiden, Kopieren und Einfügen kennen gelernt. Etwas Ähnliches steht Ihnen auch unter Paint zur Verfügung. Sie können mit diesen Funktionen Bildteile in der Zeichnung ausschneiden bzw. in die Zwischenablage kopieren. Der Inhalt der Zwischenablage lässt sich dann sowohl in der Zeichnung als auch in anderen Windows-Programmen (wie z.B. WordPad) einfügen. Hier sehen Sie eine einfache Zeichnung, die eine Skizze mit einer Wegbeschreibung enthält. In der linken unteren Ecke enthält die Zeichnung einige Vorlagen für Richtungspfeile. Es soll nun der nach unten weisende Pfeil als Kopie in den Zeichnungsteil eingefügt werden. Als Erstes müssen Sie den zu bearbeitenden Zeichnungsteil markieren.

1 Wählen Sie zuerst das Werkzeug *Auswahl*.

2 Zeigen Sie mit der Maus in die obere linke Ecke des auszuschneidenden Bereichs.

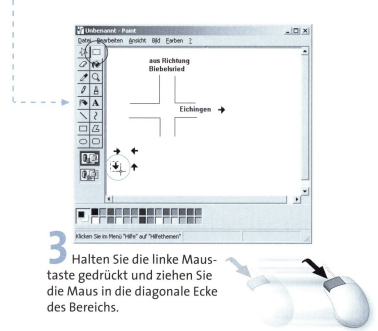

3 Halten Sie die linke Maustaste gedrückt und ziehen Sie die Maus in die diagonale Ecke des Bereichs.

Paint markiert den Bereich mit einem gestrichelten Rechteck. Sobald Sie die linke Maustaste loslassen, wird dieses Rechteck als Markierung fixiert. Jetzt können Sie den Bereich ausschneiden, kopieren und anschließend aus der Zwischenablage einfügen.

Die drei Funktionen lassen sich über das Menü BEARBEITEN oder über die folgenden Tastenkombinationen abrufen:

[Strg]+[X]   Schneidet den markierten Bereich aus und kopiert diesen in die Zwischenablage. Der markierte Bereich verschwindet und wird durch die Hintergrundfarbe ersetzt.

BILDTEILE AUSSCHNEIDEN UND KOPIEREN

 +C   Kopiert den markierten Bereich in die Zwischenablage. Die Zeichnung wird dabei nicht verändert.

 +V   Der Inhalt der Zwischenablage wird in der linken oberen Ecke des Zeichenbereichs als Markierung eingefügt. Sie können diesen markierten Bereich per Maus an jede beliebige Stelle der Zeichnung ziehen.

Diese Tastenkombinationen haben Sie bereits kennen gelernt. Windows verwendet bei allen Programmen diese Tastenkombinationen, um markierte Bereiche auszuschneiden, zu kopieren und wieder einzufügen.

1 Drücken Sie jetzt die Tastenkombination Strg+C, um den markierten Bildbereich in die Zwischenablage zu kopieren.

2 Betätigen Sie anschließend die Tastenkombination Strg+V, um den Inhalt der Zwischenablage wieder in das Fenster einzufügen.

3 Zeigen Sie in der linken oberen Ecke auf den markierten Bereich mit dem eingefügten Bild.

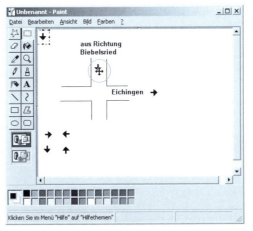

4 Ziehen Sie den markierten Teil bei gedrückter linker Maustaste an die gewünschte Stelle in der Zeichnung.

5 Klicken Sie auf einen Punkt außerhalb der Markierung.

> Sie haben es beim letzten Schritt vielleicht schon gemerkt: Um einen Teil einer Zeichnung zu verschieben, müssen Sie diesen lediglich markieren. Anschließend lässt sich der markierte Bereich per Maus in der Zeichnung verschieben.

Mit dem letzten Schritt heben Sie die Markierung wieder auf und das Teilbild wird in der Zeichnung eingefügt.

Ein Bild in Paint speichern, laden und drucken

Mit den auf den vorhergehenden Seiten beschriebenen Funktionen lassen sich in Paint Zeichnungen, Einladungen oder Bilder bearbeiten.

Sobald Sie das Bild oder die Zeichnung fertig gestellt haben, lässt sich diese in einer Datei speichern. Dies funktioniert bei Paint ähnlich wie bei anderen Programmen.

1 Wählen Sie im Menü DATEI den Befehl SPEICHERN oder drücken Sie die Tastenkombination [Strg]+[S].

Ein Bild in Paint speichern, laden und drucken

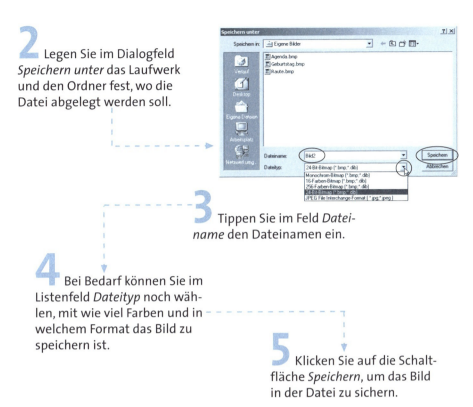

2 Legen Sie im Dialogfeld *Speichern unter* das Laufwerk und den Ordner fest, wo die Datei abgelegt werden soll.

3 Tippen Sie im Feld *Dateiname* den Dateinamen ein.

4 Bei Bedarf können Sie im Listenfeld *Dateityp* noch wählen, mit wie viel Farben und in welchem Format das Bild zu speichern ist.

5 Klicken Sie auf die Schaltfläche *Speichern*, um das Bild in der Datei zu sichern.

Paint legt eine neue Datei an und speichert das Bild darin. Das Dialogfeld *Speichern unter* erscheint allerdings nur beim ersten Speichern eines neuen Bildes. Existiert die Datei bereits, sichert der Befehl SPEICHERN in Paint die Änderungen ohne weitere Nachfrage. Um einen anderen Dateinamen anzugeben, müssen Sie den Befehl SPEICHERN UNTER im Menü DATEI wählen.

Paint legt die Bilder in Dateien mit der Erweiterung *.bmp* ab. Diese Dateien können von vielen Programmen in Windows gelesen werden. Sie können dabei die Bilder schwarzweiß (monochrom), mit 16, 256 oder 16,8 Millionen Farben speichern. Die 16,8 Millionen Farben werden durch den Dateityp *24-Bit-Bitmap* gespeichert. Je mehr Farben Sie beim Speichern wählen, umso größer wird die Datei. Wenn Microsoft Office installiert ist, unterstützt Paint auch weitere Grafikformate wie JPEG.

Bilder, die im Dateityp *.bmp* gespeichert sind, lassen sich in Paint **laden**. Es kann sich hierbei um selbst erstellte Bilder oder Zeichnungen handeln. Weiterhin können Sie auch *.bmp*-Bilder aus anderen Quellen in Paint laden und bearbeiten. Im Lieferumfang von Windows sind zum Beispiel einige *.bmp*-Dateien enthalten und viele CD-ROMs bieten ebenfalls *.bmp*-Bilder.

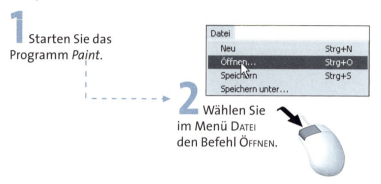

1 Starten Sie das Programm *Paint*.

2 Wählen Sie im Menü DATEI den Befehl ÖFFNEN.

Alternativ können Sie auch die Tastenkombination [Strg]+[O] zum Aufruf des Befehls *Öffnen* verwenden.

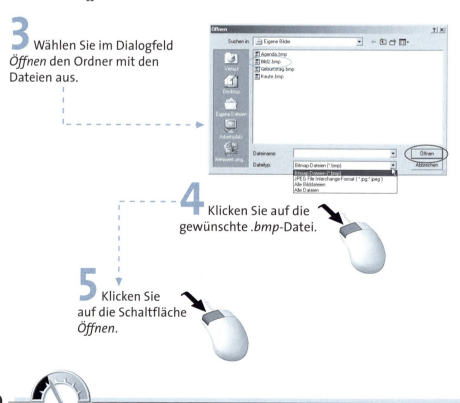

3 Wählen Sie im Dialogfeld *Öffnen* den Ordner mit den Dateien aus.

4 Klicken Sie auf die gewünschte *.bmp*-Datei.

5 Klicken Sie auf die Schaltfläche *Öffnen*.

Ein Bild in Paint speichern, laden und drucken

Paint öffnet die gewählte .*bmp*-Datei und lädt das in dieser Datei enthaltene Bild. Sie können dieses Bild anschließend bearbeiten, speichern und/oder drucken.

Im Feld *Dateityp* können Sie neben Bitmap-Dateien auch andere Dateiformate einstellen. JPEG-Dateien lassen sich aber nur laden, wenn Microsoft Office oder ähnliche Programme installiert sind, da Paint deren Funktionen zum Lesen der Grafiken mitbenutzt.

Paint merkt sich, wie viele andere Windows-Programme, die Namen der vier zuletzt bearbeiteten Dateien. Sie finden die Namen dieser Dateien im Menü Datei.

Sie können **Bilder** in Paint laden und anschließend **auf einem Drucker ausgeben**. Abhängig vom benutzten Drucker setzt Windows die Farbbilder gegebenenfalls in eine Schwarzweißdarstellung um.

1 Starten Sie das Programm *Paint*.

2 Laden Sie die Datei mit dem gewünschten Bild.

3 Wählen Sie im Menü Datei den Befehl Drucken. Alternativ können Sie auch direkt die Tastenkombination [Strg]+[P] drücken.

Paint öffnet das Dialogfeld *Drucken* zur Auswahl der Druckoptionen.

181

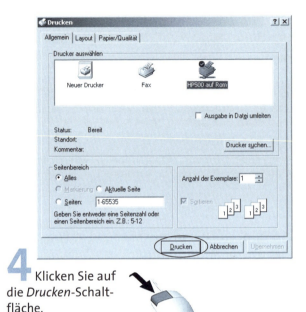

4 Klicken Sie auf die *Drucken*-Schaltfläche.

Jetzt beginnt Paint mit dem Ausdrucken des Bildes. Hierbei wird das komplette Bild ausgegeben, auch wenn das Bild vielleicht unvollständig im Fenster zu sehen ist.

Sind Ihnen im Menü DATEI die beiden Befehle ALS HINTERGRUND (FLÄCHE) und ALS HINTERGRUND (ZENTRIERT) aufgefallen? Windows kann auf dem Desktop **Hintergrundbilder** anzeigen (siehe Kapitel 11). Diese Hintergrundbilder müssen als *.bmp*-Dateien gespeichert sein. Dies bedeutet aber auch, dass Sie solche Hintergrundbilder mit Paint laden, bearbeiten und/oder erstellen können. Haben Sie ein solches Bild geladen, können Sie einen der beiden Befehle wählen. Paint sorgt dann automatisch dafür, dass dieses Bild als Desktop-Hintergrund eingestellt wird.

Paint besitzt eine Reihe weiterer Funktionen, die in diesem Buch nicht vorgestellt werden. Rufen Sie notfalls die *Paint*-Hilfe auf, um mehr über diese Funktionen zu erfahren.

Text mit Bildern und anderen Objekten

Sie haben in diesem Kapitel gelernt, wie ein Text in *WordPad* und ein Bild in *Paint* erstellt wird. Sie können aber auch beide Welten nutzen und beispielsweise eine Grafik in ein WordPad-Dokument aufnehmen. Wie wäre es, eine Wegskizze mit in einen Einladungstext aufzunehmen? Dann muss nur das Textdokument ausgedruckt werden und die Skizze wird automatisch mit ausgegeben.

Die Übernahme eines Bildes in den Text ist recht einfach, eigentlich kennen Sie den Weg bereits. Sie können in *WordPad* und in *Paint* Dokumentteile markieren, in die Zwischenablage kopieren und erneut im Dokumentbereich einfügen. Windows unterstützt bei den meisten Programmen die Übernahme von Daten eines anderen Programms aus der Zwischenablage.

1 Starten Sie das Programm *WordPad* und laden Sie die Datei mit dem Einladungstext (z.B. die vorhin verfasste Tagesordnung).

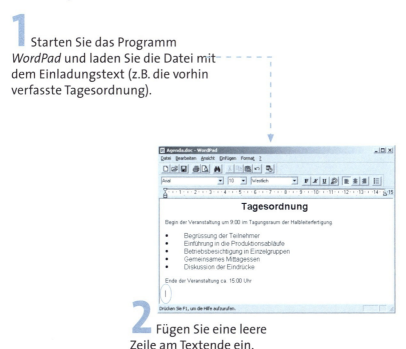

2 Fügen Sie eine leere Zeile am Textende ein.

An dieser Stelle soll die Skizze im Text eingefügt werden.

183

3 Starten Sie das Programm *Paint* und laden Sie das Bild mit der Wegskizze.

4 Markieren Sie den Teil der Skizze, der zu übernehmen ist.

5 Kopieren Sie den markierten Teil mit der Tastenkombination [Strg]+[C] in die Zwischenablage.

6 Wechseln Sie zum WordPad-Fenster und klicken Sie auf die Stelle, wo das Bild eingefügt werden soll.

7 Fügen Sie das Bild aus der Zwischenablage in den Text ein. Sie können dazu die Schaltfläche *Einfügen* oder die Tastenkombination [Strg]+[V] verwenden.

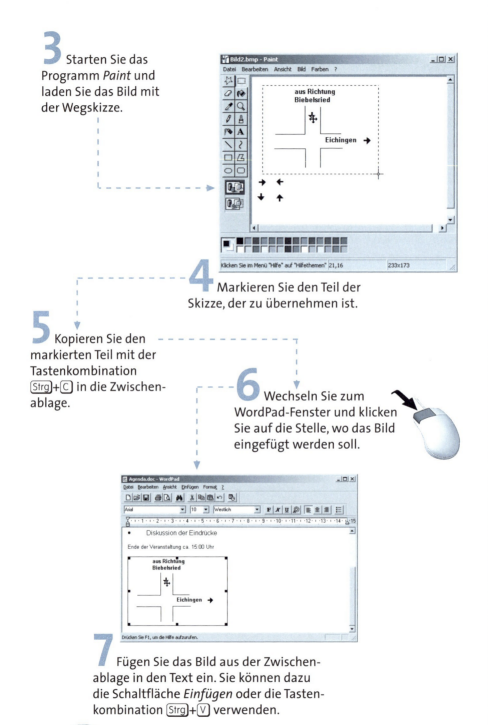

Wenn Sie mehrere Bilder in einen Text aufnehmen, wird die zugehörige *.doc*- oder *.rtf*-Datei sehr groß, da die Bilddaten mit gespeichert werden.

Anschließend enthält das Textdokument das Bild. Sie können das Textdokument wie gewohnt speichern, drucken oder weiterbearbeiten. Um das Bild wieder zu entfernen, müssen Sie den Bereich markieren und dann die Taste (Entf) verwenden.

WordPad erlaubt Ihnen, zusätzlich fertige Dateien anderer Programme in ein Textdokument aufzunehmen. Diese Dateien können Texte, Bilder, Klänge oder andere Daten enthalten. Daher spricht man in diesem Zusammenhang auch von **Objekten**. Um eine Objektdatei in einem Textdokument aufzunehmen, gehen Sie folgendermaßen vor:

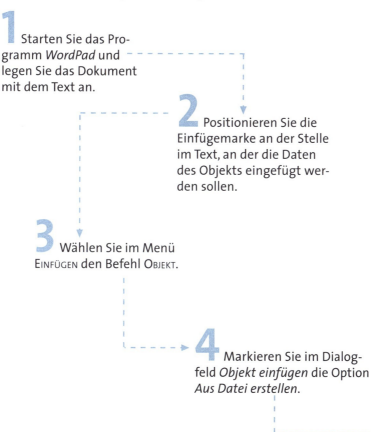

1 Starten Sie das Programm *WordPad* und legen Sie das Dokument mit dem Text an.

2 Positionieren Sie die Einfügemarke an der Stelle im Text, an der die Daten des Objekts eingefügt werden sollen.

3 Wählen Sie im Menü EINFÜGEN den Befehl OBJEKT.

4 Markieren Sie im Dialogfeld *Objekt einfügen* die Option *Aus Datei erstellen*.

5 Klicken Sie auf die Schaltfläche *Durchsuchen*.

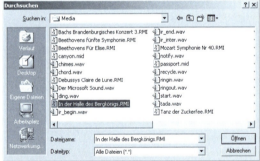

6 Wählen Sie den Ordner und dann die Datei mit den Objektdaten. Hier wurde eine Klangdatei zum Einfügen gewählt.

7 Schließen Sie die geöffneten Dialogfelder.

Das eingefügte Objekt wird anschließend im WordPad-Dokument angezeigt. Hier sehen Sie das Symbol für ein Tondokument. Bei der Anwahl des Symbols mit einem Doppelklick wird das Objekt geöffnet. In diesem Beispiel hören Sie dann das Tondokument.

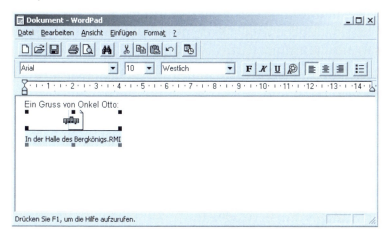

Das Objekt wird in eine Art Container gepackt und mit dem Dokument gespeichert. Dadurch vergrößern sich die Dokumentdateien. WordPad bietet weitere Funktionen, die in diesem Buch nicht behandelt werden. Näheres entnehmen Sie bitte der WordPad-Hilfe. Neben den mit Windows ausgelieferten Programmen zum Schreiben und Zeichnen gibt es viele Zusatzprogramme, die wesentlich leistungsfähiger sind. Arbeiten Sie mit Microsoft Office, steht Ihnen das Textverarbeitungsprogramm *Word* zur Verfügung. Näheres finden Sie in dem Titel »Easy Office 2000«, erschienen im Verlag Markt&Technik.

Kleine Erfolgskontrolle

Nachdem Sie dieses Kapitel durchgearbeitet haben, können Sie bereits fast alles, was es zu Windows zu wissen gibt. Vielleicht überprüfen Sie Ihr Wissen und die neu gewonnenen Fähigkeiten anhand der folgenden Übungen. Hinter jeder Übung wird in Klammern der Lernschritt angegeben, in dem die Antwort zu finden ist.

⇨ **Erstellen Sie einen Text mit WordPad und speichern Sie diesen in eine Datei auf einer Diskette.**

(Die Antwort finden Sie in Kapitel 4 im Abschnitt zum Speichern eines Dokuments. Als Ziel müssen Sie das Diskettenlaufwerk verwenden.)

⇨ **Laden Sie eine Textdatei (.txt) in WordPad.**

(WordPad starten, die Funktion Öffnen aufrufen und als Dateityp »Textdatei« wählen. Die Techniken finden Sie in Kapitel 4 im Lernschritt »WordPad-Dokumente speichern, laden und drucken«.)

⇨ **Erstellen Sie eine Einladung mit dem Programm WordPad.**

(Die Antworten finden Sie in Kapitel 4 im Lernschritt »Schriftstücke mit WordPad erstellen«)

⇨ **Erstellen Sie ein eigenes Bild für den Desktop-Hintergrund.**

(Die Antwort finden Sie in Kapitel 4 im Lernschritt »Bilder mit Paint erstellen«. Dann im Menü Datei den Befehl Als Hintergrund anwenden.)

KLEINE ERFOLGSKONTROLLE

⇨ **Erstellen Sie einen Text, in den Sie verschiedene Objekte einfügen.**

(Antwort in Kapitel 4 im Lernschritt » Text mit Bildern und anderen Objekten«)

Im nächsten Kapitel lernen Sie, wie sich in Windows noch eleganter mit Dokumenten umgehen lässt.

5

Was bringt Ihnen dieses Kapitel?

Sie kennen bereits die Möglichkeit ein Programm zu starten und anschließend ein Dokument zu laden. Es gibt aber elegantere Möglichkeiten, um in Windows mit Dokumenten zu arbeiten. Sie lernen, wie sich die 15 zuletzt bearbeiteten Dokumente aufrufen lassen und wie Sie mit Favoriten oder der Funktion Verlauf umgehen. Weiterhin erfahren Sie, wie sich ein Dokument direkt im Explorer oder im Fenster *Arbeitsplatz* öffnen lässt. Außerdem wird gezeigt, wie Sie sich den Inhalt verschiedener Dokumentdateien anzeigen lassen können, ohne ein Programm aufrufen zu müssen.

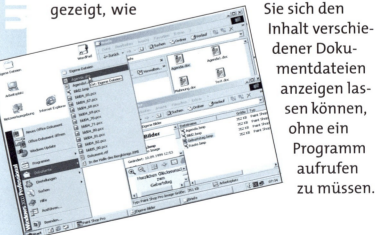

Das können Sie schon:

Texte bearbeiten	139
Ein Programm beenden	63
Ordner und Dateien kopieren	100

Das lernen Sie neu:

Wie werden Dokumentdateien dargestellt?	192
Wie lassen sich Dokumentdateien öffnen?	194
Dokumente auf dem Desktop einrichten	196
Ein Dokument in verschiedenen Programmen laden	198
Schnellanzeige des Dateiinhalts	200
Was wurde zuletzt bearbeitet?	202

Wie werden Dokumentdateien dargestellt?

In Kapitel 3 haben Sie gelernt, wie Dateien im Ordnerfenster *Arbeitsplatz* oder *Eigene Dateien* (bzw. in deren Unterordnerfenstern) dargestellt werden. Nachdem Sie jetzt etwas mehr Erfahrung im Umgang mit Dateien haben, soll die Thematik im Hinblick auf die Handhabung von Dokumenten noch etwas vertieft werden.

In Kapitel 3 wurde bereits erläutert, dass Dateien einen Namen sowie eine Dateinamenerweiterung besitzen und bei der Anzeige ein Symbol erhalten. Das nebenstehende Fenster enthält einige Dateien mit den zugehörigen Namen und Symbolen. An der Dateinamenerweiterung erkennt Windows, um welchen **Dateityp** es sich handelt.

Jedes Programm kann nur Dateien bestimmter Dateitypen lesen. Mit *WordPad* können Sie zum Beispiel Dateien vom Dateityp *.txt*, *.doc*, *.rtf*, *.wri* lesen und bearbeiten. WordPad kann aber keine Grafikdateien verarbeiten (auch wenn Sie ein Bild oder eine *.bmp*-Datei in einen Text einfügen können). Der Windows-Editor bearbeitet dagegen nur einfache Textdateien mit der Erweiterung *.txt*. Das Programm *Paint* kann standardmäßig nur Grafikdateien mit der Erweiterung *.bmp* lesen. Nur wenn Microsoft Office installiert ist, lassen sich mit Paint auch andere Grafikdateien (*.tif*, *.pcx*, *.jpg*, *.gif*) öffnen. Zum Bearbeiten einer Dokumentdatei benötigen Sie daher das Programm, mit dem diese Datei erzeugt wurde oder das den Dateityp lesen kann. Wie bereits in vorherigen Kapiteln erwähnt: Die Anzeige der Dateinamenerweiterung im Ordnerfenster lässt sich über die Option *Dateinamenerweiterungen bei bekannten Dateitypen ausblenden* auf der Registerkarte *Ansicht* (Menü Extras/Ordneroptionen) ein-/ausschalten.

Wenn Sie sich die Dokumentdateien in obigem Bild ansehen und mit der Anzeige auf Ihrem Computer vergleichen, fällt Ihnen vielleicht einiges auf:

➪ Zum einen verwendet Windows für eine Dateinamenerweiterung immer ein bestimmtes Symbol. Alle *.txt*-Dateien werden in der Regel mit dem Symbol eines kleinen Schreibblocks angezeigt. Dateien mit der Erweiterung *.doc* besitzen ein anderes Symbol. Das Gleiche gilt für Bilddateien mit der Erweiterung *.bmp*.

➪ In Kapitel 3 finden Sie im Lernabschnitt »Was sind Ordner und Dateien?« eine Tabelle, in der die Symbole für einige Dateitypen aufgeführt sind. Im obigen Bild werden für Dateien mit den Erweiterungen *.bmp* und *.doc* jedoch andere Symbole benutzt.

Warum ist das so und was bedeutet das? Die Antworten sind recht einfach:

➪ Wird Windows neu auf einem Rechner installiert, sind die Dateinamenerweiterungen und die Dateisymbole für einige Dokumentdateien bereits vorab festgelegt. Windows benutzt zum Beispiel für *.bmp*-Dateien das Programm *Paint* und *.doc*-Dateien werden mit *WordPad* bearbeitet. Folglich verwendet Windows diese Programme, um die entsprechenden Dokumentdateien zu öffnen. Gleichzeitig werden Symbole dieser Programme zur Anzeige der Dokumentdateien im Explorer oder in den Ordnerfenstern benutzt.

➪ In der Regel verwendet der überwiegende Teil der Benutzer zusätzliche Programme unter Windows (die vom Administrator installiert werden). Es kann sich hierbei um Programme zur Textverarbeitung oder zur Tabellenkalkulation handeln. Oder es werden eigene Programme zur Erstellung und Bearbeitung von Grafiken etc. benutzt. Unterstützt ein solches Programm beispielsweise einen bestimmten Dateityp, ändert es die Windows-Einstellungen entsprechend ab. Dies wirkt sich auch auf die Anzeige der Symbole für Dokumentdateien aus.

Sie sehen daher immer die Dateisymbole, die von den auf dem jeweiligen Computer installierten Programmen für die betreffenden Dateitypen festgelegt wurden.

Haben Sie zum Beispiel Microsoft Word auf Ihrem Rechner installiert, erscheint das nebenstehende (oder ein ähnliches) Symbol für *.doc*-Dateien.

Ist nur das Programm *Paint* zum Bearbeiten von *.bmp*-Bildern installiert, verwendet Windows das nebenstehende Symbol für diese Dateien.

 In der Anzeige des Ordners *Beispiel* auf den vorherigen Seiten wird das nebenstehende Symbol für *.bmp*-Dateien benutzt. Auf dem betreffenden Rechner wurde ein spezielles Programm mit dem Namen *Paint Shop Pro 5.x* zur Bearbeitung von Grafiken installiert. Alle von diesem Programm unterstützten Dateitypen erhalten dieses Symbol zugeordnet.

Sofern also auf Ihrem Computer etwas andere Symbole für einen bestimmten Dateityp angezeigt werden, ist dies kein Grund zur Sorge. Auf dem Computer sind nur verschiedene Programme installiert, mit denen sich die betreffenden Dokumente öffnen lassen. Im nächsten Lernschritt sehen Sie, wie sich dies auf das Öffnen der Dokumente auswirkt.

Manche Dateitypen sind aber auch Windows unbekannt. Nebenstehend sehen Sie eine Textdatei, der die Erweiterung *.asc* zugewiesen wurde. Windows weiß mit dieser Datei nichts anzufangen. Diesen Dateien wird das hier gezeigte Symbol zugeordnet. Sehen Sie ein solches Symbol, wissen Sie, dass Windows den Dateityp nicht kennt. Man sagt auch, der Dateityp ist nicht **registriert**.

Wie lassen sich Dokumentdateien öffnen?

Im Grunde wissen Sie bereits, wie sich eine Dokumentdatei öffnen lässt:

1 Sie starten das Programm, mit dem das betreffende Dokument erzeugt wurde.

2 Öffnen Sie das Menü DATEI und wählen Sie den Befehl ÖFFNEN.

3 Wählen Sie im Dialogfeld *Öffnen* den Ordner und dann die gewünschte Dokumentdatei aus.

4 Bestätigen Sie Ihre Angaben über die Schaltfläche *Öffnen*.

Anschließend wird die jeweilige Dokumentdatei in das Programmfenster geladen.

Der hier beschriebene Weg sollte bei allen Programmen funktionieren, die sich halbwegs an die unter Windows geltenden Regeln halten. In Kapitel 4 haben Sie diese Vorgehensweise bereits bei verschiedenen Windows-Programmen kennen gelernt. Besitzt ein Programm eine Symbolleiste, lässt sich die Schaltfläche *Öffnen* zum Laden der Dokumente verwenden.

Aber Hand aufs Herz, ist dieser Ansatz nicht recht umständlich? In den vorhergehenden Kapiteln haben Sie erfahren, dass sich Programme durch einen Doppelklick auf die zugehörige Datei starten lassen. Im Fenster eines Ordners werden aber auch die dort gespeicherten Dokumentdateien angezeigt. Muss man bei einer Datei immer genau wissen, ob es sich um ein Programm oder um ein Dokument handelt? Warum sollte sich ein Dokument nicht einfach mit einem Doppelklick auf das Dateisymbol öffnen lassen? In der Tat klappt dieser Ansatz sogar ausgesprochen gut:

1 Öffnen Sie das Fenster eines Ordners, in dem die Dokumentdateien gespeichert sind.

Zeigen Sie auf das Symbol, blendet Windows bereits eine QuickInfo mit einem Hinweis auf die Dokumentdatei ein.

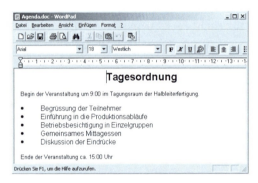

2 Doppelklicken Sie auf das Symbol der Dokumentdatei.

Windows startet das für diesen Dateityp zuständige Programm und lädt anschließend automatisch die angewählte Dokumentdatei. Sie sehen sofort das Dokument im Programmfenster. Hier wurde beispielsweise eine Datei mit der Erweiterung *.doc* per Doppelklick angewählt.

Sie können dies bei verschiedenen Dateitypen probieren. Immer, wenn Windows den Dateityp kennt, wird das zugehörige Programm gestartet und die entsprechende Dokumentdatei geladen. Einfacher kann es kaum noch gehen.

Dokumente auf dem Desktop einrichten

Haben Sie ein Dokument angelegt, das Sie häufig öffnen müssen? Dies könnte zum Beispiel die **Vorlage** für einen Brief sein. Dann wäre es doch schön, wenn das betreffende Dokument als Symbol auf dem Desktop

Dokumente auf dem Desktop einrichten

erscheint. Ein einfacher Doppelklick genügt, um das Programm samt Dokument zu öffnen. Wie Sie eine solche Vorlage einrichten, soll am Beispiel einer *.doc*-Datei gezeigt werden.

1 Starten Sie *WordPad* oder ein Programm, welches *.doc*-Dateien erzeugen kann.

2 Erstellen Sie das Dokument, das Sie als Vorlage benutzen möchten.

3 Speichern Sie das Dokument als Datei in einem Ordner.

4 Öffnen Sie das Fenster des Ordners, in dem das Dokument gespeichert ist.

5 Markieren Sie die Dokumentdatei mit einem Mausklick.

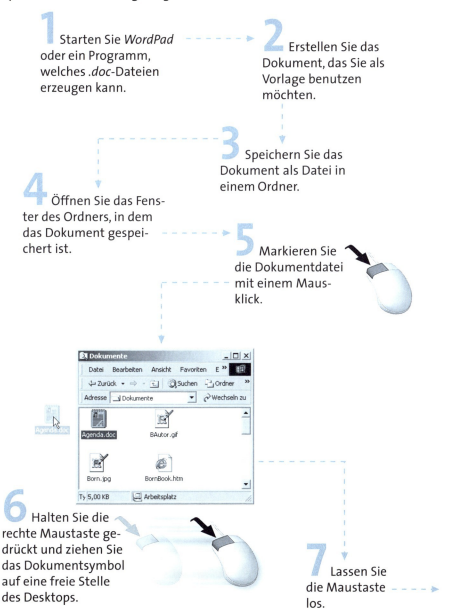

6 Halten Sie die rechte Maustaste gedrückt und ziehen Sie das Dokumentsymbol auf eine freie Stelle des Desktops.

7 Lassen Sie die Maustaste los.

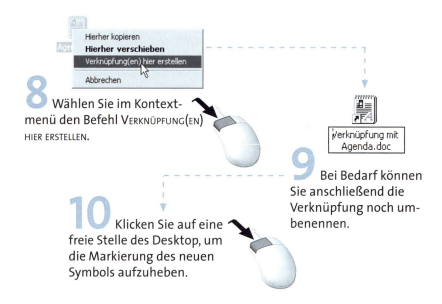

Nachdem die Verknüpfung eingerichtet wurde, reicht ein Doppelklick auf das Verknüpfungssymbol auf dem Desktop, um das Dokument zu öffnen. Sie können anschließend das Dokument bearbeiten und ggf. unter einem neuen Namen speichern.

Ein Dokument in verschiedenen Programmen laden

Haben Sie mehrere Programme unter Windows installiert, die den gleichen Dateityp unterstützen? Dies ist zum Beispiel der Fall, wenn Sie Microsoft Word auf Ihrem PC einrichten. Dann können Sie die Dateien mit der Erweiterung .doc sowohl mit Word als auch mit dem Windows-Programm WordPad öffnen. Ähnliches gilt zum Beispiel für Grafikprogramme, die vielleicht .bmp-Dateien erzeugen.

Vermutlich haben Sie jetzt ein Problem: Doppelklicken Sie auf eine solche Datei, wird häufig genau das »falsche« Programm geladen. Möchten Sie eine .doc-Datei mit WordPad bearbeiten (z.B. weil Sie sich mit dem Programm besser auskennen), obwohl Microsoft Word beim Doppelklick auf die Datei gestartet wird? Ist es Ihnen zu aufwendig, WordPad erst zu starten und dann die Datei zu laden? Es geht auch einfacher:

EIN DOKUMENT IN VERSCHIEDENEN PROGRAMMEN LADEN

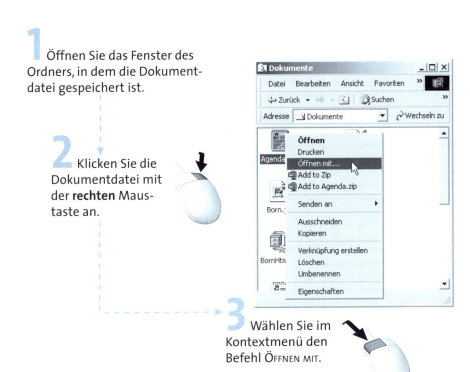

1 Öffnen Sie das Fenster des Ordners, in dem die Dokumentdatei gespeichert ist.

2 Klicken Sie die Dokumentdatei mit der **rechten** Maustaste an.

3 Wählen Sie im Kontextmenü den Befehl ÖFFNEN MIT.

Windows öffnet jetzt das Dialogfeld *Öffnen mit* zur Auswahl der Anwendung.

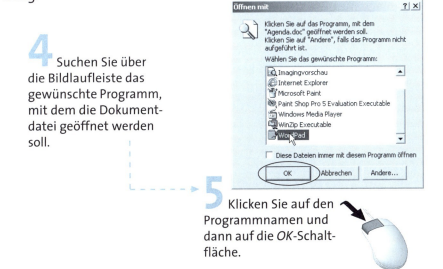

4 Suchen Sie über die Bildlaufleiste das gewünschte Programm, mit dem die Dokumentdatei geöffnet werden soll.

5 Klicken Sie auf den Programmnamen und dann auf die *OK*-Schaltfläche.

199

Windows startet das von Ihnen gewählte Programm und lädt anschließend die Dokumentdatei.

Wählen Sie eine Datei mit einem für Windows unbekannten Dateityp per Doppelklick an, wird das Dialogfeld *Öffnen mit* automatisch geöffnet. Wissen Sie, um welche Art von Daten es sich handelt, können Sie ein Programm aus der Liste auswählen. Klicken Sie auf das Kontrollkästchen »Diese Dateien immer mit diesem Programm öffnen«, um das Häkchen zu löschen. Erst dann sollten Sie das Dialogfeld über die *OK*-Schaltfläche schließen. Vergessen Sie dies, merkt sich Windows den Programmaufruf und verwendet fortan das Programm für diesen Dateityp. Peinlich wird dies, falls Sie das falsche Programm aufgerufen haben, mit dem sich die Datei nicht bearbeiten lässt.

Möchten Sie, dass Windows beim Doppelklick auf eine Dokumentdatei diese immer mit dem von Ihnen bevorzugten Programm öffnet? Dann markieren Sie im Dialogfeld *Öffnen mit* nach der Auswahl des Programms das Kontrollkästchen »Diese Dateien immer mit diesem Programm öffnen«. Sobald Sie das Dialogfeld über die *OK*-Schaltfläche schließen, ändert Windows die Einstellungen für diesen Dokumenttyp. Beim nächsten Doppelklick wird das von Ihnen gewählte Programm verwendet. Diesen Tipp können Sie auch verwenden, wenn versehentlich ein falsches Programm zum Öffnen einer Dokumentdatei im Dialogfeld *Öffnen mit* registriert wurde.

Schnellanzeige des Dateiinhalts

Kennen Sie diese Situation? Sie bekommen eine Diskette mit verschiedenen Dokumentdateien. Nun öffnen Sie das Fenster mit der Dateianzeige und versuchen auf die Schnelle herauszufinden, welchen Inhalt eine bestimmte Datei hat. Sicherlich können Sie die Dokumentdatei per Doppelklick öffnen. Aber dies dauert zu lange. In Kapitel 3 haben Sie aber quasi bereits eine Lösung kennen gelernt, die nochmals kurz beleuchtet werden soll.

1 Markieren Sie im Ordnerfenster die interessierende Datei mit einem Klick der **linken** Maustaste.

Bei eingeschalteter Webanzeige (was ja der Standarddarstellung in Windows 2000 entspricht) zeigt Windows in der linken Spalte einige Zusatzinformationen zur markierten Datei. Bei verschiedenen Dateitypen blendet Windows zusätzlich eine Miniaturansicht mit dem Inhalt der betreffenden Datei in der Spalte ein. Bei Grafikdateien erhalten Sie sehr schnell einen Überblick über deren Inhalt.

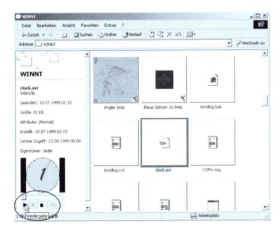

Befindet sich die Grafikdatei im Ordner *Eigene Dateien/Eigene Bilder*, blendet Windows in der linken Spalte des Ordnerfensters eine Symbolleiste ein. Über die Schaltflächen der Symbolleiste lässt sich die Vorschau der angewählten Grafik vergrößern, verkleinern oder als Vollbild abrufen.

Wählen Sie Audio- oder Videodateien im Ordnerfenster an, blendet Windows die Schaltflächen zum Abspielen der Klangdatei oder des Videos in der linken Spalte ein. Dies erlaubt Ihnen sehr schnell den Inhalt verschiedener Dateien einzusehen.

Bei Bedarf können Sie dann die Dokumentdatei per Doppelklick in der zugeordneten Anwendung öffnen.

Was wurde zuletzt bearbeitet?

Vermutlich kennen Sie dies: Da haben Sie vorhin ein Dokument bearbeitet und plötzlich ist Ihnen entfallen, in welchem Ordner die zugehörige Datei untergebracht wurde. Oder Sie benötigen häufiger ein Dokument aus einem bestimmten Ordner. Windows erleichtert Ihnen mit verschiedenen Techniken den Zugriff auf zuletzt benutzte Dateien und Ordner.

Öffnen Sie beispielsweise eine Dokumentdatei, merkt sich Windows den Namen der betreffenden Datei. Die letzten 15 auf diese Weise bearbeiteten Dokumente werden in einer Liste zusammengefasst, die Sie über das Startmenü einsehen und laden können.

1 Öffnen Sie das Startmenü und zeigen Sie mit der Maus auf den Befehl DOKUMENTE.

2 Klicken Sie auf einen der im Untermenü aufgeführten Dokumentnamen.

Windows lädt automatisch das Dokument im zugehörigen Programm.

Möchten Sie die **Liste** der 15 zuletzt **bearbeiteten Dokumente löschen**, führen Sie folgende Schritte aus:

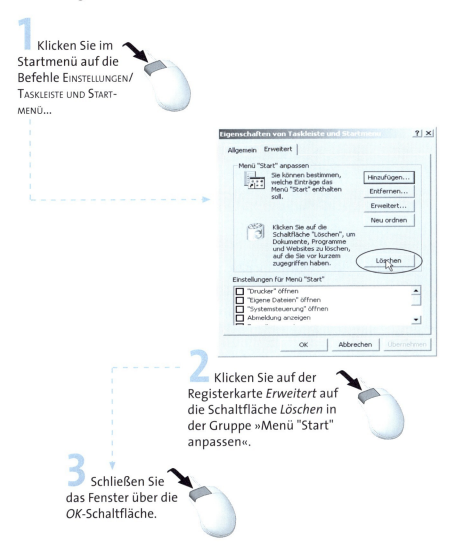

1 Klicken Sie im Startmenü auf die Befehle EINSTELLUNGEN/ TASKLEISTE UND START- MENÜ...

2 Klicken Sie auf der Registerkarte *Erweitert* auf die Schaltfläche *Löschen* in der Gruppe »Menü "Start" anpassen«.

3 Schließen Sie das Fenster über die *OK*-Schaltfläche.

Reicht Ihnen die Liste der 15 zuletzt geöffneten Dokumente nicht aus? Möchten Sie ggf. wissen, welche Dokumente und Ordner Sie vor einigen Tagen benutzt haben? Immer wenn Sie auf eine Dokumentdatei zugreifen, wird dies im Ordner *Verlauf* aufgezeichnet. Sie können sich diesen Verlauf direkt in der Explorerleiste des Ordnerfensters anzeigen lassen.

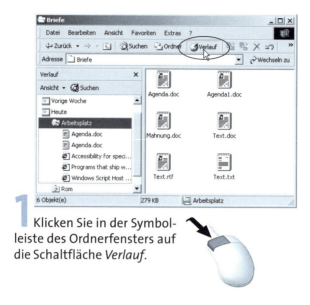

1 Klicken Sie in der Symbolleiste des Ordnerfensters auf die Schaltfläche *Verlauf*.

Windows zeigt dann den gespeicherten Verlauf in der Explorerleiste.

Ähnlich wie bei der Ordnerhierarchie können Sie über die Symbole *Vorige Woche*, *Heute* etc. per Mausklick in der Hierarchie navigieren. Die Ordner zeigen dann die am jeweiligen Tag besuchten Dokumentnamen an.

2 Ein Mausklick auf eine Dokumentdatei bewirkt deren Anzeige im zugehörigen Programm.

Dokumente mit der Dateinamenerweiterung *.htm* bzw. *.html* werden dabei direkt im rechten Teil des Ordnerfensters dargestellt. Und es gibt noch eine Funktion, als »Favoriten« bezeichnet, mit der Sie häufig benutzte Ordner oder Dokumente abrufen können.

1 Klicken Sie im Ordnerfenster auf das Menü FAVORITEN.

Im geöffneten Menü sehen Sie die als **Favoriten** definierten Ordner- und Dokumentsymbole.

2 Klicken Sie auf einen Eintrag, wird der Ordner oder das Dokument geöffnet.

Möchten Sie einen Ordner, der häufiger benötigt wird, in die Liste der Favoriten aufnehmen?

1 Öffnen Sie den betreffenden Ordner im Ordnerfenster.

2 Wählen Sie im Menü FAVORITEN den Befehl ZU FAVORITEN HINZUFÜGEN.

Windows öffnet ein Dialogfeld, in dem Sie die Optionen zum Einfügen festlegen können.

Über die Schaltfläche *Erstellen in <<* können Sie den unteren Teil des Dialogfeldes ein-/ausblenden.

Korrigieren Sie bei Bedarf den Text im Feld *Name*. Über die Schaltfläche *Neuer Ordner* können Sie einen neuen Unterordner zur Aufnahme des neuen Eintrags in den Favoriten anlegen.

3 Um den Eintrag in einem Ordner hinzuzufügen, klicken Sie auf das betreffende Ordnersymbol.

4 Schließen Sie das Dialogfeld über die *OK*-Schaltfläche.

Sie haben auch die Möglichkeit, die Liste der Favoriten sowie den Verlauf über die Befehle des Menüs ANSICHT/EXPLORERLEISTE in der Explorerleiste einzublenden.

Wenn Sie anschließend die Liste der Favoriten wieder öffnen, taucht der neue Eintrag in der Liste auf.

Sofern Sie die bisherigen Kapitel bearbeitet haben, kennen Sie die wichtigsten Funktionen von Windows. Sie können Programme starten sowie mit Ordnern und Dateien arbeiten. Sie wissen sogar, wie Dokumente gedruckt werden. Falls Sie etwas noch nicht so gut beherrschen, ist dies nicht weiter tragisch. Lesen Sie bei Bedarf nochmals die entsprechenden Passagen in den betreffenden Kapiteln. Die folgenden Kapitel vertiefen dieses Wissen (z.B. Kapitel 6) und zeigen, was sich sonst noch Interessantes mit Windows tun lässt. Die Kapitel 7 bis 11 gehen auf speziellere Fragestellungen ein.

6 Unter Windows

Was bringt Ihnen dieses Kapitel?

In den vorhergehenden Kapiteln haben Sie bereits erfahren, wie sich ein Dokument über ein Programm ausdrucken lässt. In diesem Kapitel erfahren Sie, wie sich ein Drucker unter Windows einrichten und als Symbol auf dem Desktop anlegen lässt. Windows kann Dokumente zum Ausdruck zwischenspeichern. Sie können daher bereits mit einem Programm weiterarbeiten, noch bevor das Dokument fertig gedruckt ist. Nachfolgend erfahren Sie, wie Sie sich eine Übersicht über die zu druckenden Dokumente anfertigen, den Ausdruck anhalten oder ganz abbrechen.

Das können Sie schon:

Dateien und Ordner löschen	115
Ein Textdokument formatieren	153

Das lernen Sie neu:

Einen neuen Drucker einrichten	210
Den Drucker als Symbol auf dem Desktop einrichten	218
Wie kann ich ausdrucken?	220
Druckeinstellungen ändern	222
Den Drucker verwalten	225

Einen neuen Drucker einrichten

Windows unterstützt Drucker der verschiedensten Hersteller, die Sie an Ihren Computer anschließen können. Vor einer Benutzung des Druckers müssen Sie diesen jedoch einrichten. Dazu wird in Windows ein so genannter **Druckertreiber** installiert. Dies ist ein Programm, welches die auszugebenden Dokumente »abfängt« und für den Drucker aufbereitet. Zur Installation eines Druckers verfügt Windows über einen so genannten Assistenten, der Sie durch die einzelnen Schritte führt. Dieser Assistent wird über den Ordner *Drucker* aufgerufen. Um einen Drucker einzurichten, führen Sie die folgenden Schritte aus:

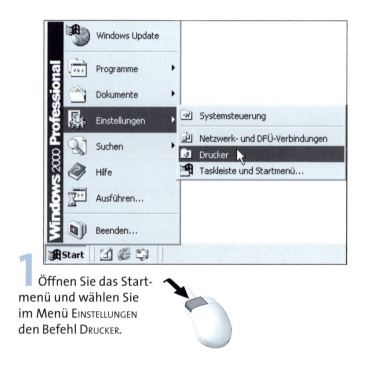

1 Öffnen Sie das Startmenü und wählen Sie im Menü EINSTELLUNGEN den Befehl DRUCKER.

Windows öffnet jetzt das Fenster *Drucker*, in dem die Symbole der bisher installierten Drucker sowie ein weiteres Symbol *Neuer Drucker* zu sehen sind.

Einen neuen Drucker einrichten

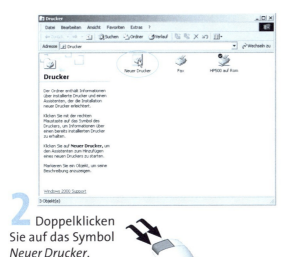

2 Doppelklicken Sie auf das Symbol *Neuer Drucker*.

Windows startet jetzt den **Assistenten**, der Sie durch die Schritte zur Einrichtung des neuen Druckers begleitet. Solche Assistenten werden Ihnen häufiger in Windows begegnen. Die Bedienung ist dabei recht einfach. Über die Schaltfläche *Weiter* können Sie zu den Folgeseiten des Assistenten weiterblättern.

Stellen Sie bei einem Schritt fest, dass Sie eine Eingabe vergessen haben, oder möchten Sie etwas nachsehen, klicken Sie auf die Schaltfläche *Zurück*. Der Assistent zeigt Ihnen daraufhin die vorhergehende Seite an. Vermutlich ist Ihnen auch klar, dass Sie mit der Schaltfläche *Abbrechen* die Konfiguration eines neuen Druckers abbrechen und den Assistenten beenden können. Sobald Sie die Startseite des Assistenten sehen, können Sie die einzelnen Schritte zum Einrichten des Druckers durchführen.

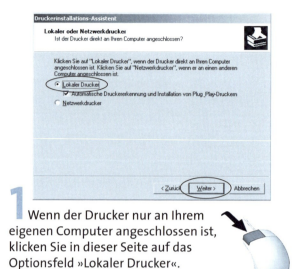

1 Wenn der Drucker nur an Ihrem eigenen Computer angeschlossen ist, klicken Sie in dieser Seite auf das Optionsfeld »Lokaler Drucker«.

Bei Druckern im Netzwerk wählen Sie die zweite Option (siehe Kapitel 9).

Ist an Ihrem System ein Plug&Play-Drucker angeschlossen, können Sie das Kontrollkästchen *Automatische Druckererkennung und Installation von Plug_Play-Druckern* markieren.

2 Klicken Sie auf die Schaltfläche *Weiter*.

Windows prüft nun, ob ein Plug&Play-Drucker vorhanden ist. Wird kein Gerät gefunden, zeigt der Assistent eine entsprechende Meldung. Sie können dann aber auf *Weiter* klicken und die nächsten Schritte ausführen, um den Drucker manuell zu installieren.

3 Wählen Sie auf dieser Seite den Anschluss, über den der Drucker mit Ihrem Computer verbunden ist.

Die meisten Drucker sind an einer so genannten **parallelen Schnittstelle** angeschlossen, der die Bezeichnung **LPT1:** zugewiesen ist.

Einen neuen Drucker einrichten

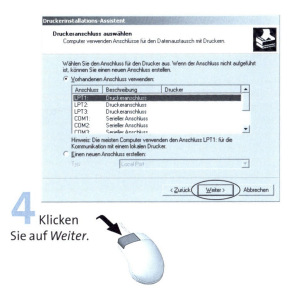

4 Klicken Sie auf *Weiter*.

Jetzt gilt es den Druckerhersteller und das Modell festzulegen. Falls Ihr System über keinen Plug&Play-Drucker verfügt, müssen Sie die Auswahl manuell treffen.

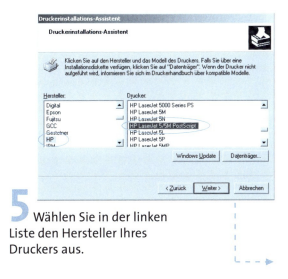

Ist der Drucker in der Liste nicht aufgeführt und verfügen Sie über eine Diskette des Druckerherstellers, können Sie den Drucker über die Schaltfläche *Datenträger* installieren. Windows öffnet ein Dialogfeld zur Auswahl des Datenträgerlaufwerks. Mit der Schaltfläche *Windows Update* sucht Windows im Netzwerk oder im Internet nach einem aktuellen Druckertreiber. Diese beiden Fälle werden in diesem Buch nicht behandelt.

5 Wählen Sie in der linken Liste den Hersteller Ihres Druckers aus.

213

6 Anschließend klicken Sie in der rechten Liste auf das Modell des Druckers.

7 Klicken Sie auf die Schaltfläche *Weiter*.

8 Bei Bedarf ändern Sie auf dieser Seite den (vorgegebenen) Namen des Druckers.

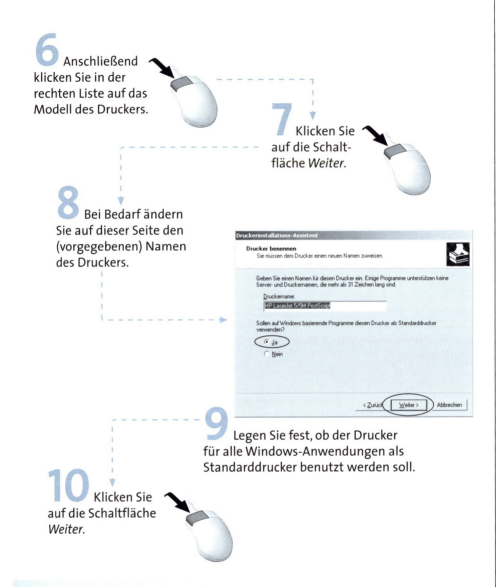

9 Legen Sie fest, ob der Drucker für alle Windows-Anwendungen als Standarddrucker benutzt werden soll.

10 Klicken Sie auf die Schaltfläche *Weiter*.

Windows-Programme geben die Daten normalerweise auf dem **Standarddrucker** aus, der in obigem Dialogfeld festgelegt werden kann. Dies ist der Drucker, der nach dem Start des Programms voreingestellt ist. Es gibt Systeme, an denen mehr als ein Drucker angeschlossen ist. Dann können Sie in jeder Anwendung über das Dialogfeld *Drucken* wählen, welcher Drucker benutzt werden soll. So könnte bei einem Grafikprogramm die Ausgabe beispielsweise auf einem Farbdrucker erfolgen, während das Textverarbeitungsprogramm einen Laserdrucker als Standardgerät nutzt.

Einen neuen Drucker einrichten

Windows 200 wird in der Regel in einem Netzwerk betrieben (siehe Kapitel 9). Daher fragt Windows bei der Installation nach, ob andere Benutzer im Netzwerk Ihren Drucker mitbenutzen dürfen.

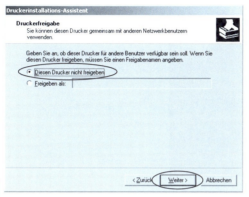

1 Soll der Drucker von anderen benutzbar sein, klicken Sie auf das Optionsfeld *Freigeben als* und tippen einen Freigabenamen (z.B. Drucker-Born) im betreffenden Feld ein.

2 Klicken Sie auf Schaltfläche *Weiter*.

Nach diesem Schritt ist die Installation des Druckers bereits abgeschlossen. Allerdings steht nicht unbedingt fest, ob alle Einstellungen korrekt sind. Windows kann nach dem Einrichten eines Druckertreibers eine **Testseite ausgeben**. Erscheint diese Testseite einwandfrei auf dem betreffenden Drucker, ist alles in Ordnung und Sie können das Ausgabegerät benutzen.

1 Belassen Sie die Option *Ja* zur Ausgabe der Testseite und klicken Sie auf die Schaltfläche *Weiter*.

2 Klicken Sie im nächsten Dialogfeld mit den Installationsdaten auf die Schaltfläche *Fertig stellen*.

Windows richtet nun die Dateien des Druckertreibers auf Ihrer Festplatte ein. Gegebenenfalls werden Sie noch aufgefordert einen Datenträger in ein Laufwerk einzulegen.

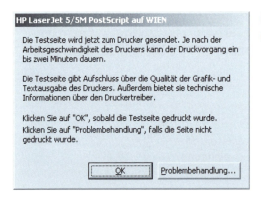

Erscheint diese Meldung auf dem Bildschirm?

Einen neuen Drucker einrichten

1 Überprüfen Sie, ob die Testseite einwandfrei gedruckt wurde.

2 Klicken Sie auf die Schaltfläche *OK*, falls alles in Ordnung ist. Treten Probleme auf, wählen Sie die Schaltfläche *Problembehandlung*.

Hat alles geklappt, erscheint das Symbol des neuen Druckers im Ordner *Drucker*. Sie können anschließend mit dem Drucker arbeiten.

Bei mehreren Druckern wird der Standarddrucker mit einem kleinen Häkchen im Symbol markiert.

Hatten Sie im oben gezeigten Meldungsfeld die Schaltfläche *Problembehandlung* gewählt, weil der Ausdruck nicht in Ordnung war? Dann öffnet Windows automatisch das nebenstehend gezeigte Fenster der Hilfe (hier wurde die Spalte mit den Registerkarten ausgeblendet).

Über die Optionsfelder und die Schaltfläche in diesem Fenster erhalten Sie weitere Informationen zur Fehlerdiagnose und -behebung.

217

Erscheint dagegen das nebenstehende Meldungsfeld *Druckerordner*, liegt lediglich eine Druckerstörung vor.

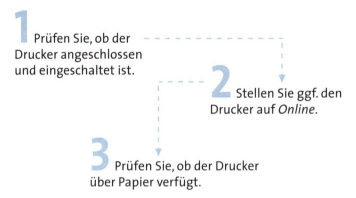

1 Prüfen Sie, ob der Drucker angeschlossen und eingeschaltet ist.

2 Stellen Sie ggf. den Drucker auf *Online*.

3 Prüfen Sie, ob der Drucker über Papier verfügt.

Sobald die Störung behoben ist, nimmt Windows die Druckausgabe wieder auf. Dieses Meldungsfeld erscheint auch beim Drucken eines Dokuments, falls der Drucker eine Störung aufweist. Sie sollten dann den Drucker überprüfen.

Manchmal geht etwas beim Ausdrucken schief und Sie müssen den bereits angefangenen Ausdruck abbrechen. Es reicht aus, den Drucker auszuschalten und im Meldungsfeld die Schaltfläche *Abbrechen* anzuklicken. Windows löscht dann alle noch nicht ausgedruckten Daten.

Den Drucker als Symbol auf dem Desktop einrichten

In den nächsten Lernschritten sehen Sie, wie Windows Druckausgaben verwaltet und wie sich die Druckereinstellungen verändern lassen. Hierbei müssen Sie aber das Fenster des Druck-Managers für das jeweilige Gerät öffnen. Standardmäßig bedeutet dies: Sie müssen das Fenster des Ordners *Druckers* öffnen und das gewünschte Druckersymbol per Doppelklick anwählen. Es empfiehlt sich daher, das Symbol des Druckers auf dem Desktop einzurichten.

DEN DRUCKER ALS SYMBOL AUF DEM DESKTOP EINRICHTEN

1 Öffnen Sie das Startmenü und wählen Sie im Menü EINSTELLUNGEN den Eintrag DRUCKER.

2 Ziehen Sie das Symbol des gewünschten Druckers bei gedrückter **rechter** Maustaste auf eine freie Stelle des Desktop.

3 Lassen Sie die rechte Maustaste los.

4 Wählen Sie im Kontextmenü den Befehl VERKNÜPFUNG(EN) HIER ERSTELLEN.

5 Passen Sie bei Bedarf den Namen des von Windows eingerichteten (verknüpften) Druckersymbols an.

Jetzt ist das Symbol des betreffenden Druckers auf dem Desktop eingerichtet. Sie können anschließend das zugehörige Fenster öffnen, Dokumente zum Druckersymbol ziehen und drucken.

Wie kann ich ausdrucken?

Zum Ausdrucken bietet Ihnen Windows verschiedene Möglichkeiten an. Leider verhalten sich die einzelnen Windows-Anwendungen bei der Druckausgabe etwas unterschiedlich. In der Regel werden Sie aus einem Programm heraus drucken.

1 Enthält das Programm eine Symbolleiste mit der Schaltfläche *Drucken*, klicken Sie darauf.

Bei der Schaltfläche *Drucken* gilt allgemein, dass die Anwendung das aktuelle Dokument ohne weitere Nachfragen **komplett** ausdruckt. Sie haben diese Möglichkeit in Kapitel 4 beim Programm *WordPad* kennen gelernt. Fehlt die Symbolleiste oder möchten Sie zusätzliche Optionen beim Drucken wählen, gehen Sie folgendermaßen vor:

> **HINWEIS:** Wird im Menü die Tastenkombination [Strg]+[P] angezeigt, können Sie das Dialogfeld *Drucken* auch direkt über diese Tastenkombination aufrufen.

1 Öffnen Sie das Menü DATEI durch einen Mausklick.

2 Klicken Sie auf den Befehl DRUCKEN.

3 Stellen Sie im Dialogfeld die gewünschten **Druckoptionen** ein.

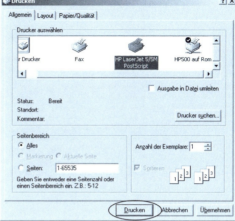

4 Starten Sie den Ausdruck durch Anklicken der *Drucken*-Schaltfläche.

In Kapitel 5 wird der Umgang mit Dokumenten behandelt. Dort ist auch beschrieben, dass Windows anhand der Dateinamenerweiterungen den Dateityp erkennt. Manche Dokumente lassen sich daher direkt per Doppelklick auf die Datei im zugehörigen Programm laden. Für besonders Eilige bietet Windows eine ähnliche und sehr elegante Möglichkeit an, um ein Dokument direkt aus einer Datei auszudrucken.

1 Öffnen Sie das Ordnerfenster, in dem sich die auszudruckende Dokumentdatei befindet.

2 Klicken Sie mit der rechten Maustaste auf die markierte Datei.

3 Wählen Sie im Kontextmenü den Befehl DRUCKEN.

Windows öffnet anschließend automatisch das Dokument im zugehörigen Programm und startet den Ausdruck. Sobald das Dokument gedruckt ist, wird das Programm ohne weiteres Zutun beendet.

Sie können eine Dokumentdatei auch per Maus aus einem Ordnerfenster auf ein Druckersymbol ziehen. Befindet sich das Dokumentsymbol über dem Druckersymbol, lassen Sie die linke Maustaste los. Man nennt diesen Ablauf auch **Drag&Drop** (was s oviel wie »Ziehen und Ablegen« bedeutet). In den meisten Fällen wird Windows das betreffende Dokument über die zugehörige Anwendung drucken. Nur wenn Windows keine Anwendung kennt, die diesen Dokumenttyp bearbeiten kann, meldet Windows einen Fehler. Das Drucken per Drag&Drop erfolgt besonders elegant, wenn Sie das Druckersymbol als Verknüpfung auf dem Desktop eingerichtet haben.

Druckereinstellungen ändern

Möchten Sie eine Seite anstatt im Hochformat im Querformat bedrucken? Soll der Drucker das Papier aus dem Schacht für Briefumschläge holen? Haben Sie mehrere Drucker und möchten Sie das Ausgabegerät wechseln? Windows bietet Ihnen verschiedene Möglichkeiten an, mit denen Sie die Druckereinstellungen ändern können.

DRUCKEREINSTELLUNGEN ÄNDERN

Haben Sie das Dialogfeld *Drucken* geöffnet (siehe vorherigen Lernschritt)?

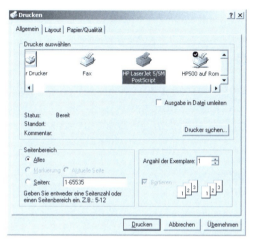

1 Um den Drucker zu wechseln, klicken Sie auf der Registerkarte *Allgemein* in der Gruppe *Drucker auswählen* auf das gewünschte Druckersymbol.

Beachten Sie aber, dass das Dialogfeld *Drucken* bei einigen älteren Programmen etwas anders aussehen kann. Sie sehen dann keine Registerkarten und die Druckerauswahl erfolgt über das Listenfeld *Name*.

Anschließend können Sie die Optionen für diesen Drucker oder für das aktuelle Dokument definieren und den Ausdruck über die *OK*-Schaltfläche starten.

Bei der Installation eines neuen Druckers (siehe weiter oben) werden Sie gefragt, ob dieser als **Standarddrucker** eingerichtet werden soll. Im Dialogfeld *Drucken* sehen Sie, dass Windows mehrere Drucker gleichzeitig unterstützen kann. Ein Programm kann jedoch immer nur einen bestimmten Drucker für die Ausgabe benutzen. Der Standarddrucker wird beim Start des Programms automatisch verwendet. Öffnen Sie das Dialogfeld *Drucken*, wird der Name dieses Druckers auf der Registerkarte *Allgemein* als markiert hervorgehoben. Wählen Sie jetzt einen anderen Drucker, bleibt diese Einstellung für die **aktuelle Sitzung** des Programms erhalten. Beenden Sie das Programm und starten es später erneut, wird wieder der Standarddrucker benutzt.

223

Achtung: Es gibt leider noch eine Reihe älterer Windows-Programme, die nur den Standarddrucker benutzen können. Wählen Sie im Dialogfeld *Drucken* einen anderen Drucker, wird dieser automatisch als Standarddrucker eingestellt. Sie müssen dann gegebenenfalls daran denken, diese Einstellung nach dem Ausdrucken zurückzusetzen.

Im Dialogfeld *Drucken* sehen Sie auch die Registerkarten *Layout* und *Papier/Qualität*. Bei älteren Anwendungen rufen Sie diese Registerkarten über die Schaltfläche *Eigenschaften* des Dialogfelds *Drucken* auf.

1 Wählen Sie die Registerkarte *Layout* im Dialogfeld *Drucken*.

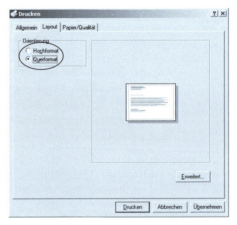

Nebenstehend sehen Sie die Registerkarte *Layout*, auf der sich die Orientierung für den Ausdruck (Hoch- oder Querformat) wählen lässt. Die **Anzahl** der **Optionen** und deren **Inhalt** hängt jeweils vom installierten Drucker ab. Aber die wichtigsten Optionen sind bei den meisten Druckern ähnlich oder identisch.

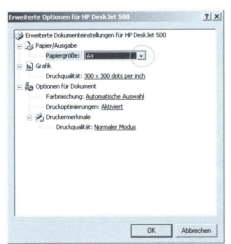

Um das Papierformat, die Druckqualität etc. einzustellen, klicken Sie auf der Registerkarte *Layout* auf die Schaltfläche *Erweitert*. Das dann angezeigte Dialogfeld ist druckerspezifisch und enthält die Optionen für Papiergröße und Druckqualität.

Sobald Sie auf einen der Einträge klicken, zeigt das Dialogfeld ein Listenfeld zur Auswahl der betreffenden Optionen. Sobald Sie das Dialogfeld über die *OK*-Schaltfläche schließen, werden die Optionen eingestellt.

Die Art der Papierzufuhr lässt sich druckerspezifisch auf der Registerkarte *Papier/Qualität* über das Listenfeld *Papierquelle* wählen.

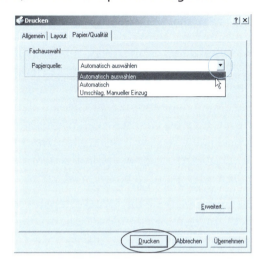

Die Schaltfläche *Erweitert* öffnet ebenfalls das bereits erwähnte Dialogfeld mit den erweiterten Druckeroptionen.

Durch Anklicken der Schaltfläche *Drucken* beginnt die Ausgabe mit den gesetzten Optionen.

An dieser Stelle soll nochmals erwähnt werden, dass die auf den Registerkarten angezeigten Optionen vom gewählten Drucker abhängen. Dies gilt zum Beispiel auch für die Papierzufuhr. Einige Druckertreiber zeigen Ihnen zum Beispiel englische Begriffe für die Einzugsschächte. Die obigen Abbildungen stammen von einem HP-DeskJet-500-Drucker.

Den Drucker verwalten

Drucken Sie beispielsweise ein mehrere hundert Seiten langes Dokument, dauert es schon einige Zeit, bis das letzte Blatt aus dem Drucker kommt. Das Programm, mit dem Sie das Dokument ausgedruckt haben, ist in den meisten Fällen nach wenigen Sekunden mit der Druckausgabe fertig. Sie müssen daher nicht untätig herumsitzen und warten, bis der Drucker fertig ist. Windows nimmt eine Zwischenspeicherung der Druckdaten auf der Festplatte vor und leitet diese bei Bedarf im Hintergrund an den Drucker weiter. Man sagt auch, dass die **Druckausgaben** als **Druckaufträge** in der **Druckerwarteschlange** zwischengespeichert werden.

Solange noch Daten auszudrucken sind, erscheint neben der Uhrzeitanzeige ein kleines Druckersymbol in der Taskleiste.

 Gibt es ein **Problem** beim **Ausdruck**, wird dies meist durch ein kleines Fragezeichen im Druckersymbol angezeigt.

Sie sehen daher immer, was mit dem Ausdruck los ist, und können mit dem Programm weiterarbeiten. Es ist dabei auch möglich, andere Dokumente zu laden oder das Programm, das für den Ausdruck zuständig war, sogar zu beenden. Manche Benutzer verwenden mehrere Programme gleichzeitig oder schicken nacheinander mehrere Dokumente zum Drucker. Wie lässt sich feststellen, welche Dokumente sich gerade in der Druckerwarteschlange befinden? Oder wie kann ein Druckauftrag angehalten oder gar abgebrochen werden?

Hierzu müssen Sie das Druckerfenster öffnen (verwechseln Sie dies aber nicht mit dem Fenster des Ordners *Drucker*).

HP500 auf Rom

1 Doppelklicken Sie auf das Druckersymbol (hier wurde ein Netzwerkdrucker gewählt).

Sie können hierzu das Druckersymbol in der rechten Ecke der Taskleiste oder das Symbol des Druckers im Ordner *Drucker* benutzen. Haben Sie ein Druckersymbol als Verknüpfung auf dem Desktop eingerichtet, wählen Sie dieses per Doppelklick an.

Windows öffnet anschließend dieses Fenster.

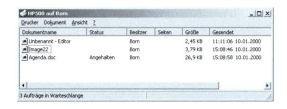

In diesem Fenster wird der Inhalt der **Druckerwarteschlange** mit den so genannten **Druckaufträgen** angezeigt, also jene Dokumente, die noch nicht fertig ausgedruckt sind. Jeder Druckauftrag wird in einer eigenen Zeile dargestellt, wobei der gerade im Ausdruck befindliche Auftrag in der obersten Zeile erscheint. Das Fenster besitzt verschiedene Spalten mit Informationen:

⇒ In der ersten Spalte sehen Sie den **Dokumentnamen**. Dieser Name wird durch das druckende Programm vergeben und entspricht meist dem Dateinamen des Dokuments.

⇒ Die Spalte **Status** zeigt Informationen über den Status des jeweiligen Druckauftrags. Die oberste Zeile mit dem aktuell ausgedruckten Dokument enthält zum Beispiel den Druckstatus. Bei den noch wartenden Druckaufträgen sehen Sie vielleicht, ob diese angehalten wurden.

⇒ Die Spalte **Besitzer** meldet Ihnen in einem Netzwerk, wer dieses Dokument ausdrucken möchte. Dies ist zum Beispiel hilfreich, wenn eine Druckerstörung vorliegt. Sie können dann den Besitzer des Dokuments verständigen.

⇒ Bei mehrseitigen Dokumenten sehen Sie in der Spalte **Seiten**, wie viele Seiten bereits ausgedruckt wurden. Alternativ wird in der Spalte **Größe** die Dateigröße des auszudruckenden Dokuments angegeben.

⇒ Die letzte Spalte **Gesendet** gibt noch die Startzeit an, zu der das Dokument vom Programm zum »Ausdrucken« gegeben wurde.

Über die Menüleiste können Sie die Druckausgabe steuern und beispielsweise die Druckaufträge anhalten.

1 Klicken Sie in der Spalte *Dokumentname* auf den gewünschten Druckauftrag.

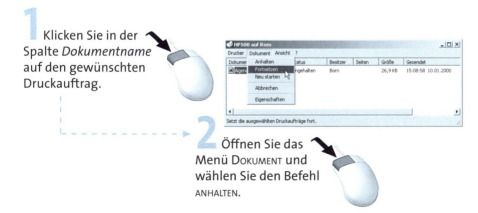

2 Öffnen Sie das Menü DOKUMENT und wählen Sie den Befehl ANHALTEN.

> Dies gilt aber nicht für das aktuell ausgedruckte Dokument. Sie können den aktuellen Druckauftrag nicht anhalten, um einen anderen Druckauftrag »vorzuziehen«.

In der Spalte *Status* erscheint die Meldung »Angehalten«. Der betreffende Druckauftrag wird nun von Windows so lange nicht an den Drucker weitergeleitet, bis Sie den Auftrag wieder freigeben. Dies erlaubt Ihnen zum Beispiel, ein sehr langes Dokument in der Druckerwarteschlange zurückzustellen und beispielsweise einen Brief kurzfristig vorzuziehen.

Um einen angehaltenen Druckauftrag wieder freizugeben, führen Sie im Druckerfenster folgende Schritte aus.

1 Klicken Sie in der Spalte *Dokumentname* auf den gewünschten Druckauftrag.

2 Öffnen Sie das Menü DOKUMENT und wählen Sie den Befehl DRUCKER ANHALTEN.

Ist ein Dokument fertig gedruckt, durchsucht Windows die Liste der Druckaufträge von oben nach unten und gibt den nächsten freigegebenen Druckauftrag an den Drucker aus.

Manchmal ist es erforderlich, einen Druckauftrag **abzubrechen**. Sie haben vielleicht die Funktion zum Drucken irrtümlich angewählt. Oder es gab beim Ausdruck eine Druckerstörung und Sie mussten das Gerät zum Beheben dieser Störung ausschalten. Zum Abbrechen eines Druckauftrags gehen Sie wie beim Anhalten vor, wählen im Menü DOKUMENT allerdings den Befehl ABBRECHEN. Es dauert aber einige Sekunden, bis der Auftrag abgebrochen und die aktualisierte Liste der Aufträge angezeigt wird.

Um alle Druckaufträge abzubrechen, ist es günstiger, im Menü DRUCKER den Befehl ALLE DRUCKAUFTRÄGE ABBRECHEN zu wählen.

In diesem Menü können Sie auch den Befehl DRUCKER ANHALTEN wählen. Dann unterbricht Windows die Druckausgabe. Dies ist recht praktisch, falls gerade kein Drucker angeschlossen oder dieser zeitweise nicht benutzbar ist.

Im Menü DRUCKER erkennen Sie auch, ob das Gerät als Standarddrucker eingestellt ist. In diesem Fall erscheint vor dem Befehl ALS STANDARDDRUCKER VERWENDEN ein kleines Häkchen. Fehlt dieses Häkchen, klicken Sie einfach auf den Befehl. Dann stellt Windows das betreffende Gerät als Standarddrucker ein.

Im Lernschritt »Druckereinstellungen ändern« wurde gezeigt, wie sich das Eigenschaftenfenster des Druckers im Dialogfeld *Drucken* über die Schaltfläche *Eigenschaften* öffnen lässt. Im Menü DRUCKER können Sie ebenfalls den Befehl EIGENSCHAFTEN anklicken. Nun beinhaltet das Eigenschaftenfenster zusätzliche Registerkarten mit den Geräte- und Anschlusseinstellungen.

7

Was bringt Ihnen dieses Kapitel?

Haben Sie einen Internet-Anschluss? Möchten Sie wissen, was das Internet und das World Wide Web sind? In diesem Kapitel erfahren Sie, wie man im World Wide Web »surft«. Die hierzu benötigten Funktionen sind bereits in Form des Microsoft Internet Explorers in Windows 2000 vorhanden. Außerdem vermittelt Ihnen dieses Kapitel die einfachsten Begriffe rund um das Thema Internet. Dieses Wissen können Sie auch beim Arbeiten in den mittlerweile in vielen Firmen benutzten Intranets anwenden. Haben Sie keinen Internet-Zugang? Auch kein Problem, verwenden Sie dieses Wissen, um die immer häufiger auf CD-ROMs enthaltenen HTML-Dokumente anzusehen.

Das können Sie schon:

Arbeiten mit Programmen	56
Arbeiten mit Fenstern	32
Der Umgang mit Dateien und Ordnern	68
Bilder mit Paint erstellen	165

Das lernen Sie neu:

Was sind Internet, Intranet, World Wide Web und Browser?	232
Erste Schritte mit dem Internet Explorer	236
Wo geht's bitte zum WWW?	243
Webseiten merken	250
Dokumentseiten speichern und drucken	253
Startseite und andere Optionen einstellen	257
Suchen im World Wide Web	259
Download von Dateien	261

Was sind Internet, Intranet, World Wide Web und Browser?

Das **Internet** ist mittlerweile in aller Munde, aber wissen Sie eigentlich, was sich hinter diesem Sammelbegriff verbirgt? Das Wort vereint die zwei Begriffe *Inter(national)* und *Net(work)*. Es hat also etwas mit einem länderübergreifenden **Netzwerk** zu tun.

> Als **Netzwerk** bezeichnet man eine Funktionalität, die mehrere Rechner untereinander mit Leitungen zur Datenübertragung verbindet. Dadurch können die Rechner Dateien oder Daten untereinander austauschen. Dies wird häufig in Firmen benutzt. Die Mitarbeiter müssen Dateien wie Briefe oder andere Dokumente nicht per Diskette weitergeben, sondern können diese im Netz versenden. In Kapitel 9 wird gezeigt, wie Windows solche Netzwerkfunktionen unterstützt.

Beim Internet wurde diese Überlegung konsequent weitergeführt. Man kann nicht nur die Rechner einer Firma untereinander verbinden, sondern dies geht auch mit Rechnern, die in verschiedenen Städten oder Ländern stehen.

Ein Rechner in San Francisco kann beispielsweise Daten mit einem Rechner in Rom oder in Rio austauschen. Die Systeme sind dabei meist über das öffentliche Telefonnetz oder über Datenleitungen (teilweise per Satellit) miteinander verbunden.

Ursprünglich waren nur einige Rechner verschiedener Universitäten untereinander per Internet verbunden. Hatte jemand Zugang zu einem solchen Rechner, konnte er alle anderen Rechner im Internet (und damit auch die Teilnehmer dieser Rechner) erreichen. Um eine Datei oder eine Nachricht an einen anderen Teilnehmer zu schicken, braucht man ähnlich wie bei der Briefpost nur eine Adresse. Weil der Datenaustausch im Internet sehr einfach, schnell und preiswert funktioniert, wurden immer mehr Rechner weltweit miteinander verbunden. Heute besteht das

Internet aus vielen tausend Rechnern von Instituten, Behörden und Firmen. Diese Rechner werden oft auch als Webserver bezeichnet.

Was kann man aber im Internet machen und was hat dies alles für Vorteile? Ähnlich wie bei der früheren Post (hier konnten Sie telefonieren, Briefe, Päckchen und Pakete verschicken oder Geldgeschäfte abwickeln) bietet das Internet verschiedene Dienste (wie Nachrichtenaustausch, Dateien verschicken, telefonieren etc.). Es ist also kein Problem, von Ihrem Wohnzimmer aus einen Rechner der NASA in den USA zu besuchen, die Wettervorhersage für Mallorca abzufragen oder einem Freund in Australien elektronische Post zu schicken. In einer **Chatrunde** können Sie sich mit Teilnehmern aus der ganzen Welt unterhalten. Mit der richtigen Geräteausstattung lassen sich sogar Online-Konferenzen mit Sprachübertragung per Internet abwickeln. Das Windows-Programm NetMeeting unterstützt diese Art der Unterhaltung. **Newsgroups** erlauben den Austausch von Informationen zu allen möglichen (und »unmöglichen«) Themen.

Es gibt eine riesige Anzahl an speziellen Internetfunktionen, die an dieser Stelle unerwähnt bleiben sollen. Ein Großteil der Internet-Teilnehmer nutzt eigentlich nur zwei Funktionen: das Verschicken von **E-Mails** und das so genannte »Surfen« im **World Wide Web**.

E-Mails sind nichts anderes als elektronische Briefe. Sie schreiben im Computer einen Text, geben dem Empfänger an und schicken diese Nachricht als so genannte **E-Mail** an den nächsten Internet-Rechner. Hierzu benötigen Sie lediglich einen Telefonanschluss und ein **Modem** – dies ist ein Gerät zur Übertragung von Nachrichten per Telefonleitung. Das **Internet** sorgt dann dafür, dass dem Empfänger diese Nachricht in einem **Postfach** bereitgestellt wird. Dieser kann die Nachricht auf seinen Rechner laden, lesen, bearbeiten und weiterleiten. Einer E-Mail können Sie andere Dateien anhängen, die mit der Nachricht weitergeleitet werden. E-Mail ist preiswert, Sie zahlen nur die Teilnehmergebühren fürs Internet und die Telefonkosten zum nächsten Internet-Rechner. Es fallen also keine Telefongebühren für Ferngespräche in die USA an, wie dies beim Faxversand der Fall ist. E-Mail ist schnell (im Vergleich zur Briefpost), eine Nachricht in die USA ist meist nach wenigen Minuten beim Empfänger.

Das **World Wide Web** ist ein weiterer Dienst, über den sich so genannte **Webseiten** abrufen lassen. Diese können beispielsweise den aktuellen Wetterbericht, die Börsenkurse oder die Werbung einer bestimmten Firma enthalten. Zum Anzeigen benötigen Sie ein besonderes Programm, welches als **Browser** bezeichnet wird. Der Microsoft Internet Explorer ist der standardmäßig in Windows 2000 benutzte Browser.

Chat ist der englische Begriff für »schwatzen« oder »plaudern«. Das Internet bietet so genannte **Chaträume**, in denen sich Gleichgesinnte »treffen« und über »Gott und die Welt« plaudern – oder Neudeutsch »chatten« – können. Das Chatten beschränkt sich aber auf den Austausch kurzer Texte. Beim Chatdienst findet diese Art der Unterhaltung also Online statt, d.h. alle Teilnehmer müssen zur gleichen Zeit im Internet den Chatraum besuchen. Eine moderne Variante bietet das Windows-Programm **NetMeeting**, welches per Soundkarte, Kamera und Mikrofon die Teilnahme an Internet-Konferenzen erlaubt.

Newsgroups sind Diskussionsgruppen zu bestimmten Themen im Internet. Teilnehmer können dort Informationen zum jeweiligen Thema als Textseiten abrufen sowie eigene Fragen stellen bzw. Antworten auf vorhandene Fragen geben. Dies erlaubt einen weltweiten Informationsaustausch. Im Gegensatz zu Chats, die online stattfinden, bleiben die Beiträge in Newsgroups einige Zeit (Wochen, Monate) erhalten und können von anderen Teilnehmern auch später noch gelesen werden. Das im folgenden Kapitel behandelte Programm Outlook Express kann Nachrichten von Newsgroups lesen und bearbeiten.

Neben dem Begriff **Internet** taucht immer häufiger auch das Wort **Intranet** auf. Intranets sind Netzwerke, die die gleichen Programme wie das Internet nutzen und häufig in größeren Firmen eingesetzt werden. Weil nur Mitarbeiter der Firma dieses Netzwerk nutzen können, wurde im Namen **Inter** gegen den Begriff **Intra** ausgetauscht. Kennen Sie sich mit den Internet-Funktionen aus, können Sie sofort im firmeninternen Intranet weiter arbeiten.

Bleibt noch die Frage: **Wie funktioniert das World Wide Web?** Was ist so **Besonderes am World Wide Web**, dass es diese Popularität erreicht hat? Hier einige Überlegungen dazu: Im Internet gibt es viele tausend Rechner, auf denen unzählige Dateien liegen. Dies wirft natürlich beim Suchen nach bestimmten Dokumenten einige Probleme auf. Denken Sie einmal an die Suche nach einer bestimmten Datei auf Ihrem eigenen Rechner. Wie mag dies bei vielen Millionen Benutzern funktionieren? Haben Sie das fremde Dokument endlich gefunden, können Sie es vielleicht nicht lesen, weil es mit einem unbekannten Programm erstellt wurde (wissen Sie, welche Textverarbeitung jemand gerade im fernen Indien verwendet, und haben Sie diese zufällig auf Ihrem Rechner installiert?).

Um das Auffinden und Anzeigen von Dokumenten zu vereinfachen, wurde das **World Wide Web** oder kurz **WWW** bzw. **Web** geschaffen. Die Dokumentdateien sind zwar weiterhin weltweit über die Rechner des World Wide Web verstreut. Jedes **Dokument** erhält aber eine **Adresse**, die eindeutig festlegt, wo die zugehörige Datei zu finden ist (diese Adresse können Sie sich ähnlich wie eine Briefadresse vorstellen). Weiterhin werden alle **Dokumente** in einem **besonderen Format** mit der Dateinamenerweiterung *.htm* oder *.html* gespeichert. Es gibt Programme wie den Microsoft Internet Explorer, die diese Dateien lesen und anzeigen können. Diese Programme werden allgemein als **Browser** bezeichnet. Diese beiden Festlegungen »Adresse« und »Dateiformat« ermöglichen den einfachen Zugriff auf die Dokumente per Browser.

Vermutlich wird Ihnen in diesem Zusammenhang der Begriff **HTML** unterkommen. Dies ist die Abkürzung für **Hypertext Markup Language**. Mit dieser »Dokumentbeschreibungssprache« lassen sich Dokumente so erstellen, dass sich diese auf verschiedenen Rechnern durch einen Browser anzeigen lassen. HTML-Dokumente werden (meist) in Dateien mit der Erweiterung *.htm* oder *.html* abgelegt.

Die Sprache HTML erlaubt es, in einem Dokument Verweise auf weitere Dokumente zu hinterlegen. Diese Verweise werden als **Hyperlinks** bezeichnet. Finden Sie in einem HTML-Dokument einen solchen Verweis, genügt ein Mausklick, um das Folgedokument zu öffnen.

Sofern Sie nicht selbst Dokumente für das Web erstellen, müssen Sie sich aber mit der Sprache **HTML** und den Feinheiten nicht befassen. Dem Anbieter von Webseiten erlaubt diese Sprache aber, eine Verknüpfung verschiedener Dokumente zu definieren. Für diesen Zweck gibt es beispielsweise das Programm FrontPage bzw. FrontPage Express von Microsoft, mit dem Sie HTML-Dokumente ändern oder eigene Webseiten erstellen können. Näheres zum Thema HTML finden Sie beispielsweise in dem Titel »HTML 4 – Das Kompendium «, erschienen im Markt&Technik-Verlag.

Kennen Sie die Adresse eines HTML-Dokuments, lässt sich diese im Browser angeben. Der Browser lädt das Dokument aus dem World Wide Web (oder aus dem Intranet bzw. von einem Laufwerk des lokalen Rechners) und zeigt es auf Ihrem Rechner an.

Als Leser kann es Ihnen egal sein, wo diese Dateien gespeichert sind. Haben Sie eine interessante Webseite im Internet aufgespürt, gelangen Sie über Hyperlinks zu anderen Seiten. Der Browser sucht das Dokument des angewählten Hyperlink selbstständig im Web und lädt dieses gegebenenfalls von einem Rechner in Rom, Tokio oder Sydney auf Ihren Rechner herunter. Dieses Wechseln zwischen verschiedenen Webseiten wird auch als **Surfen im Internet** bezeichnet. Wie dies konkret funktioniert, erfahren Sie in den folgenden Lernschritten.

Erste Schritte mit dem Internet Explorer

Haben Sie die Ausführungen im vorherigen Abschnitt gelesen und nur »Bahnhof« verstanden? Finden Sie die ganze Sache furchtbar kompliziert? Keine Sorge, das Surfen in Webseiten ist kinderleicht und eröffnet gänzlich neue Welten. Weil dies alles so kinderleicht ist, hat Microsoft viele Internetfunktionen direkt in Windows integriert, d.h. Sie kennen einige der Funktionen bereits (wissen es aber vielleicht noch nicht – wenn Sie beispielsweise mit der Windows-Hilfe arbeiten, steckt eine Art HTML-Dokument dahinter). Der Browser, den Sie zum Surfen im Internet benötigen, ist in Form des **Microsoft Internet Explorer** bereits in Windows 2000 enthalten – Sie können also sofort loslegen, die ersten Webseiten abrufen und endlich mitreden, wenn es um das Thema geht!

Um im Web zu »surfen«, benötigen Sie auf jeden Fall einen Internetzugang. Solche Internetzugänge werden beispielsweise von Online-Anbietern wie CompuServe oder T-Online und anderen so genannten **Providern** zur Verfügung gestellt. Haben Sie keinen Internetanschluss bzw. sind Sie noch nicht online, können Sie zumindest auf Ihrem Rechner gespeicherte Webseiten (HTML-Dokumente) in gleicher Weise im Internet Explorer abrufen. CD-ROMs werden künftig die Dokumente verstärkt im HTML-Format anbieten.

Um allen Lesern mit und ohne Internetanschluss einen Einstieg zu ermöglichen, habe ich für die ersten Schritte einen »Trocken-Surfkurs« zum Thema vorbereitet. Sie benötigen hierzu lediglich einige HTML-Dokumentdateien. Solche Dokumentdateien finden Sie beispielsweise auf Ihrer Windows-CD-ROM. Also, auch wenn Sie noch nicht »online« sind, sollten Sie trotzdem den Versuch wagen und die folgenden Schritte ausprobieren.

Um ein Webdokument anzuzeigen, haben Sie zwei Möglichkeiten:

⇨ Sie starten den Microsoft Internet Explorer und geben an, wo das Dokument zu finden ist.

⇨ Ist das Webdokument als HTML-Datei auf einem Laufwerk Ihres Rechners gespeichert, öffnen Sie das betreffende Ordnerfenster (z.B. über das Desktop-Symbol *Arbeitsplatz*). Dann reicht ein Doppelklick auf die HTML-Datei aus, um den Internet Explorer zu starten und das Dokument zu laden.

Für die nachfolgenden Schritte wird der erste Ansatz gewählt, da er sowohl den Zugriff auf Seiten im World Wide Web als auch die Anzeige lokaler Dateien erlaubt. Doch nun genug der »Präliminarien«, auf geht's zur ersten »Webseite«.

1 Legen Sie die Windows-CD-ROM (oder eine andere CD-ROM mit HTML-Dateien) in das Laufwerk ein.

Jetzt muss der Microsoft Internet Explorer gestartet werden. Sie finden den Eintrag für dieses Programm zwar im Startmenü im Menü PROGRAMME/INTERNET EXPLORER. Aber der Aufruf über das Startmenü ist viel zu umständlich.

2 Starten Sie das Programm durch einen Doppelklick auf das Desktop-Symbol des Internet Explorers.

Oder verwenden Sie die Schaltfläche mit dem gleichen Symbol in der Schnellstart-Symbolleiste.

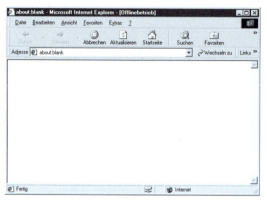

Das Programm öffnet das nebenstehende Fenster, in dem eine Startseite angezeigt wird. In diesem Beispiel ist die Startseite leer.

Kommt Ihnen das Fenster bekannt vor? Titel- und Menüleiste gleichen der Darstellung im Ordnerfenster.

In der Titelleiste zeigt die Meldung »[Offline-Betrieb]«, dass noch keine Verbindung zum Internet besteht. Auch die *Adresse*-Symbolleiste gibt es bei Ordnerfenstern. Lediglich die Symbolleiste enthält etwas andere Schaltflächen.

Versucht der Internet Explorer nach dem Starten sofort Verbindung mit dem Internet aufzunehmen und zeigt einen Fehler, dass die Adresse nicht gefunden werden kann? In diesem Fall ist die falsche **Startseite** eingestellt. Wie Sie diese Seite ändern, wird weiter unten im Abschnitt »Startseite und andere Optionen einstellen« erläutert.

Jetzt müssen Sie dem **Browser** nur noch mitteilen, wo er die »Webseite« finden kann. Zum Einstieg verwenden wir eine auf der Windows-2000-CD-ROM gespeicherte Seite.

3 Wählen Sie im Menü DATEI den Befehl ÖFFNEN oder drücken Sie die Tastenkombination [Strg]+[O].

Der Explorer zeigt das (in nebenstehender Abbildung unten links befindliche) Dialogfeld *Öffnen*, dessen Textfeld *Öffnen* noch leer ist.

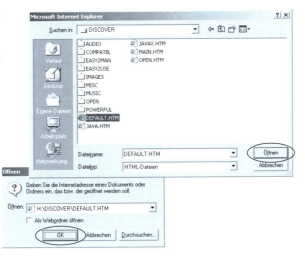

4 Klicken Sie auf die Schaltfläche *Durchsuchen*.

5 Wählen Sie im zweiten geöffneten Dialogfeld *Öffnen* den Ordner *\Discover* auf der Windows-CD-ROM.

6 Markieren Sie die Datei *Default.htm* und klicken Sie auf die Schaltfläche *Öffnen*.

Im Feld *Öffnen* erscheint jetzt den Pfad zum gewählten HTML-Dokument.

7 Klicken Sie im Dialogfeld *Öffnen* auf die *OK*-Schaltfläche.

Der Internet Explorer lädt das angegebene HTML-Dokument und zeigt dessen Inhalt an.

Sie sehen hier eine Einführung in Windows.

1 Zeigen Sie auf eine der angezeigten Zeilen.

Der Mauszeiger nimmt die Form einer stilisierten Hand an und in der Statusleiste des Browsers finden Sie die Adresse der Folgeseite angegeben. Der Wechsel des Mauszeigers beim Zeigen auf die jeweiligen Textzeilen signalisiert, dass es sich um **Hyperlinks** handelt. Diese können entweder als Grafik, als unterstrichener Text oder als normaler Text in einem Dokument realisiert sein. Klicken Sie einen Hyperlink an, gelangen Sie zur Folgeseite.

2 Klicken Sie auf den Hyperlink »Einfache Bedienung«.

Der Browser fordert das Dokument an, auf das im Hyperlink verwiesen wurde. Im aktuellen Beispiel erscheint dann die Folgeseite mit Erläuterungen zur Windows-Bedienung.

Schauen Sie sich einmal die Texte in der linken Spalte der Dokumentseiten mit der Windows-Einführung an. Sobald Sie auf die betreffenden Textzeilen zeigen, nimmt der Mauszeiger ebenfalls die Form einer Hand an. Klicken Sie auf einen Eintrag, werden Unterthemen eingeblendet. Es handelt sich also ebenfalls um Hyperlinks, die ähnlich wie bei der Windows-Hilfe weitere Webdokumente zur Anzeige bringen.

Hier sehen Sie die Seite mit dem Text zur Bedienung sowie die eingeblendeten Unterthemen.

Die Hyperlinks werden vom Autor des Dokuments eingefügt, um dem Leser das **Blättern** (auch als »**Navigieren**« bezeichnet) im Dokument zu erleichtern und ihn direkt zu bestimmten Stellen im aktuellen Dokument zu führen.

Haben Sie die obigen Schritte durchgeführt? Vermutlich haben Sie keinen Unterschied zum Arbeiten mit der Windows-Hilfe oder anderen Windows-Funktionen festgestellt. Das Surfen in Webseiten ist genauso einfach wie der Umgang mit Ordnerfenstern.

Es gibt aber noch zwei andere Fragen, auf die Sie früher oder später stoßen werden. Nehmen wir an, Sie möchten wieder zur **vorher besuchten Seite** zurückkehren. Müssen Sie jetzt die ursprüngliche Webadresse dieser Seiten im Feld *Adresse* erneut eintippen bzw. über das Dialogfeld *Öffnen* aufrufen? Nein, denn der Browser zeichnet die Adressen der von Ihnen besuchten Webseiten automatisch auf.

1 Klicken Sie in der Symbolleiste auf die Schaltfläche *Zurück*.

Der Browser zeigt jetzt die vorher »besuchte« Webseite erneut an. In diesem Beispiel öffnet der Browser die gerade besuchte Startseite zum Entdecken von Windows. Möchten Sie eine Seite vorwärts gehen?

2 Klicken Sie auf die Schaltfläche *Vorwärts*.

Jetzt sehen Sie wieder die betreffende Datei mit Hinweisen zur Windows-Bedienung.

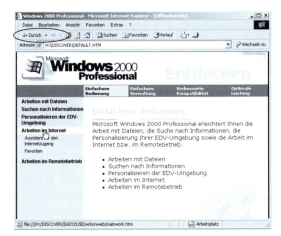

Die beiden Schaltflächen *Vorwärts* und *Zurück* finden Sie übrigens auch im Ordnerfenster, um zwischen besuchten Ordnern zu »blättern«. Beim Zeigen auf die Schaltfläche wird ein Hinweis auf das Verweisziel als QuickInfo eingeblendet.

Die beiden Schaltflächen *Vorwärts* und *Zurück* funktionieren nur, wenn Sie bereits mehr als eine Seite in der aktuellen Sitzung besucht haben. Beim nächsten Start sind die Schaltflächen gesperrt. Der Browser kann immer nur Seite für Seite vor- bzw. zurückblättern, so dass Sie unter Umständen sehr oft klicken müssen, um zu einer bestimmten Seite zurückzugehen.

Sie können aber das zur Schaltfläche gehörende Menü öffnen und eine der besuchten Seiten direkt abrufen.

Sie sehen, das »Surfen« in »Webseiten« ist eigentlich ein Kinderspiel. Das Schwierigste an der ganzen Sache ist, die richtige Adresse für die Startseite zu kennen (aber dazu später mehr).

Wo geht's bitte zum WWW?

Konnten Sie das Beispiel im vorherigen Lernschritt nachvollziehen? Haben Sie »Appetit« auf mehr bekommen? Dann ist es an der Zeit, die ersten Webseiten im Internet zu besuchen. Auch dies ist nicht schwieriger als das »Surfen« in lokal gespeicherten Webdokumenten.

Für die nachfolgenden Lernschritte benötigen Sie eine funktionsfähige Verbindung zum Internet. Wenn Sie T-Online oder CompuServe etc. als Online-Dienst eingerichtet haben, ist diese Verbindung automatisch vorhanden. Sprechen Sie ggf. den Administrator in Ihrer Firma an, damit Ihnen dieser einen Internetzugang einrichtet und zeigt, wie Sie diesen nutzen. Die nächsten Seiten gehen daher davon aus, dass Sie über eine funktionsfähige Internetverbindung verfügen.

Stellen Sie vor dem Ausführen der folgenden Schritte sicher, dass Ihr Modem am Computer und mit dem Telefonanschluss verbunden und eingeschaltet ist. Benutzen Sie einen ISDN-Zugang, muss dieser für die Online-Verbindung nutzbar sein. Haben Sie über ein Netzwerk Verbindung zum Internet, muss die betreffende Verbindung aktiviert sein.

1 Starten Sie den Internet Explorer (z.B. durch einen Mausklick auf die Schaltfläche der Schnellstart-Symbolleiste).

Nun müssen Sie dem Browser mitteilen, wo das gewünschte Dokument zu finden ist. Dies geschieht durch direktes Eintippen in die *Adresse*-Symbolleiste. Die Adressen werden meist in der folgenden Form angegeben:

http://www.xxx.com

Manchmal taucht in diesem Zusammenhang auch der Begriff **URL** auf. Die ist aber nichts anderes als die englische Abkürzung von »Uniform Resource Locator« für eine Adressangabe im Internet.

Die Zeichen *http://* zeigen, dass es sich um ein Dokument im Web (oder in einem Intranet) handelt. Daran schließt sich eine Buchstabenfolgen mit der eigentlichen Adresse an.

Einzige Schwierigkeit bei der ganzen Sache: Sie müssen die genaue Adresse kennen. Adressen von Webseiten erfahren Sie beispielsweise in Anzeigen von Firmen. Es gibt auch Zeitschriften und andere Quellen, die solche Adressen veröffentlichen. Die nachfolgende Tabelle enthält einige Webadressen (die sich aber mit der Zeit ändern können).

www.stones.com	Seite der Rolling Stones
www.tecno.com	Seite für Tecno-Musik-Fans
www.cnn.com	Seite des CNN-Nachrichtensenders
www.zdf.com	Seite des Zweiten Deutschen Fernsehens
www.pro-sieben.com	Seite des Fernsehsenders Pro 7
www.swf3.de	Seite des Südwestfunks
www.bild.de	Seite der Bild-Zeitung
www.spiegel.de	Seite des Magazins »Der Spiegel«
www.stern.de	Seite des Magazins »Stern«

www.focus.de	Seite des Magazins »Focus«
www.fritz.de	Seite des Magazins »Fritz«
www.geo.de	Seite des Magazins »Geo«
www.bundestag.de	Seite für Politik-Fans
www.finanzen.de	Finanzdienstleistungen
www.zone.com	Seite für Online-Spiele

Kennen Sie die Adresse des Dokuments, geben Sie diese im Adressfeld des Browsers an. Anschließend wird das betreffende Dokument geladen und Sie können ggf. über die bereits erwähnten Hyperlinks zu den Folgeseiten gelangen.

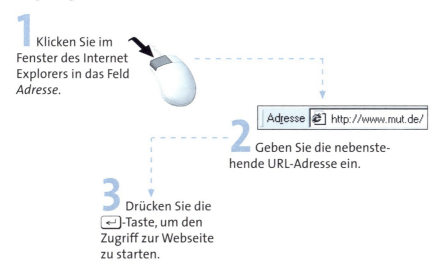

1 Klicken Sie im Fenster des Internet Explorers in das Feld *Adresse*.

2 Geben Sie die nebenstehende URL-Adresse ein.

3 Drücken Sie die ⏎-Taste, um den Zugriff zur Webseite zu starten.

Hatten Sie die Adresse bereits einmal besucht? Der Browser merkt sich die Webadresse und blendet bereits nach der Eingabe der ersten Zeichen ähnlich lautende Webadressen in einem Listenfeld ein.

Klicken Sie auf den Pfeil rechts neben dem *Adresse*-Feld, blendet der Internet Explorer die gespeicherten Adressen ein. Sie können dann eine dieser Adressen per Maus auswählen.

Der Browser überprüft anschließend, ob der Inhalt dieser Webseite noch lokal in einem Zwischenspeicher vorhanden ist. Wird die Seite nicht im Zwischenspeicher gefunden, erscheint ggf. die nebenstehende Nachricht.

4 Klicken Sie in diesem Fall auf die Schaltfläche *Verbindung herstellen*.

Je nach Systemeinstellung erscheint anschließen das Dialogfeld *DFÜ-Verbindung*.

Die genaue Abfolge bei der Verbindungsaufnahme hängt von den Einstellungen auf Ihrem Rechner bzw. vom Internetzugang ab.

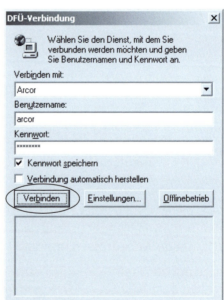

5 Legen Sie die gewünschten Verbindungseinstellungen für die Verbindung fest und klicken Sie auf die Schaltfläche *Verbinden*.

Es kann jetzt einige Sekunden dauern, bis der Browser Verbindung zum Internet aufgenommen und die betreffende Seite gefunden hat. Bedenken Sie immer, dass das Dokument eventuell vom anderen Ende der Welt geholt werden muss.

Eine bestehende Verbindung wird (bei entsprechender Konfigurierung) in der Taskleiste mit einem stilisierten Terminal angezeigt.

Direkt nach der Verbindungsaufnahme zeigt Windows in einer Quick-Info kurzzeitig auch die Art der Verbindung sowie die Verbindungsgeschwindigkeit an. Als Benutzer brauchen Sie sich aber nicht darum zu kümmern. Sie tippen lediglich die korrekte Adresse im Browser ein. Zum Einrichten der Internetverbindung konsultieren Sie bei Bedarf den Administrator Ihres Systems.

Manchmal dauert es aber doch recht lange, bis die Verbindung zum Rechner mit der gewünschten Seite zustande kommt. Sie können die Anfrage des Browsers nach dem gewünschten Dokument abbrechen, indem Sie in der Symbolleiste diese Schaltfläche wählen.

Wird eine Seite nicht komplett geladen oder möchten Sie eine Anfrage nochmals wiederholen, wählen Sie die nebenstehende Schaltfläche in der Symbolleiste des Browsers. Dann fordert der Browser die Seite nochmals im WWW an.

Wurde eine gültige Webadresse angegeben, findet der Browser das Dokument (in der Regel) und lädt dessen Informationen auf Ihren Computer. Die betreffende Seite wird dann schrittweise im Browser-Fenster aufgebaut. Abhängig von der Dokumentgröße und Anzahl der im Dokument enthaltenen Grafiken kann dies durchaus eine längere Zeit dauern.

 Das nebenstehende Bild zeigt die Eingangsseite *http://www.mut.de* des Markt&Technik-Verlages in der zum Zeitpunkt der Erstellung dieses Buches gültigen Fassung. Diese Werbeseite wurde vom Verlag so gestaltet, dass sie nach ca. 20 Sekunden verschwindet.

Dann erscheint die eigentliche Homepage des Verlages.

 1 Klicken Sie auf einen der Buchtitel.

Da es sich um einen Hyperlink handelt, erscheint die zugehörige Folgeseite.

Sie sehen eine solche Folgeseite mit einem der verfügbaren Titel und ggf. weiteren Hyperlinks, die zu anderen Dokumenten führen.

2 Klicken Sie in der linken Spalte auf den Eintrag *Bestseller*.

Jetzt erscheint die Seite mit der Liste der Bestseller-Titel.

Der Anbieter der Seiten kann eine Sammlung von Dokumenten über solche Hyperlinks für seine »Leser« zusammenfassen. Anhand dieser Hyperlinks können Sie zwischen den Seiten wechseln – dies wird auch als »surfen« bezeichnet.

Wenn Sie nicht mehr im Internet »surfen« möchten, sollten Sie die Verbindung zu Ihrem Verbindungsrechner trennen. Andernfalls werden weiter **Telefongebühren** und Gebühren für den Online-Zugriff berechnet. Oft (aber nicht immer!) reicht es, das Fenster des Internet Explorers zu schließen, um die Verbindung zu beenden.

Falls nicht, gehen Sie zum Trennen der Verbindung folgendermaßen vor:

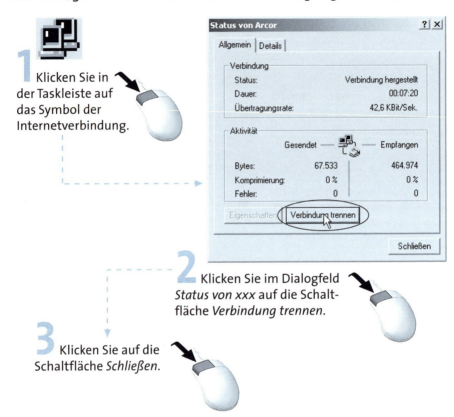

1 Klicken Sie in der Taskleiste auf das Symbol der Internetverbindung.

2 Klicken Sie im Dialogfeld *Status von xxx* auf die Schaltfläche *Verbindung trennen*.

3 Klicken Sie auf die Schaltfläche *Schließen*.

Falls dies alles nicht klappen sollte, konsultieren Sie bitte Ihren Systemadministrator bzw. die Betreuer für den Online-Zugang.

Jetzt sollte die Verbindung zum Internet unterbrochen sein.

Webseiten merken

Gibt es vielleicht eine Website, die Sie häufiger besuchen oder die Ihnen besonders gut gefällt? Dann ist es recht umständlich, jedes Mal die zugehörige Adresse einzutippen. Leider vergisst man häufig die Adressen verschiedener interessanter Websites (aufschreiben ist zu aufwendig).

Webseiten merken

Der Microsoft Internet Explorer besitzt eine Funktion, mit der Sie die Adressen interessanter Websites »aufheben« können. Dies wird manchmal auch als **Bookmarking** bezeichnet, weil Sie quasi eine »symbolische« Buchmarke zwischen die »Seiten« im WWW einlegen, um später dort nochmals nachzuschlagen. Beim Microsoft Internet Explorer heißt die betreffende Funktion *Favoriten* – und diese Funktion haben Sie bereits bei der Ordneranzeige kennen gelernt. Es gibt verschiedene Möglichkeiten, um Webseiten in die **Liste der Favoriten** aufzunehmen. So geht es am einfachsten:

1 Klicken Sie auf die Schaltfläche *Favoriten*.

Der Internet Explorer blendet jetzt die Explorerleiste mit den bereits definierten Favoriten im linken Teil des Fensters ein.

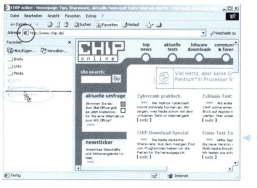

2 Rufen Sie die gewünschte Webseite im Internet Explorer auf.

3 Ziehen Sie das Dokumentsymbol aus dem Feld *Adresse* der *Adresse*-Symbolleiste zur gewünschten Stelle in der Explorerleiste.

Alternativ können Sie im Menü FAVORITEN den Befehl ZU FAVORITEN HINZUFÜGEN wählen, um einen neuen Eintrag festzulegen.

Der neue Name wird daraufhin in die Liste der Favoriten eingefügt. Sie können die Website später durch Anwahl des betreffenden Eintrags abrufen.

Möchten Sie viele Favoriten definieren, ist es günstiger, diese in Gruppen (Ordnern) anzuordnen. Wählen Sie hierzu den Befehl FAVORITEN VERWALTEN im Menü FAVORITEN. Das Dialogfeld *Favoriten verwalten* erlaubt Ihnen Favoriten zu löschen, umzubenennen und Ordner zur Aufnahme der Favoriten anzulegen.

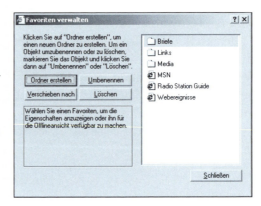

Solange die Verbindung von Ihrem Rechner zum Internet besteht, bezeichnet man dies als **Online**. Dies ist leicht zu merken, da dann Telefon- und Online-Gebühren anfallen. Wird die Verbindung beendet, ist der Rechner **Offline**.

Haben Sie vergessen, die entsprechenden Favoriten anzulegen? Möchten Sie vielleicht eine gerade besuchte Seite später in Ruhe lesen? Auch hier hilft Ihnen der Internet Explorer in der Regel weiter. Sie können Seiten auch **offline** lesen.

Der Browser merkt sich den Inhalt der von Ihnen besuchten Seiten in einem internen Zwischenspeicher. Dieser Zwischenspeicher bleibt für einige Tage erhalten. Wählen Sie bei einer Online-Sitzung im Internet verschiedene Seiten über die Schaltflächen *Zurück* und *Vorwärts* an, kann der Browser die Seiteninhalte aus diesem Zwischenspeicher laden. Dies beschleunigt die Anzeige der Websites. Um den Inhalt besuchter Websites später offline anzusehen, gehen Sie folgendermaßen vor:

1 Klicken Sie auf die Schaltfläche *Verlauf*.

Der Internet Explorer zeigt in der Explorerleiste die Namen der besuchten Websites, geordnet nach Tagen und Wochen.

DOKUMENTSEITEN SPEICHERN UND DRUCKEN

2 Klicken Sie auf einen Wochentag, um die Einträge anzuzeigen.

3 Klicken Sie auf einen der Einträge.

Der Internet Explorer lädt jetzt die Seite aus dem internen Speicher. Sie können anschließend die Seite in Ruhe lesen.

Es kann aber Fälle geben, wo nicht mehr alle Informationen des Dokuments vorhanden sind. Manchmal fehlen Bilder oder andere Informationen. Dann fragt der Internet Explorer beim Anklicken eines Hyperlinks, ob er eine Verbindung zum Internet aufbauen soll, um die zugehörige Seite zu laden. Ob eine Online-Verbindung besteht, erkennen Sie übrigens in der Titelleiste. Existiert keine Verbindung zum Internet, wird dies mit dem deutlichen Hinweis [Offline-Betrieb] angezeigt.

Dokumentseiten speichern und drucken

Möchten Sie gezielt den Text einer Seite speichern, um diese später erneut anzusehen? Dies lässt sich im Microsoft Internet Explorer mit wenigen Schritten durchführen:

1 Klicken Sie im Menü Datei auf den Befehl Speichern unter.

2 Wählen Sie im Dialogfeld *Speichern unter* den Ordner für die Datei aus.

3 Korrigieren Sie ggf. den Dateinamen im Feld *Dateiname*.

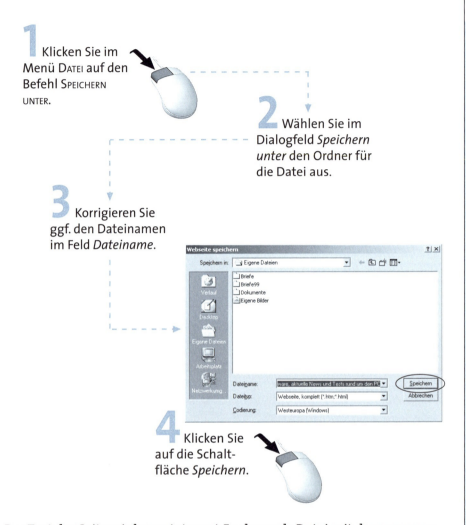

4 Klicken Sie auf die Schaltfläche *Speichern*.

Der Text der Seite wird vom Internet Explorer als Datei mit dem vorgegebenen Namen und der Erweiterung *.htm* oder *.html* gespeichert. Der Internet Explorer sichert dabei auch die Grafikdateien der Website in eigenen Unterordnern mit.

Möchten Sie vielleicht nur einzelne Bilder einer Webseite speichern? Auch wenn diese Bilder dem Copyright unterliegen, gibt es Fälle, wo es Sinn macht, diese aufzuheben. Zum Speichern eines Bildes sind folgende Schritte erforderlich:

Dokumentseiten speichern und drucken

1 Klicken Sie mit der rechten Maustaste auf das Bild.

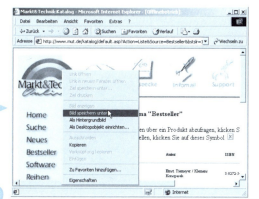

2 Wählen Sie im Kontextmenü den Befehl BILD SPEICHERN UNTER und geben Sie im Dialogfeld *Bild speichern* den Namen und den Ordner für das Bild an.

Vielleicht stellt sich Ihnen die Frage: Kann man eine im HTML-Format **gespeicherte Dokumentseite** auch wieder **laden?** Auch das funktioniert problemlos. Da das HTML-Dokumentformat recht populär ist, finden Sie immer häufiger solche Dateien auf CD-ROMs oder auf Programmdisketten. Wie Sie eine solche Datei laden, haben Sie bereits am Kapitelanfang kennen gelernt.

Auch das **Ausdrucken** geladener **HTML-Dokumente** geht recht einfach.

1 Um eine Seite im Internet Explorer zu drucken, klicken Sie auf die Schaltfläche *Drucken*.

Der Internet Explorer druckt den Inhalt der Seite.

255

2 Benötigen Sie mehr Kontrolle über den Ausdruck, wählen Sie im Menü DATEI den Befehl DRUCKEN oder drücken Sie die Tastenkombination [Strg]+[P].

3 Legen Sie im Dialogfeld *Drucken* die gewünschten Optionen fest.

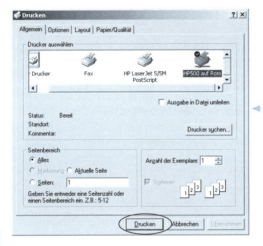

4 Klicken Sie auf die *Drucken*-Schaltfläche.

Der Browser druckt jetzt den Inhalt der aktuell angezeigten Dokumentseite(n) samt Grafiken aus. Dieser Ausdruck umfasst auch die nicht sichtbaren Dokumentteile, falls das Anzeigefenster kleiner als das Dokument ist.

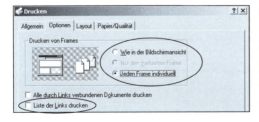

Manche Webseiten sind in mehrere Teile, auch als **Frames** bezeichnet, unterteilt. Dann finden Sie die Registerkarte *Optionen* im Dialogfeld *Drucken*.

256

Über die Optionsfelder der Gruppe *Drucken von Frames* können Sie festlegen, wie die Inhalte der Frames auszugeben sind.

Markieren Sie auf der Registerkarte *Optionen* das Kontrollkästchen *Liste der Links drucken*, dann druckt der Browser am Ende der Dokumentseite eine Liste mit den Adressen aller im Dokument enthaltenen Hyperlinks. Sie können auf diese Weise interessante Webadressen herausfinden.

Startseite und andere Optionen einstellen

Beim Starten des Internet Explorers lädt dieser automatisch eine eigene Startseite. Die ist die häufig auch als **Homepage** bezeichnete Startseite eines Webanbieters.

 Sie erreichen diese Startseite ebenfalls, sobald Sie in der Symbolleiste auf diese Schaltfläche klicken.

Dies gibt Ihnen die Möglichkeit, eine regelmäßig benutzte Seite zu definieren. Haben Sie sich beim »Surfen« im Webdschungel verirrt, kommen Sie mit der obigen Schaltfläche in bekannte Gefilde zurück. Allerdings müssen Sie dem Internet Explorer die betreffende Startseite vorgeben. Bei der Installation wird die Adresse einer Microsoft-Website vorgegeben. Zum Ändern der Startadresse (und zum Anpassen weiterer Optionen) gehen Sie in folgenden Schritten vor:

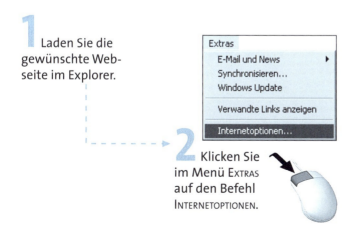

Der Explorer zeigt jetzt das Eigenschaftenfenster *Internetoptionen* an.

3 Aktivieren Sie die Registerkarte *Allgemein*.

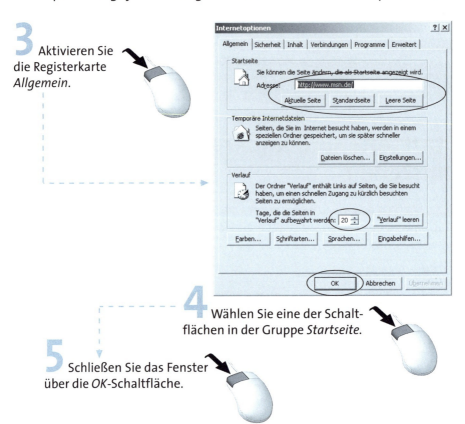

4 Wählen Sie eine der Schaltflächen in der Gruppe *Startseite*.

5 Schließen Sie das Fenster über die *OK*-Schaltfläche.

Mit der Schaltfläche *Leere Seite* wird die am Kapitelanfang gezeigte Leerseite als Startseite eingestellt. Mit *Aktuelle Seite* machen Sie das aktuell geladene Webdokument zur Startseite. Wählen Sie die Schaltfläche *Standardseite*, wird die Adresse der Microsoft-Homepage *www.msn.de* vorgegeben.

Sie können als Startadresse sowohl eine gültige Adresse im Internet als auch eine Datei auf Ihrem Rechner eingeben. Adressen im WWW beginnen meist mit den Buchstaben *http://*, während eine Datei auf der Festplatte Ihres Rechners über die Adresse *file://<Laufwerk:Ordner\Datei>* festgelegt wird.

In der Gruppe *Verlauf* legen Sie fest, wie viele Tage der Internet Explorer die Seiten im Ordner *Verlauf* zwischenspeichert. Weiterhin können Sie den Inhalt dieses Ordners über die Schaltfläche *Ordner "Verlauf" leeren* löschen.

Suchen im World Wide Web

Das Problem beim Zugriff auf die einzelnen Webseiten besteht darin, dass Sie deren Adressen kennen müssen. Bei den vielen Millionen Dokumenten im World Wide Web ist dies aber (zumindest ein mengenmäßiges) Problem. Glücklicherweise gibt es so genannte **Suchmaschinen**, die Sie nach bestimmten Dokumentinhalten suchen lassen können.

Bei den **Suchmaschinen** handelt es sich um Rechner, die Webseiten nach HTML-Dokumenten durchsuchen und bestimmte Stichwörter speichern. Bei einer Abfrage werden dann alle Dokumente zusammengestellt, die die von Ihnen vorgegebenen Suchbegriffe als Stichwörter enthalten. Adressen von Suchmaschinen sind zum Beispiel *http://www.yahoo.com* oder *http://www.lycos.com*.

Sie können die **URL-Adresse** einer solchen Suchmaschine direkt im Feld *Adresse* der *Adresse*-Symbolleiste eintragen. Falls Sie sich diese URLs nicht merken können oder diese vergessen haben: Der Microsoft Internet Explorer unterstützt Sie bei der Suche mittels einer vordefinierten Seite.

1 Klicken Sie in der Symbolleiste des Explorers auf die Schaltfläche *Suchen*.

Der Internet Explorer nimmt Verbindung zum Internet auf und lädt eine Suchseite im linken Teil des Fensters.

2 Tippen Sie den Suchbegriff im Eingabefeld »Eine Webseite mit folgendem Inhalt suchen« ein.

3 Setzen Sie ggf. noch die Optionen für die Suchmaschine.

4 Klicken Sie auf die Schaltfläche *Suchen*.

Die Suchmaschine zeigt die gefundenen Dokumente im linken Fensterteil in Kurzform samt Hyperlinks an.

5 Klicken Sie auf einen der Hyperlinks, um das zugehörige Dokument im rechten Fensterteil anzuzeigen

Über die Suchmaschinen können Sie sehr komfortabel nach Stichwörtern im Internet suchen lassen. Wie diese Stichwörter eingegeben werden, hängt von der jeweiligen Suchmaschine ab. Manche Suchmaschinen erwarten bei mehreren Stichwörtern ein Pluszeichen zwischen den Begriffen. Bei anderen Maschinen müssen die Suchbegriffe in Anführungszeichen gesetzt werden.

Download von Dateien

Manchmal werden auf einer Webseite Dateien zum Herunterladen – auch als Download bezeichnet – angeboten. Sie können dann diese Dateien aus dem Internet laden und auf Ihrem Rechner speichern.

1 Klicken Sie auf den Hyperlink, der die Datei zum Download anbietet.

Der Internet Explorer öffnet ein Dialogfeld, in dem Sie die gewünschte Aktion auswählen.

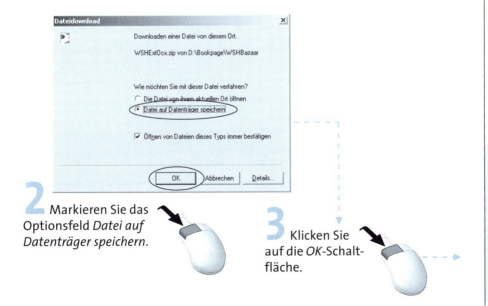

2 Markieren Sie das Optionsfeld *Datei auf Datenträger speichern*.

3 Klicken Sie auf die *OK*-Schaltfläche.

4 Wählen Sie im Dialogfeld *Speichern unter* den Zielordner und korrigieren Sie ggf. den Dateinamen.

5 Klicken Sie auf die *Speichern*-Schaltfläche.

Der Internet Explorer beginnt jetzt mit dem Herunterladen der betreffenden Datei. Dies kann durchaus – je nach Dateigröße – längere Zeit dauern. Während des Ladens werden Sie in einem Statusfenster über den Fortgang informiert. Sie können während dieser Zeit aber durchaus weitere Webseiten abrufen oder etwas anderes tun.

Kleine Erfolgskontrolle

Nachdem Sie dieses Kapitel durchgearbeitet haben, kennen Sie die wichtigsten Grundlagen des Internet. Vielleicht überprüfen Sie Ihr Wissen und die neu gewonnenen Fähigkeiten anhand der folgenden Übungen. Hinter jeder Übung wird in Klammern die Antwort angegeben.

Kleine Erfolgskontrolle

↳ **Was versteht man unter einem Hyperlink?**

_____

(Die Antwort finden Sie am Kapitelanfang.)

↳ **Laden Sie eine Webseite im Internet Explorer.**

_____

(Internet Explorer starten und die URL-Adresse der Seite im Feld *Adresse* eintippen. Gegebenenfalls die Verbindung zum Internet herstellen lassen.)

↳ **Wie lässt sich die vorherige Seite im Internet Explorer abrufen?**

_____

(Verwenden Sie die Schaltfläche *Zurück*.)

↳ **Wie laden Sie eine Datei aus dem Internet?**

_____

(Webseite öffnen und den Hyperlink zum Download der Datei anklicken. Im Dialogfeld *Dateidownload* auf *OK* klicken und dann im nächsten Dialogfeld den Speicherort angeben. Auf *Speichern* klicken.)

↳ **Wie drucken Sie eine Webseite mit Frames?**

_____

(Seite abrufen, die Tasten [Strg]+[P] drücken und auf der Registerkarte *Optionen* das Optionsfeld *Wie in der Bildschirmansicht* wählen. Dann auf *Drucken* klicken.)

Im nächsten Kapitel lernen Sie mit Outlook Express umzugehen und elektronische Nachrichten (E-Mails) zu bearbeiten.

Was bringt Ihnen dieses Kapitel?

Der Austausch von elektronischer Post gehört heute für viele Windows-Anwender zur täglichen Arbeit. Microsoft Outlook Express ist das Programm, welches Ihnen unter Windows 2000 die entsprechenden Funktionen bietet. Verwenden Sie Outlook Express als Postzentrale für elektronische Nachrichten sowie das Adressbuch zur Pflege Ihrer Kontakte. Das vorliegende Kapitel enthält eine Einführung in die Grundlagen von Outlook Express. Es wird gezeigt, wie Sie elektronische Nachrichten mit Outlook bearbeiten und Ihre Kontakte mit dem Programm pflegen.

Das können Sie schon:

Dokumente auf dem Desktop einrichten	196
Fenster verschieben	39
Eine Diskette kopieren	109
Erste Schritte mit dem Internet Explorer	236

Das lernen Sie neu:

Outlook-Express-Schnellübersicht	266
E-Mail, die elektronische Post	269
Adressen verwalten	291
Outlook-Express-Objekte löschen	296

Outlook-Express-Schnellübersicht

Das Programm Microsoft Outlook Express wird mit Microsoft Windows 2000 installiert. Verwenden Sie Outlook Express zur Organisation Ihres Postverkehrs. Das Programm enthält eine Sammlung hilfreicher Funktionen zur Erstellung von E-Mails, zum Lesen von Nachrichten, zum Versenden von Dateien sowie zur Verwaltung von Adressen.

Outlook Express starten

Bei der Installation von Windows 2000 wird auch das Programm Outlook Express eingerichtet. Neben einem Eintrag im Startmenü finden Sie zusätzlich ein Programmsymbol in der *Schnellstart*-Symbolleiste vor.

Alternativ können Sie das Programm auch über PROGRAMME/OUTLOOK EXPRESS im Startmenü aufrufen.

1 Klicken Sie auf das Outlook-Express-Symbol der *Schnellstart*-Symbolleiste, um das Programm zu starten.

Rufen Sie Outlook Express oder den Internet Explorer nach der Windows-Installation erstmalig auf, meldet sich ein Assistent, der sowohl den Internetzugang als auch die E-Mail-Konten einrichten will. Bitten Sie den Systemadministrator Ihres Systems, den Internetzugang sowie die so genannten **E-Mail**- und **News-Konten** bei Bedarf einzurichten. In Kapitel 11 finden Sie ebenfalls einige kurze Hinweise zu diesem Thema – eine ausführliche Behandlung geht aber über den Rahmen dieses Buches hinaus.

Outlook Express im Überblick

Sobald Sie Outlook Express starten, öffnet das Programm das Anwendungsfenster. Der Aufbau dieses Fensters ist konfigurierbar. Nachfolgend finden Sie eine Übersicht über die wichtigsten Elemente des Outlook-Express-Fensters:

⇨ Das Programm besitzt im Anwendungsfenster die von anderen Office-Anwendungen bekannten Symbol- und Menüleisten.

⇨ Am linken Rand lässt sich die so genannte *Outlook*-Leiste ein- oder ausblenden. Über diese Leiste können Sie sehr schnell die einzelnen Ordner mit den gespeicherten Informationen abrufen.

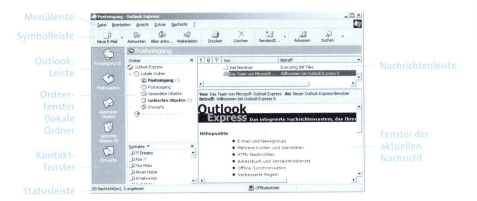

⇨ Im Fenster *Posteingang* finden Sie eine Ansicht der Ordner als Hierarchiebaum. Im Zweig *Lokale Ordner* finden Sie die Ordner *Posteingang*, *Postausgang*, *Gesendete Objekte*, *Gelöschte Objekte* sowie *Entwürfe*, in denen Outlook Express die Nachrichten und Entwürfe hinterlegt.

⇨ Wählen Sie einen dieser Ordner in der Liste *Lokale Ordner* an, zeigt Outlook Express dessen Inhalt als Nachrichtenliste in einem getrennten Fenster (rechte obere Ecke) an. Markieren Sie dagegen eine Nachricht im Ordner, erscheint der Inhalt der Nachricht im Nachrichtenfenster (rechte untere Ecke).

⇨ Unterhalb der Ordnerliste zeigt Outlook Express ggf. noch die Liste der definierten Kontakte (mit Adressen) an.

Die Statusleiste zeigt Ihnen allgemeine Informationen zum angewählten Ordner (z.B. wie viele Einträge der Terminkalender enthält).

Arbeiten mit der Outlook-Leiste

Outlook Express hinterlegt die (empfangenen, zum Versenden vorbereitete oder gelöschten) Nachrichten in verschiedenen lokalen Ordnern (Posteingang, Postausgang etc.) ab. Sie können auf diese Ordner entweder über den Hierarchiebaum *Outlook Express/Lokale Ordner* im Fenster *Ordner* zugreifen. Oder Sie benutzen die Outlook-Symbolleiste am linken Fensterrand.

Fehlt diese Leiste in Ihrem Outlook-Fenster? Dann wählen Sie im Menü Ansicht den Befehl Layout. Auf der dann gezeigten Registerkarte *Layout* markieren Sie in der Gruppe *Standard* das Kontrollkästchen *Outlook-Leiste*. Andererseits können Sie die Markierung des Kontrollkästchens auch löschen, um die Outlook-Leiste auszublenden.

Die Outlook-Leiste enthält mehrere Schaltflächen (*Posteingang*, *Postausgang*, *Gesendete Objekte*, *Gelöschte Objekte* und *Entwürfe*), die die verschiedenen Dokumentgruppen repräsentieren.

Eine ähnliche Funktion wie die Outlook-Leiste ist Ihnen bei den Dialogfeldern zum Öffnen oder Speichern von Dokumenten begegnet.

1 Klicken Sie auf einen der Einträge, um den Inhalt des betreffenden Ordners im rechten Teil des Outlook-Fensters als Liste anzuzeigen.

Die hinter dem Namen in Klammern angezeigte Zahl signalisiert übrigens die Anzahl der noch ungelesenen bzw. ungeöffneten Dokumente. Hier sind drei neue Nachrichten eingetroffen, die noch nicht gelesen bzw. geöffnet wurden. Weiterhin gibt es drei gelöschte Objekte.

E-Mail, die elektronische Post

»Geben Sie mir doch mal Ihre E-Mail-Adresse«. Diese Aufforderung ist immer öfter zu hören und das Versenden von E-Mails gehört zu den immer wichtiger werdenden Tätigkeiten im Büroalltag. Outlook Express bietet Funktionen zur Verwaltung der eingehenden oder ausgehenden elektronischen Post. Sofern Ihr System mit einem Zugang zum Internet/ Intranet versehen und entsprechend eingerichtet ist, können Sie die E-Mail-Funktionen von Outlook Express zur Postbearbeitung nutzen.

E-Mail, was ist das?

Was versteckt sich hinter dem Begriff E-Mail und wie wendet man diese Funktion des Internets an? Eine **E-Mail ist** nichts anderes als **ein Brieftext**, den Sie **in Form einer elektronischen Nachricht** an einen Empfänger verschicken. Ähnlich wie bei normaler Post müssen Sie zum Versenden Ihre Absenderadresse sowie die Empfängeradresse angeben. Diese werden im Internet in einer besonderen Form der Art *name @transportdienst.com* erwartet. (Mit *hugox@aol.com* würde zum Beispiel ein fiktiver Teilnehmer in America Online eine Nachricht erhalten.)

Die von Ihnen verfasste Nachricht wird anschließend im Internet (oder im Intranet vom elektronischen Postsystem) als Textdatei weitertransportiert und im **Postfach** des Empfängers (auf dem Internet-Server) abgelegt. Der Empfänger kann dann die Nachricht aus dem Postfach auf seinen Rechner lokal herunterladen und lesen. Verfügen Sie selbst über eine eigene E-Mail-Adresse, können andere Teilnehmer Ihnen auf die gleiche Art elektronische Nachrichten zusenden.

Das Programm Outlook Express verfügt über Funktionen zum Austausch von eingehender bzw. ausgehender Post mit dem Postfach auf dem Internet- oder Intranet-Server. Sie können mit dem Programm also Nachrichten senden und empfangen. Erstellte sowie empfangene Nachrichten werden dabei von Outlook lokal auf Ihrem Rechner in eigenen Ordnern mit den Namen *Posteingang* und *Postausgang* zwischengespeichert. Dies erlaubt Ihnen die Bearbeitung der elektronischen Post auch ohne ständige Verbindung mit dem Internet. Ist die Post bearbeitet, rufen Sie die Funktion zum Versenden/Empfangen von Nachrichten auf. Der Rest wird durch Outlook erledigt.

Um E-Mails zu versenden bzw. zu empfangen, benötigen Sie ein so genanntes E-Mail-Konto. Dies funktioniert ähnlich wie bei einem Bankkonto, ohne eigenes Konto können Sie weder Zahlungen empfangen noch Überweisungen ausführen. Ein solches E-Mail-Konto wird im Intranet durch den Netzwerk-Administrator eingerichtet. Haben Sie einen Internetzugang bei einem der Online-Dienste oder einem anderen Anbieter eingerichtet, bekommen Sie in der Regel zusammen mit der Berechtigung zum Zugriff auf die Internetdienste auch eine E-Mail-Adresse mitgeteilt. Gleichzeitig richtet der betreffende Anbieter ein E-Mail-Konto mit einem Postfach für eingehende Nachrichten auf seinem Server ein. Mit diesem Server tauscht Outlook Express die elektronische Post aus. Nachfolgend wird davon ausgegangen, dass Sie ein E-Mail-Konto im Internet/Intranet haben und dass Ihr Rechner zum Zugriff auf dieses Konto eingerichtet ist.

So senden/empfangen Sie Nachrichten

Ist Outlook Express richtig konfiguriert, können Sie elektronische Post per Internet/Intranet austauschen. Hierbei lassen sich aber zwei Fälle unterscheiden:

- Verfügen Sie über eine **ständige Verbindung** zum Internet oder zum Intranet-Rechner Ihrer Firma, kann Outlook Express die eingegangene Post zyklisch abholen und im lokalen Posteingang ablegen. Geschriebene Nachrichten werden sofort an den Empfänger im Internet oder Intranet weitergeleitet.

- Wenn Sie allerdings per **Modem** oder **ISDN-Karte** eine Verbindung zum Internet herstellen müssen, wird aus Kostengründen selten eine permanente Verbindung zum Internet aufrecht erhalten. Dann lässt sich Outlook Express so einstellen (siehe Kapitel 11), dass neu verfasste Nachrichten im lokalen Postausgang zwischengespeichert werden. Im Rahmen einer Online-Sitzung werden dann Posteingang und Postausgang mit dem Internet-Rechner synchronisiert.

Liegt bei Ihnen der zweite Fall vor? Möchten Sie alle von Ihnen verfassten Nachrichten abschicken? Oder interessiert Sie, ob Sie bereits Post bekommen haben? Dann müssen Sie in Outlook Express die Funktion zum Empfangen von Nachrichten bzw. zum Senden/Empfangen von Nachrichten aufrufen.

E-Mail, die elektronische Post

1 Klicken Sie in der Symbolleiste des Outlook-Express-Anwendungsfensters auf die Schaltfläche *Senden/Empfangen*.

Wenn Sie auf den Pfeil neben der Schaltfläche klicken, zeigt Outlook Express ein Menü, in dem Sie auch gezielt Befehle zum Versenden oder zum Empfangen von Nachrichten wählen können. Diese Option wird hier aber nicht behandelt.

Zeigt Outlook Express ein Dialogfeld, dass Sie im **Offline-Betrieb** arbeiten?

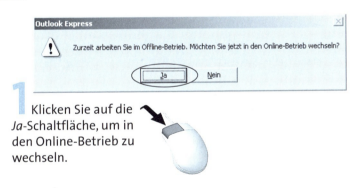

1 Klicken Sie auf die *Ja*-Schaltfläche, um in den Online-Betrieb zu wechseln.

Vor dem Zugriff auf das Internet werden Ihr Benutzername sowie das Kennwort überprüft. Sie sehen daher ein Dialogfeld zur Eingabe des Benutzernamens und des Kennworts.

271

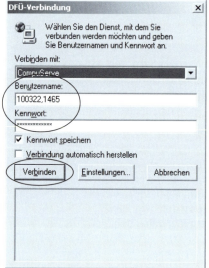

2 Geben Sie ggf. den Benutzernamen und das Kennwort ein und klicken Sie dann auf die *OK*-Schaltfläche.

Anschließend nimmt das System Verbindung zum Internet-Server Ihres Internetanbieters auf.

Der genaue Ablauf der Verbindungsaufnahme hängt aber von den Outlook-Express-Einstellungen sowie vom benutzten Internet-/Intranet-Zugang ab. In den Dialogfeldern zur Anmeldung finden Sie das Kontrollkästchen *Kennwort speichern*. Lässt sich dieses Kontrollkästchen markieren, merkt sich Windows die Angaben und Sie brauchen zukünftig das Dialogfeld für die DFÜ-Verbindung nur noch zu bestätigen. Allerdings besteht die Gefahr, dass Unbefugte diese gespeicherten Informationen auslesen und missbrauchen. Daher sollten Sie auf die Speicherung des Kennworts verzichten.

Auch der Zugriff auf Ihr Internet-Postfach ist in der Regel nochmals durch einen Benutzernamen und ein Kennwort geschützt. Dies verhindert, dass Unbefugte Ihre Post lesen.

E-Mail, die elektronische Post

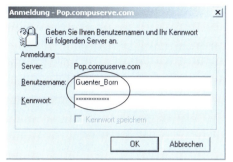

3 Geben Sie Ihren Benutzernamen und das Kennwort ein und bestätigen Sie die *OK*-Schaltfläche.

Anschließend liefert Outlook die von Ihnen verfassten Nachrichten an den Server ab und leert auch Ihr Internet-Postfach. Dies wird über Dialogfelder angezeigt. Über das Kontrollkästchen *Verbindung beim Beenden trennen* können Sie festlegen, dass Outlook die Verbindung zum Internet automatisch nach dem Austausch der Nachrichten abbaut.

Der Vorgang des Postaustauschs funktioniert ähnlich wie bei der normalen Post. Um einen Brief aufzugeben, müssen Sie diesen zur Post, zum Briefkasten oder in den Postausgangskorb der Firma legen. Möchten Sie eingehende Post bearbeiten, sehen Sie in Ihrem Postfach bei der Postfiliale nach (und hierzu benötigen Sie einen Schließfachschlüssel). Die Zustellung der Briefe ist dann eine Leistung der Post, mit der Sie nichts zu tun haben. Genauso funktioniert auch Outlook Express. Die Funktion *Senden/Empfangen* gibt von Ihnen verfasste Nachrichten an der »Poststelle« des Servers zur Weiterleitung ab. Gleichzeitig schaut sie im Postfach des Servers nach, ob neue Nachrichten eingetroffen sind, und überträgt diese ggf. in das lokale Postfach Ihres Rechners.

Empfangene Nachrichten lesen

Haben Sie die obigen Schritte ausgeführt und möchten die empfangene Post im lokalen Posteingang bearbeiten? Die Outlook-Leiste oder das Fenster *Ordner* sollte das Symbol des Ordners Posteingang aufweisen.

Die im Namen des Symbols in Klammern aufgeführte Zahl gibt Ihnen die im Posteingang enthaltenen ungelesenen Nachrichten an.

1 Klicken Sie auf das Symbol des Posteingangs.

Outlook Express zeigt im Ordnerfenster *Posteingang* alle im lokalen Postfach eingegangenen Nachrichten an. In der Nachrichtenleiste im oberen Teil des Posteingangs werden die eingetroffenen Nachrichten aufgelistet.

— Nachrichtenleiste

— Anhang

— Dokumentfenster aktuelle Nachricht

Online-Status

Auch ohne Internet-/Intranet-Zugang wird bei der Installation von Outlook bereits automatisch eine Nachricht von Microsoft im Posteingang abgelegt.

Für jede Nachricht ist in der Leiste eine Zeile reserviert, in der der Status der Nachricht, der Absender, der Betreff und das Empfangsdatum aufgeführt sind.

1 Klicken Sie jetzt auf eine dieser Zeilen mit den eingegangenen Nachrichten.

Outlook zeigt den Inhalt der aktuell markierten Nachricht in einem eigenen Nachrichtenfenster (unterhalb der Nachrichtenleiste). Möchten Sie den Platz zur Anzeige der Nachricht etwas vergrößern/reduzieren?

1 Ziehen Sie den horizontalen Fensterteiler (zwischen Nachrichtenleiste und Nachrichtenfenster) vertikal in die gewünschte Richtung.

Möchten Sie die Nachricht in einem eigenen Fenster sehen? Dies ist beispielsweise vorteilhaft, falls Sie Anlagen zur Nachricht auspacken oder die Nachricht beantworten möchten (siehe folgende Seiten)

1 Doppelklicken Sie in der Nachrichtenleiste auf die Nachricht.

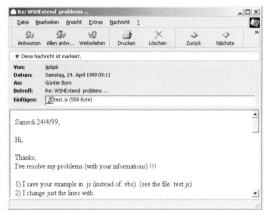

Outlook Express öffnet jetzt ein eigenes Fenster zur Bearbeitung der Nachricht. Der Kopfbereich enthält die Angaben über den Absender, den Betreff etc. Die Zeile *Einfügen* enthält ggf. die Symbole der an die Nachricht angehängten Dateien.

Über die Schaltfläche *Schließen* ✕ in der rechten oberen Ecke des Fensters können Sie dieses Fenster schließen.

Symbole der Nachrichtenleiste

Die Nachrichtenleiste des Posteingangs enthält neben der Absenderangabe und dem Betreff weitere hilfreiche Informationen.

Am Zeilenanfang der Nachrichtenleiste finden Sie vier Spalten mit Symbolen.

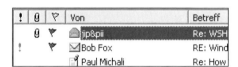

⇨ Die erste Spalte mit dem stilisierten Ausrufezeichen ❗ zeigt die **Priorität** der Nachricht an. Der Absender kann beim Erstellen mit Outlook eine normale, hohe oder niedrige Priorität vergeben. Meist bleibt diese Spalte aber leer, da die Nachrichten mit normaler Priorität versehen sind.

⇨ Die zweite Spalte zeigt am Symbol einer stilisierten Briefklammer 📎, ob ein **Anhang** zur Nachricht existiert. Jede Nachricht kann Dateien als Anhang enthalten.

⇨ In der dritten Spalte signalisiert eine stilisierte Fahne 🚩, dass die betreffende Nachricht **zu verfolgen** ist (z.B. weil noch Klärungen erforderlich sind).

⇨ In der vierten Spalte signalisiert ein geschlossener ✉ oder ein geöffneter ✉ Briefumschlag, ob die Nachricht **ungelesen** oder **gelesen** ist.

In diesen Spalten können Sie auf einen Blick den Status der Nachricht erkennen.

Eine detaillierte Auflistung aller Symbole samt den zugehörigen Beschreibungen finden Sie in der Outlook Express-Hilfe unter dem Stichpunkt »Tipps und Tricks/ Symbole der Nachrichtenliste von Outlook Express«.

Den Status einer Nachricht umsetzen

Sobald Sie eine Nachricht in der Nachrichtenleiste des Posteingangs anklicken, wird deren Symbol in der Statusspalte auf gelesen umgesetzt (d.h. das Symbol ändert sich). Haben Sie eine Nachricht irrtümlich angeklickt, Ihnen fehlt aber die Zeit zum Lesen? Dann setzen Sie den Status einfach auf ungelesen zurück.

1 Klicken Sie die Zeile mit der Nachricht in der Nachrichtenleiste mit der **rechten** Maustaste an.

2 Wählen Sie im Kontextmenü den Befehl ALS UNGELESEN MARKIEREN.

Outlook setzt das Symbol in der zweiten Spalte der Nachrichtenleiste für die betreffende Nachricht auf ✉ zurück.

Möchten Sie eine Nachricht bis zur endgültigen Erledigung verfolgen?

1 Klicken Sie in der Zeile der Nachricht auf die dritte Spalte.

Die Nachricht wird anschließend in der Nachrichtenleiste mit dem Symbol ⚑ versehen. Ein zweiter Mausklick auf das »Fähnchen« löscht dieses.

Die Anlage zur Nachricht auspacken

Der Vorteil einer E-Mail gegenüber einer Faxsendung besteht darin, dass Sie der Nachricht weitere Dateien als Anlage anheften können. Eine Nachricht mit Anlage wird im Nachrichtenfenster bzw. in der Nachrichtenleiste mit einer stilisierten Büroklammer markiert. Möchten Sie diese Anlage auspacken und als Datei speichern?

1 Öffnen Sie die Nachricht durch Anklicken der betreffenden Zeile in der Nachrichtenleiste.

2 Klicken Sie im Nachrichtenfenster in der rechten oberen Ecke auf das Symbol der Büroklammer.

Eine Nachricht kann mehrere Anlagen aufweisen. Daher blendet Outlook Express in einem Untermenü die Namen der angehängten Dateien ein. Sie können dann die Anlage zur Bearbeitung der betreffenden Datei öffnen. Oder Sie speichern die Datei zur weiteren Bearbeitung auf einen Datenträger.

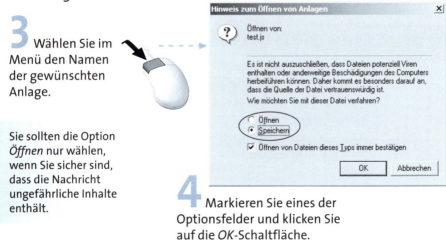

3 Wählen Sie im Menü den Namen der gewünschten Anlage.

ACHTUNG Sie sollten die Option *Öffnen* nur wählen, wenn Sie sicher sind, dass die Nachricht ungefährliche Inhalte enthält.

4 Markieren Sie eines der Optionsfelder und klicken Sie auf die *OK*-Schaltfläche.

E-Mail, die elektronische Post

Zur Bearbeitung speichern Sie die Anlage am besten als Datei.
Dann erscheint das Dialogfeld *Speichern unter*.

1 Wählen Sie den Zielordner.

2 Klicken Sie auf die Schaltfläche *Speichern*.

Sie erkennen übrigens am Symbol des Anhangs den Dateityp. Fehlt ein Programm zum Bearbeiten, wird das Symbol einer unbekannten Datei angezeigt.

Alternativ können Sie im Bearbeitungsfenster der Nachricht den Eintrag *Einfügen* mit der rechten Maustaste anklicken und dann im Kontextmenü der Nachricht den Befehl ÖFFNEN oder SPEICHERN UNTER wählen.

Eine Nachricht beantworten oder weiterleiten

Haben Sie eine Nachricht empfangen, die Sie an Dritte weiterreichen möchten? Soll die Nachricht beantwortet werden? Dies ist mit Outlook Express kein Problem.

1 Doppelklicken Sie in der Nachrichtenleiste auf die Nachricht.

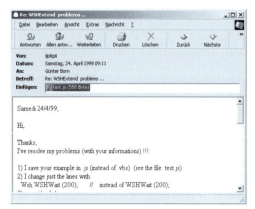

Outlook öffnet jetzt ein Fenster zur Bearbeitung der Nachricht. Der Kopfbereich enthält die Angaben über den Absender, den Betreff etc. Über die drei Schaltflächen der Symbolleiste können Sie jetzt die Nachricht zur Beantwortung oder Weiterleitung vorbereiten. Die Nachricht soll jetzt einmal beantwortet werden.

2 Klicken Sie auf die Schaltfläche *Antworten*.

Outlook Express öffnet ein neues Fenster, in dem der Text der empfangenen Nachricht bereits gespiegelt wird. Dies erleichtert dem Empfänger das Bearbeiten Ihrer Antwort, da der Bezug auf seine Nachricht gleich mitgeliefert wurde. Bei vielen E-Mails pro Tag ist dies eine äußerst nützliche Option.

Weiterhin ist das Feld *An* der Empfängeradresse bereits gefüllt.

3 Fügen Sie jetzt den Antworttext zur Nachricht hinzu.

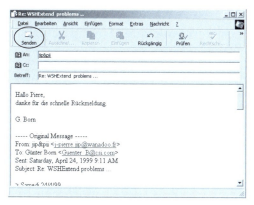

Klicken Sie in der Symbolleiste auf die Schaltfläche *Senden*.

Outlook Express schließt das Fenster mit der Nachricht und legt diese im Postausgang ab.

Je nach Konfiguration kann dies der Postausgang auf dem E-Mail-Server oder der lokale Postausgang sein. Beim Versenden von Nachrichten über das Internet empfiehlt sich das Sammeln der ausgehenden Nachrichten. Diese werden dann in einer Online-Sitzung zum Internet-Server übertragen (siehe vorhergehende Seiten).

Neben der Schaltfläche *Antworten* weist die Symbolleiste noch zwei weitere Schaltflächen zur Bearbeitung der Nachricht auf. Eine elektronische Nachricht kann an mehrere Empfänger verschickt werden (siehe folgende Seiten). Erhalten Sie eine solche Nachricht, können Sie ggf. allen auf dem Verteiler stehenden Empfängern eine Antwort zukommen lassen.

Hierzu dient die Schaltfläche *Allen antworten*.

Wählen Sie diese Schaltfläche, zeigt Outlook Express ebenfalls das Fenster zum Bearbeiten der Nachricht an. Das Feld *An* enthält dann aber mehrere Empfänger, die alle eine Kopie erhalten.

Die Schaltfläche *Weiterleiten* erlaubt Ihnen dagegen, die Nachricht an einen weiteren Empfänger zu schicken.

Klicken Sie auf diese Schaltfläche, wird die empfangene Nachricht in einem neuen Fenster gespiegelt. Sie müssen dann aber die Empfängeradresse im Feld *An* explizit wählen. Wie dies funktioniert, wird im nächsten Abschnitt »Schreiben einer E-Mail« behandelt.

Techniken zur Handhabung von Nachrichten

Eingegangene Nachrichten werden in der Nachrichtenliste aufgeführt. Vermutlich möchten Sie nicht mehr benötigte Nachrichten löschen, vielleicht deren Inhalte ausdrucken oder wichtige Nachrichten in getrennten Ordnern ablegen. Nachfolgend möchte ich Ihnen kurz einige Techniken zur Handhabung dieser Nachrichten zeigen.

1 Doppelklicken Sie in der Nachrichtenleiste auf die Nachricht.

Outlook öffnet das Fenster zur Anzeige der Nachricht. Neben den auf den vorherigen Seiten vorgestellten Schaltflächen zur Beantwortung der E-Mail enthält die Symbolleiste weitere nützliche Schaltflächen.

1 Zum Drucken einer Nachricht klicken Sie auf diese Schaltfläche.

Möchten Sie beim Ausdrucken besondere Optionen nutzen, wählen Sie im Menü DATEI den Befehl DRUCKEN. Outlook Express öffnet das Dialogfeld *Drucken* mit den verfügbaren Optionen. Dieses Dialogfeld kennen Sie bereits aus früheren Programmen.

E-MAIL, DIE ELEKTRONISCHE POST

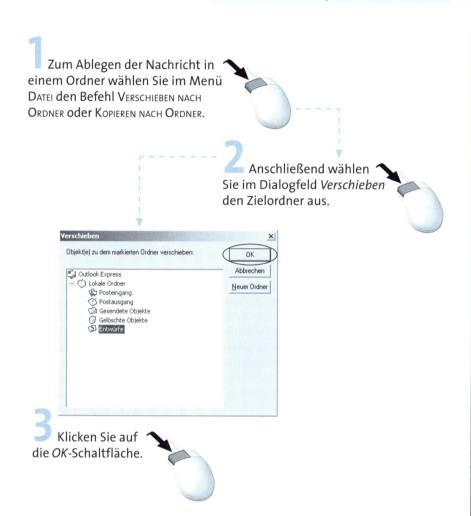

1 Zum Ablegen der Nachricht in einem Ordner wählen Sie im Menü DATEI den Befehl VERSCHIEBEN NACH ORDNER oder KOPIEREN NACH ORDNER.

2 Anschließend wählen Sie im Dialogfeld *Verschieben* den Zielordner aus.

3 Klicken Sie auf die *OK*-Schaltfläche.

Über die Schaltfläche *Neuer Ordner* können Sie Ihre eigenen Ordner in Outlook anlegen.

Das Programm verschiebt/kopiert anschließend die Nachricht in den gewählten Ordner.

 Benötigen Sie eine Nachricht nicht mehr, können Sie diese über die Schaltfläche löschen. Outlook Express verschiebt die Nachricht in den Ordner *Gelöschte Objekte*, der sich über das Symbol des Papierkorbs über die Outlook-Leiste abrufen lässt. Näheres zum Löschen von Objekten und zum Umgang mit dem »Papierkorb« finden Sie weiter unten im Abschnitt »Outlook-Express-Objekte löschen«.

Eine Nachricht verfassen

Möchten Sie eine neue Nachricht verfassen? Dies ist in Outlook Express mit wenigen Schritten erledigt.

Alternativ können Sie über den Pfeil neben der Schaltfläche ein Menü öffnen, um ein Briefpapier für den Hintergrund der neuen Nachricht zu wählen. Beachten Sie aber, dass dieses Briefpapier die Nachricht unnötig vergrößert und nicht bei jedem Empfänger erwünscht ist.

1 Klicken Sie im Outlook-Express-Fenster auf die Schaltfläche *Neue E-Mail*.

Outlook Express öffnet das leere Fenster zum Erstellen der Nachricht. In diesem Fenster müssen Sie jetzt die Empfängeradresse(n) eingeben und den Nachrichtentext verfassen.

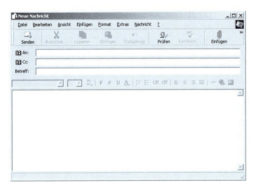

2 Klicken Sie auf das Feld *An* und tragen Sie in diesem Feld die Empfängeradresse ein.

Es muss sich dabei um eine gültige E-Mail-Adresse handeln, andernfalls bekommen Sie die Nachricht beim Versenden als unzustellbar zurück. Bei Bedarf können Sie mehrere Adressen, getrennt durch Semikola, in der Zeile *An* eintragen, um die Nachricht an mehrere Empfänger zu verteilen.

Ist Ihnen die manuelle Eingabe der E-Mail-Adressen zu aufwendig? Auf den folgenden Seiten zeige ich Ihnen, wie Sie das Adressbuch nutzen. Häufig sind die Empfänger im Adressbuch mit ihrer E-Mail-Adresse eingetragen. Dann lässt sich die E-Mail-Adresse sehr einfach in das Feld *An* übernehmen.

1 Klicken Sie auf die Schaltfläche des Feldes *An*.

Outlook Express öffnet das Dialogfeld *Empfänger auswählen* des Adressbuches mit Einträgen der Kontaktliste.

2 Wählen Sie einen Namen mit gültiger E-Mail-Adresse in der Liste *Name* aus.

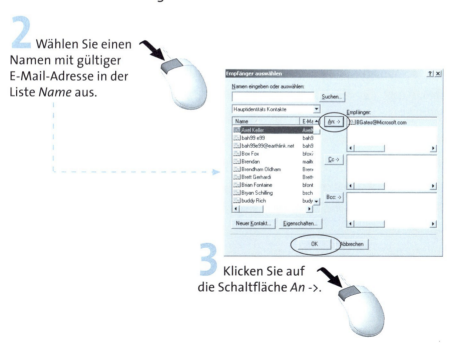

3 Klicken Sie auf die Schaltfläche *An ->*.

Die ausgewählte Adresse wird in die Liste *Empfänger* übernommen. Sie können die obigen Schritte durchaus mehrfach ausführen und mehrere Empfänger eintragen. Sobald Sie das Dialogfeld über die *OK*-Schaltfläche schließen, übernimmt Outlook Express die Adressangaben in das Nachrichtenfenster.

Vielleicht fragen Sie sich, was die drei Felder *An, Cc* und *Bc* im Dialogfeld *Empfänger auswählen* eigentlich sollen. Reicht nicht ein Feld *An*? Im Prinzip können Sie mit dem Feld *An* arbeiten und die beiden anderen Felder ignorieren. Briefe werden aber häufig per Verteiler als Kopie an weitere Personen versandt. Das Feld *Cc* steht für »Carbon Copy« und lässt sich zum Versenden eines »Durchschlags« nutzen. Tragen Sie in dieses Feld einen weiteren Empfänger (oder mehrere) für die Kopie ein, erhält dieser eine Kopie. Möchten Sie verhindern, dass die Empfänger die Namen der anderen Empfänger sehen? Dann verwenden Sie das Feld *Bc* (steht für »Blind Copy«). Outlook verschickt die Nachricht so, dass der Empfänger lediglich die Absenderadresse in der Nachricht findet.

Haben Sie die Empfängeradresse(n) eingetragen? Ihre Absenderadresse wird automatisch von Outlook Express vergeben. Sie brauchen sich also um diese nicht weiter zu kümmern.

1 Klicken Sie im Dialogfeld der neuen Nachricht auf das Feld *Betreff* und geben Sie dort einen kurzen Bezug zur Nachricht ein.

2 Klicken Sie in den unteren Textbereich und tippen Sie den Text der Nachricht ein.

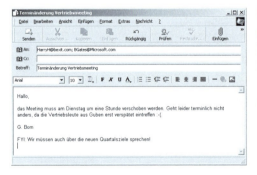

Das Ergebnis könnte dann wie nebenstehend gezeigt aussehen. Hier wurden die Felder *An, Cc, Bc* und **Betreff** benutzt. Der Textbereich enthält eine einfache Nachricht.

Zeit ist Geld. Durch die Schnelligkeit des Mediums E-Mail herrschen etwas andere Sitten als bei der Geschäftskorrespondenz. Zweck der E-Mail ist die schnelle Information zu einem Sachverhalt. E-Mails sollten deshalb kurz gefasst werden (der Empfänger mit vielen Nachrichten pro Tag dankt es Ihnen). Mit aus der englischen Sprache abgeleiteten Abkürzungen wie BTW (by the way) oder FYI (for your information) spart der Absender Tipparbeit.

In E-Mails finden sich häufig Zeichen der Art :-), die allgemein als Smileys bezeichnet werden. Es handelt sich um stilisierte »Gesichter«, die um 90 Grad nach links gekippt sind. Mit diesen Smileys lassen sich Emotionen innerhalb der Nachricht ausdrücken (eine E-Mail ist selten so förmlich gehalten wie ein geschriebener Brief). Smileys erlauben Ihnen, dem Empfänger einen Hinweis zu geben, wie der Text gemeint war. Hier eine Kostprobe solcher Smileys:

| :-) | Freude/Humor | :-(| traurig |
| ;-) | Augenzwinkern | :-o | Überraschung/Schock |

Achten Sie beim Schreiben darauf, dass Wörter oder Textstellen nicht durchgehend mit Großbuchstaben versehen sind. Dies gilt allgemein als Ausdruck für schreien, der Empfänger könnte dies also übel nehmen. Das Zeichen <g> (grin) steht für ein Grinsen.

Bei der E-Mail-Kommunikation haben sich bestimmte Regeln (als Netikette bezeichnet) herausgebildet, die Sie beachten sollten.

Die obige Nachricht besteht aus einfachem Text ohne weitere Formatierung. Da sich E-Mail immer mehr zum bevorzugten Kommunikationsmedium entwickelt, bietet Ihnen Outlook Express neben Hintergrundmotiven auch Optionen zur Formatierung der Nachricht.

1 Öffnen Sie das Menü FORMAT.

2 Ist im Menü der Befehl NUR-TEXT markiert, wählen Sie den Befehl RICH-TEXT (HTML).

Sobald der Befehl RICH-TEXT (HTML) mit einem Punkt markiert ist, gibt Outlook Express die Format-Funktionen frei. Die E-Mail ist dann im Stil einer Webseite darstellbar. Im Menü lassen sich die verschiedenen Formatoptionen abrufen.

Sie können anschließend Textstellen markieren und über die Schaltflächen der *Format*-Symbolleiste formatieren. Die betreffenden Techniken haben Sie bereits bei WordPad kennen gelernt. Über die Befehle im Menü FORMAT lassen sich auch der Hintergrund der Nachricht oder die Zeichencodierung einstellen.

Die Priorität der Nachricht lässt sich über die Befehle des Menüs NACHRICHT/DRINGLICHKEIT FESTLEGEN höher oder tiefer stufen. Diese geänderte Priorität wird dem Empfänger in der Nachrichtenliste angezeigt (siehe vorhergehende Seiten).

Möchten Sie eine oder mehrere Dateien an die Nachricht anhängen und versenden?

1 Klicken Sie in der Symbolleiste auf die oben stehende Schaltfläche *Datei einfügen*.

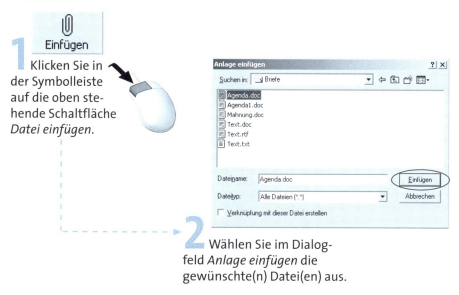

2 Wählen Sie im Dialogfeld *Anlage einfügen* die gewünschte(n) Datei(en) aus.

Mehrere Dateien markieren Sie, indem Sie diese bei gedrückter [Strg]-Taste anklicken.

3 Klicken Sie auf die Schaltfläche *Einfügen*.

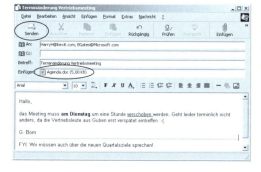

Das Fenster mit der Nachricht sieht anschließend so aus. In der Zeile *Einfügen* sehen Sie die angehängte(n) Datei(en).

Die Nachricht wird jetzt (je nach Einstellung) entweder direkt verschickt oder im Postausgang zwischengespeichert. Im Postausgang gesammelte Nachrichten lassen sich später an den Knotenrechner des Internet übertragen (siehe vorherige Seiten).

Ist die Nachricht fertig, klicken Sie in der Symbolleiste auf die Schaltfläche *Senden*.

Postausgang ansehen

Möchten Sie den Inhalt des Ordners *Postausgang* ansehen?

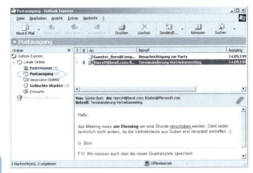

Klicken Sie im Ordnerfenster oder in der Outlook-Leiste auf das Symbol *Postausgang*.

Outlook zeigt jetzt die Nachrichtenliste der versandfertigen E-Mails. Durch einen Doppelklick auf einen Eintrag in der Leiste lässt sich die Nachricht erneut im Fenster zum Bearbeiten laden.

Es führt an dieser Stelle zu weit, auf alle E-Mail-Funktionen in Outlook einzugehen. Beachten Sie auch, dass Outlook nicht mit jedem Online-Dienst zusammenarbeiten kann. Details finden Sie in der Programmhilfe und in der Zusatzliteratur.

Adressen verwalten

Outlook Express besitzt eine eigene Funktion zur Verwaltung von Adressen – manchmal auch als **Kontakte** bezeichnet. Sie können nicht nur einfache Adressen mit Anschrift und Telefonnummer hinterlegen. Die Funktion verwaltet zusätzlich die E-Mail-Adressen der eingetragenen Personen und erlaubt auch sonst vielfältige Informationen zu sammeln.

Adressen nachschlagen

Benötigen Sie schnell die Adresse eines Geschäftspartners? Möchten Sie eine Telefonnummer nachschlagen? Dies geht alles, falls die betreffenden Personen im **Adressbuch** eingetragen sind.

1 Klicken Sie im Outlook-Express-Fenster auf das Symbol *Adressen*.

Outlook Express öffnet jetzt ein Fenster mit den bereits eingetragenen Adressen. Tippen Sie einen Namen im Feld *Namen eingeben oder auswählen* ein, markiert das Adressbuch den betreffenden Eintrag in der Liste.

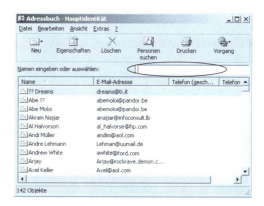

Doppelklicken Sie auf einen dieser Einträge, öffnet das Adressbuch ein Dialogfeld mit mehreren Registerkarten. Auf diesen Registerkarten finden Sie dann die Daten zur betreffenden Adresse.

Bei Bedarf können Sie die Angaben durch Anklicken der betreffenden Registerkarte anzeigen oder ergänzen. Die Registerkarte *Zusammenfassung* liefert die wichtigsten Angaben im Überblick.

Auf der Registerkarte *Name* finden Sie den Namen sowie die E-Mail-Adresse. Die Registerkarten *Privat* und *Geschäftlich* erlauben Ihnen, die Adressen der betreffenden Person einzutragen. Geburtstage oder andere persönliche Informationen lassen sich auf der Registerkarte *Persönlich* hinterlegen.

Einen Kontakt anlegen

Möchten Sie einen neuen Kontakt (d.h. einen neuen Eintrag im Adressbuch) anlegen, muss das Adressbuch geöffnet sein.

1 Klicken Sie im Fenster des Adressbuches auf die Schaltfläche *Neu*.

ADRESSEN VERWALTEN

Kontakte werden als Einzeleinträge oder in Gruppen hinterlegt. Die Befehle des Menüs erlauben Ihnen optional das Anlegen des Kontakts in neuen Gruppen oder Ordnern.

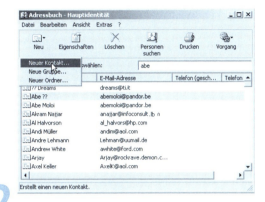

2 Wählen Sie im Menü den Befehl NEUER KONTAKT.

Outlook Express öffnet das Dialogfeld mit den Registerkarten zum Definieren des neuen Kontakts. Ergänzen Sie die Felder mit den verfügbaren Daten.

3 Zum Speichern klicken Sie auf die *OK*-Schaltfläche.

293

Arbeiten mit Gruppen

Möchten Sie Ihre Kontakte in Gruppen (z.B. für Firmen, Abteilungen etc.) organisieren, ist dies kein größeres Problem. Vor allem hilft Ihnen dies, wenn Sie eine E-Mail später an einen bestimmten Adressatenkreis versenden möchten. Um eine Gruppe anzulegen, gehen Sie folgendermaßen vor:

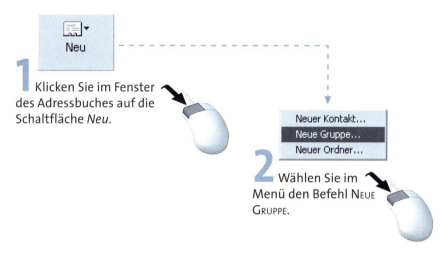

1 Klicken Sie im Fenster des Adressbuches auf die Schaltfläche *Neu*.

2 Wählen Sie im Menü den Befehl NEUE GRUPPE.

Outlook Express öffnet das Dialogfeld mit den Registerkarten zum Definieren der neuen Gruppe.

3 Ergänzen Sie als Erstes den Gruppennamen.

ADRESSEN VERWALTEN

Anschließend können Sie manuell Namen und E-Mail-Adressen der Gruppe hinzufügen. Alternativ besteht die Möglichkeit einen neuen Kontakt über die gleichnamige Schaltfläche anzulegen. Dieser wird dann automatisch der Gruppe zugeordnet.

4 Um einen bestehenden Adresseintrag der Gruppe zuzuweisen, klicken Sie auf die Schaltfläche *Mitglieder auswählen*.

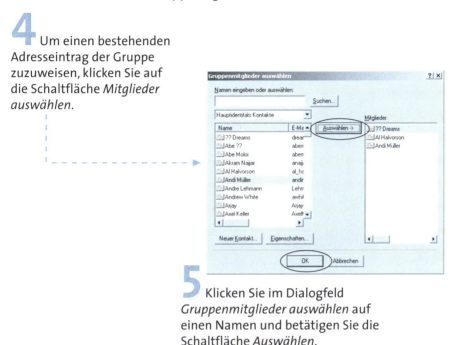

5 Klicken Sie im Dialogfeld *Gruppenmitglieder auswählen* auf einen Namen und betätigen Sie die Schaltfläche *Auswählen*.

Der Name wird in die Liste *Mitglieder* übertragen.

6 Wiederholen Sie den Schritt für alle Gruppenmitglieder.

7 Schließen Sie das Dialogfeld über die *OK*-Schaltfläche.

Das Adressbuch zeigt anschließend die Mitglieder der Gruppe.

295

8 Schließen Sie das Dialogfeld über die *OK*-Schaltfläche.

Die Gruppeneinträge finden Sie anschließend in der Liste der Namen im Adressbuch. Wählen Sie eine solche Gruppe in Feld »An« einer E-Mail aus, übernimmt Outlook Express automatisch alle E-Mail-Adressen aller Gruppenmitglieder, d.h. die Nachricht wird automatisch an alle Gruppenmitglieder versandt.

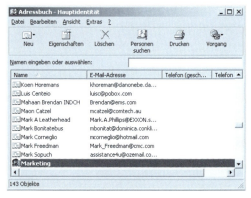

Outlook-Express-Objekte löschen

In Outlook werden die Daten (E-Mails, Kontakte etc.) als Objekte bezeichnet. Das Löschen von Objekten läuft bei allen Funktionen identisch ab. Sobald Sie das Symbol eines Objekts im Outlook-Express-Fenster anklicken, lässt sich dieses löschen. Dies soll einmal am Beispiel einer E-Mail gezeigt werden. Um eine Nachricht zu löschen, sind folgende Schritte erforderlich:

1 Markieren Sie die Nachricht in der Nachrichtenliste.

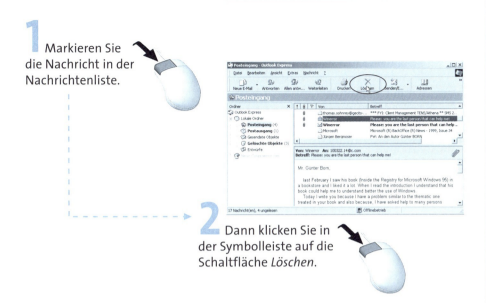

2 Dann klicken Sie in der Symbolleiste auf die Schaltfläche *Löschen*.

Das Programm verschiebt das betreffende Objekt (d.h. die zugehörigen Daten) in den Ordner »Gelöschte Objekte«. Klicken Sie später auf das Symbol *Gelöschte Objekte*, zeigt Outlook Express den Inhalt des Ordners an.

Haben Sie ein Objekt irrtümlich gelöscht? Möchten Sie ein Objekt aus dem Ordner *Gelöschte Objekte* wieder restaurieren? Dann ziehen Sie das Symbol des Objekts aus dem Order *Gelöschte Objekte* zum Symbol des gewünschten Ordners. Lassen Sie die Maustaste los, verschiebt Outlook Express das Objekt. Oder Sie klicken ein gelöschtes Objekt in der Liste mit der rechten Maustaste an und wählen im Kontextmenü den Befehl VERSCHIEBEN NACH ORDNER. Dann lässt sich die gelöschte Nachricht aus dem Ordner *Gelöschte Objekte* in jeden der anderen lokalen Ordner verschieben.

Da Outlook die gelöschten Objekte letztlich in einem Ordner speichert, müssen Sie diesen von Zeit zu Zeit leeren, um freien Speicherplatz auf dem Datenträger zu schaffen. Haben Sie den Ordner *Gelöschte Objekte* geöffnet, können Sie ein markiertes Objekt endgültig über die Schaltfläche *Löschen* aus Outlook entfernen. Bei vielen gelöschten Objekten ist dies aber recht umständlich.

1 Um den Ordner *Gelöschte Objekte* zu leeren, klicken Sie mit der rechten Maustaste auf das Ordnersymbol.

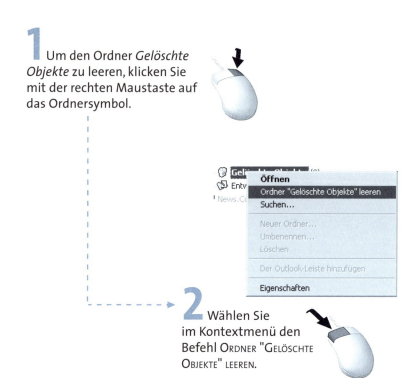

2 Wählen Sie im Kontextmenü den Befehl ORDNER "GELÖSCHTE OBJEKTE" LEEREN.

An dieser Stelle möchte ich die Einführung in Outlook Express beenden. Für weiter gehende Informationen sei auf die Programmhilfe verwiesen.

Kleine Erfolgskontrolle

Zur Überprüfung Ihres Wissens sollten Sie die folgenden Aufgaben lösen.

⇨ **Erstellen Sie eine E-Mail.**

(Auf die Schaltfläche *Neue E-Mail* klicken, die Empfängeradresse hinzufügen und den Text verfassen.)

⇨ **Löschen Sie eine E-Mail.**

(E-Mail in der Nachrichtenliste markieren und dann die Schaltfläche *Löschen* anklicken.)

⇨ **Kontrollieren Sie die eingegangene E-Mail.**

(Klicken Sie im Fenster *Ordner* auf das Symbol *Posteingang*. Zum Lesen der Nachricht doppelklicken Sie auf den betreffenden Eintrag in der Nachrichtenliste.)

9 im Netzwerk

Was bringt Ihnen dieses Kapitel?

In Firmen wird Windows häufig in Netzwerken eingesetzt, um Daten bzw. Dateien zwischen einzelnen Rechnern auszutauschen oder Drucker und Festplatten gemeinsam zu benutzen. Nach der Lektüre dieses Kapitels können Sie die Netzwerkfunktionen von Windows nutzen. Sie wissen, wie Sie sich im Netzwerk anmelden. Weiterhin lernen Sie im Netzwerk zu drucken und können auf Laufwerke oder Ordner anderer Computer im Netzwerk zugreifen. Außerdem können Sie Laufwerke, Drucker und Ordner auf Ihrem PC für andere Netzwerkteilnehmer zur gemeinsamen Nutzung freigeben.

Das können Sie schon:

Einen neuen Ordner anlegen	94
Download von Dateien	261
Zu Laufwerken und Ordnern wechseln	91
Einen neuen Drucker einrichten	210

Das lernen Sie neu:

Netzwerke, eine kurze Übersicht	302
Wie arbeite ich im Netzwerk?	304
Suchen im Netzwerk	312
Netzlaufwerkressource hinzufügen	316
Netzlaufwerk verbinden und trennen	318
Wie kann ich einen Netzwerkdrucker einrichten?	323
Wie kann ich einen Drucker freigeben?	326
Laufwerke/Ordner zur gemeinsamen Benutzung freigeben	328

Netzwerke, eine kurze Übersicht

Vielleicht ist Ihnen der Begriff **Netzwerk** schon mal untergekommen (zumindest ist er in diesem Buch bereits aufgetaucht). Warum braucht man eigentlich ein Netzwerk und was steckt dahinter?

Nehmen wir an, die Firma Müller betreibt ein kleines Architekturbüro, in dem mehrere Angestellte arbeiten. Es gibt Herrn Müller, die Sekretärin Frau Bauer und einen zweiten (Teilzeit-)Mitarbeiter, Herrn Theisen. Alle sind mit eigenen PC ausgestattet, die in zwei verschiedenen Räumen stehen. Leider gibt es einige Haken an der Sache. Aus Kostengründen sind nur zwei Drucker vorhanden. Möchte Herr Theisen etwas drucken, muss er die Dateien auf Diskette kopieren und auf einem der beiden anderen PCs drucken. Beim Austauschen von Zeichnungen zwischen Herrn Müller und Herrn Theisen gibt es ebenfalls Probleme, da diese wegen der Dateigröße nicht mehr auf Disketten passen (Sie können sich sicher vorstellen, dass diese Methoden in größeren Firmen einfach nicht tragbar sind). Herr Müller beschließt deshalb, die einzelnen PCs in den Büros über Kabel zu einem **Netzwerk** zusammenzuschalten.

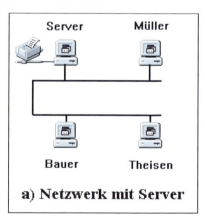

Eine Möglichkeit besteht darin, dass ein Rechner quasi als **Hauptstation** (**Server** genannt) im **Netzwerk** verwendet wird. Auf diesem werden alle gemeinsam benötigten Dateien gespeichert. Weiterhin ist der Drucker an dieser Station angeschlossen. Jeder Teilnehmer im Netz kann auf diesen Drucker und auf die Laufwerke des **Servers** zugreifen.

Ein **Server** ist die Hauptstation in einem Netzwerk. Er bietet seine Dienste (Drucker, Laufwerke) allen Teilnehmern im Netzwerk an. Die anderen Netzwerkstationen werden dann als **Clients** bezeichnet, da sie die Dienste des Servers nutzen. (Dies ist leicht zu merken: ein Ober (Server) *serviert* seinen Gästen (Client) etwas – auch wenn im deutschen Sprachgebrauch das Wort »Klient« mehr bei Anwälten benutzt wird.)

Server werden häufig dann **verwendet**, wenn sehr **viele Teilnehmer** in einem **Netzwerk** arbeiten. Der Server stellt die Rechenleistung für die Netzwerkteilnehmer zur Verfügung. Außerdem erfolgt die Verwaltung des Netzwerkes über den Server, was bei mehr als 10 bis 20 Teilnehmern einen erheblichen Vorteil bietet. **Windows NT Server**, **Windows 2000 Server**, **Novell NetWare** und **Unix** sind Produkte bzw. Betriebssysteme, die im PC-Bereich häufig zum Betrieb eines Netzwerks mit Server benutzt werden.

Herrn Müller ist es aber zu aufwendig und zu teuer, einen eigenen Server mit der zugehörigen Software für das Büro zu betreiben. Es werden ja nur gelegentlich Dateien ausgetauscht und er möchte alle Computer nutzen. Er hat gerade Frau Anders eingestellt und einen weiteren Computer gekauft.

Er entscheidet sich daher für ein so genanntes **Workgroup**-Netzwerk. Auch hier sind die Computer durch ein Kabel miteinander verbunden. Geräte wie Drucker lassen sich aber an beliebige PCs anschließen. Ein Benutzer kann nun andere Netzteilnehmer seine **Ressourcen** wie beispielsweise Drucker mitbenutzen lassen. Weiterhin lassen sich Laufwerke oder Ordner zur gemeinsamen Benutzung freigeben.

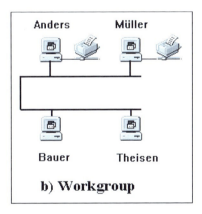

b) **Workgroup**

Ressource ist in diesem Zusammenhang ein Sammelbegriff für Geräte oder Einheiten, die auf einem Rechner vorhanden sind. Geräte können zum Beispiel Drucker, Diskettenlaufwerke, Festplatten oder CD-ROM-Laufwerke sein. Einheiten sind beispielsweise Ordner und deren Unterordner. Zur Vereinfachung wird daher im Netzwerkbereich die Bezeichnung **Ressource** verwendet.

Da diese Art von Netzwerken keinen eigenen Server benötigen, werden sie häufig in kleineren Arbeitsgruppen (kleine Firmen, Abteilungen etc.) eingesetzt. Es wird praktisch nur ein Kabel und für jeden PC eine so genannte **Netzwerkkarte** zum Anschluss an das Netzwerk benötigt. Die Netzwerkfunktionen für Workgroup-Netzwerke sind bereits in Windows 95/98/NT sowie in Windows 2000 Professional enthalten. Dadurch ist es möglich, ein sehr preiswertes Netzwerk einzurichten. Jeder Benutzer im Netzwerk entscheidet, welche Ressourcen er auf seinem Rechner für die gemeinsame Benutzung im Netzwerk freigibt. Probleme gibt es aber, falls sehr viele Benutzer auf einen Rechner zugreifen und gleichzeitig an diesem gearbeitet wird. Außerdem ist die Freigabe der Ressourcen durch einzelne Benutzer bei mehr als 10 bis 20 Benutzern kaum noch effizient zu handhaben.

Um unbefugte Zugriffe auf den Server oder die Workstations zu unterbinden, muss sich jeder Teilnehmer mit einem Kennwort anmelden (in Kapitel 1 wurde dies bereits erwähnt). Über die Namen und die Kennwörter der Benutzer lässt sich zum Beispiel festlegen, wer welche Laufwerke oder Drucker verwenden darf.

Wie arbeite ich im Netzwerk?

Ist Ihr Computer in ein Netzwerk eingebunden, bietet er einige zusätzliche Funktionen zum Zugriff auf die Ressourcen an. Sie kennen dies schon aus Kapitel 1: Bevor Sie mit Windows arbeiten können, müssen Sie sich erst anmelden.

1 Klicken Sie in das betreffende Feld und tippen Sie anschließend Ihren Benutzernamen bzw. das Kennwort ein.

Sobald Sie das Dialogfeld über die *OK*-Schaltfläche schließen, versucht Windows Sie anzumelden.

In Netzwerken gibt es in der Regel eine bestimmte Person, meist als **Systemadministrator** bezeichnet, die für den Betrieb der Rechner zuständig ist. In diesem Fall müssen Sie sich vom Administrator als Benutzer einrichten und den Benutzernamen sowie das Kennwort zuteilen lassen. Ein Administrator meldet sich selbst unter dem Benutzernamen »Administrator« und einem eigenen Kennwort an. Das Kennwort des Administrators wird in der Regel bei der Windows-Installation festgelegt. Sofern Sie Ihr System selbst administrieren, sind Sie für die Vergabe der Berechtigungen und Kennwörter selbst verantwortlich. Da dieser Stoff aber über die Zielgruppe dieses Buches hinausgeht, werden diese Funktionen nicht behandelt. Sie müssen dann auf weiterführende Literatur zurückgreifen.

Die nachfolgenden Abschnitte beschreiben konkret das Arbeiten mit den Ressourcen in einem Workgroup-Netzwerk. Die Handhabung bei einem Server ist weitgehend ähnlich. Falls Sie bei der Anmeldung oder bei der Bedienung der Netzwerkfunktionen nicht weiterkommen, fragen Sie Ihren **Systemadministrator** (dies ist die Person, die für den Betrieb und die Verwaltung des Netzwerks zuständig ist).

Nach der Anmeldung an einem Windows-PC, der in einem Netzwerk betrieben wird, erscheint das Symbol *Netzwerkumgebung* auf dem Desktop. Über dieses Symbol können Sie auf die Ressourcen anderer Rechner im Netzwerk zugreifen und ggf. Drucker, Laufwerke oder Ordner nutzen. Die Handhabung gleicht dabei dem Umgang mit dem Fenster *Arbeitsplatz*.

1 Doppelklicken Sie auf das Symbol *Netzwerkumgebung*.

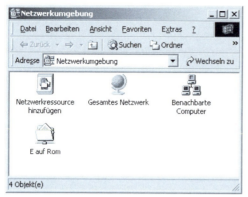

Windows öffnet jetzt das Fenster *Netzwerkumgebung*. Das Fenster gleicht im Aufbau dem bereits bekannten Fenster *Arbeitsplatz*. Sie finden eine Menüleiste, eine Symbolleiste und eine Statusleiste. Das Arbeiten in diesem Fenster entspricht ebenfalls dem Umgang mit dem Fenster *Arbeitsplatz* (siehe Kapitel 3).

Lediglich die Symbole innerhalb der Netzwerkumgebung sehen etwas anders als im Fenster *Arbeitsplatz* aus. Während Sie im Fenster *Arbeitsplatz* die Laufwerke Ihres Computers erkennen, enthält das Fenster *Netzwerkumgebung* die Ressourcen (sprich: die Rechner bzw. Stationen) des Netzwerks.

Das Symbol *Gesamtes Netzwerk* zeigt Ihnen die Arbeitsgruppen (engl. **Workgroups**) oder die Server innerhalb des gesamten Netzwerks an.

Über dieses Symbol erreichen Sie die Computer (Arbeitsstationen oder Server) des Netzwerks, die zur eigenen **Arbeitsgruppe** oder zur **Domäne** gehören.

Dieses Symbol ruft einen Assistenten auf, der Ihnen das Hinzufügen einer Netzwerkressource innerhalb des Ordnerfensters *Netzwerkumgebung* ermöglicht.

Ein solches Symbol steht für eine Netzwerkressource eines anderen Computers, die mit dem Symbol *Netzwerkressource hinzufügen* im Ordner *Netzwerkumgebung* aufgenommen wurde.

Wie arbeite ich im Netzwerk?

Ein Netzwerk kann sehr viele Rechner (Arbeitsstationen und/oder Server) enthalten. Damit die Benutzer nicht gänzlich den Überblick verlieren, werden die Rechner so genannten **Arbeitsgruppen** (z.B. Verkauf, Marketing, Einkauf etc.) oder **Servern** zugeordnet und auch in diesen Kategorien angezeigt. Server können dabei noch so genannten **Domänen** zugeordnet sein, d.h. ein Benutzer arbeitet vorzugsweise mit den Servern innerhalb dieser Domäne.

Jede Station (Server oder Workgroup) besitzt einen eindeutigen Namen, über den auf den betreffenden Rechner zugegriffen wird. Möchten Sie wissen, auf welche Server oder Arbeitsstationen Sie von Ihrem Rechner zugreifen können?

1 Doppelklicken Sie auf das Symbol *Benachbarte Computer*.

Windows öffnet das Fenster *Benachbarte Computer* und zeigt die Server und/oder Arbeitsstationen der Domäne bzw. Arbeitsgruppe an. Hier enthält das Netzwerk lediglich drei Arbeitsstationen mit den Namen *Paris*, *Wien* und *Rom*.

Markieren Sie eines dieser Symbole, blendet Windows den Netzwerknamen des Computers sowie einen Kommentar in der linken Spalte *Benachbarte Computer* des Ordnerfensters ein.

Rom

1 Doppelklicken Sie auf das Symbol einer Arbeitsstation bzw. eines Servers.

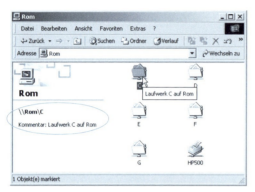

Dann zeigt Windows das Ordnerfenster mit den auf der betreffenden Maschine freigegebenen Ressourcen. Dies können Laufwerke, Ordner oder Drucker sein. Laufwerke und Ordner werden mit einem stilisierten Ordnersymbol angezeigt.

Sie können an dem betreffenden Symbol nicht erkennen, ob es sich um einen Ordner oder um ein Laufwerk handelt. Dies ist für Sie auch nicht relevant, da Sie ja nur an Dateien in einem bestimmten Ordner interessiert sind. Klicken Sie auf ein Symbol im Ordnerfenster, zeigt Windows in der linken Spalte des Ordnerfensters den Netzwerknamen des Rechners sowie einen Kommentar zur betreffenden Ressource an. Dieser Kommentar erscheint auch, wenn Sie das Ordnerfenster in den Anzeigemodus »Details« umschalten. Dann enthält die Spalte *Kommentar* ggf. Hinweise zur betreffenden Ressource. Dieser Kommentar wird bei der Freigabe der Ressource definiert (siehe unten). Die Anzeige zweier Ordner bedeutet jedoch nicht, dass dieser Rechner nur diese beiden Ressourcen besitzt. Der betreffende Benutzer (oder der Administrator) hat die anderen Laufwerke lediglich nicht für eine gemeinsame Benutzung freigegeben. Die Symbolgröße können Sie wie bei anderen Ordnerfenstern über die Schaltfläche *Ansichten* ändern.

Um mit einer Ressource (zum Beispiel einem Ordner) zu arbeiten, führen Sie folgende Schritte aus:

1 Doppelklicken Sie auf das Symbol eines Ordners.

Hier wurde der Ordner *D* gewählt. Die nächsten Schritte hängen davon ab, ob für den Zugriff auf die betreffende Ressource eine Kennwortabfrage vereinbart wurde oder nicht.

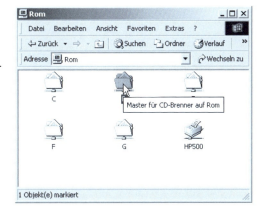

Hier ist ein Kennwort erforderlich.

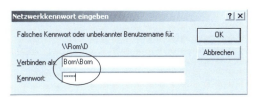

2 Klicken Sie in das Feld *Verbinden als* und geben Sie den Benutzernamen an.

Falls Sie bereits mit Windows 95 oder 98 gearbeitet haben, ergibt sich eine Änderung. Das Feld *Verbinden als* benötigt nicht nur den Benutzernamen. Vielmehr müssen Sie den Namen der Domäne, gefolgt von einem Backslash-Zeichen \ und dem Benutzernamen angeben. Als Domäne kann auch der Name einer Arbeitsgruppe benutzt werden. Die Angabe »Verkauf\Born« bedeutet daher, der Benutzer »Born« meldet sich an der Domäne bzw. Arbeitsgruppe »Verkauf« an.

309

3 Klicken Sie in das Feld *Kennwort* und tippen Sie das Kennwort ein.

4 Schließen Sie das Dialogfeld über die *OK*-Schaltfläche.

Das Dialogfeld mit der Kennwortabfrage verschwindet erst, nachdem Sie sich mit einem gültigen Kennwort autorisiert haben.

> **HINWEIS** Falls Sie trotz korrekt eingegebenem Benutzernamen und Kennwort Probleme mit der Verbindung zu einer Ressource im Netzwerk haben, kontaktieren Sie den Netzwerkadministrator. Dieser kann dann ggf. feststellen, ob die Ressource von Ihnen nutzbar ist oder ob Zugangsbeschränkungen vorhanden sind.

Sofern Sie den richtigen Benutzernamen sowie das erforderliche Kennwort eingetippt haben, gibt der betreffende Rechner den Zugang zur Ressource frei und Ihr Windows kann die Ordner und Dateien der Ressource im Ordnerfenster anzeigen.

Sie können anschließend mit den Dateien und Unterordnern der Ressource arbeiten. Das funktioniert so, wie dies in Kapitel 3 am Beispiel des Fensters *Arbeitsplatz* gezeigt wurde (Sie sehen lediglich keine Laufwerkssymbole). Sie können sich also Ordner und Dateien ansehen, diese löschen, umbenennen, kopieren oder Dokumente in Programme laden.

Wie arbeite ich im Netzwerk?

Es kann aber durchaus sein, dass der Besitzer der betreffenden Ressource die Ordner und Dateien bei der Freigabe vor einer Veränderung durch andere Benutzer geschützt hat. Es lässt sich eine generelle Schreibsperre festlegen oder vor Änderungen muss ein spezielles **Kennwort** für **Schreibzugriffe** eingegeben werden. Sind Änderungen nicht zulässig, weist Windows jeden Versuch, eine Datei oder einen Ordner zu verschieben, umzubenennen oder zu löschen, mit einer Fehlermeldung zurück.

Passen Sie beim Bearbeiten von Dateien per Programm auf. Laden Sie beispielsweise einen Brief von einer schreibgeschützten Netzwerkressource, können Sie Änderungen an diesem Dokument nicht in die ursprüngliche Datei zurückspeichern. Windows lehnt das Speichern des Dokuments auf der betreffenden Ressource ab.

Das Navigieren in den verschiedenen Ordnern auf einem Netzlaufwerk erfolgt in der gleichen Weise wie beim Arbeiten mit lokalen Ordnern.

Sie können jederzeit die Schaltfläche *Aufwärts* des Ordnerfensters oder die ⬅-Taste verwenden, um zum übergeordneten Ordner, Laufwerk oder zur übergeordneten Netzwerkebene zu wechseln.

Klicken Sie auf die Schaltfläche *Ordner*, blendet Windows die Ordnerhierarchie in der Explorerleiste ein. Dort sehen Sie auch einen Zweig für die Netzwerkumgebung. Über die betreffenden Symbole können Sie sehr elegant in der Arbeitsgruppe/Domäne zwischen Rechnern wechseln.

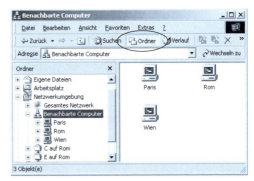

311

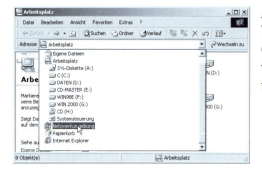

Alternativ haben Sie die Möglichkeit in jedem beliebigen Ordnerfenster über das Listenfeld *Adresse* auf die Netzwerkumgebung zuzugreifen.

Suchen im Netzwerk

Ist Ihr Computer an einem umfangreicheren Netzwerk angeschlossen? Wird eine Arbeitsstation nicht im Ordnerfenster *Benachbarte Computer* angezeigt? Dann können Sie über das Symbol *Gesamtes Netzwerk* des Ordnerfensters *Netzwerkumgebung* auf alle Ordner, Laufwerke und Stationen des Netzwerks zugreifen.

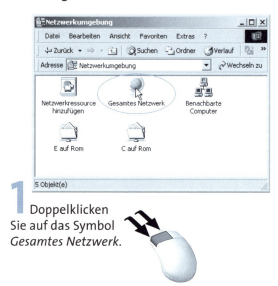

1 Doppelklicken Sie auf das Symbol *Gesamtes Netzwerk*.

Suchen im Netzwerk

Windows zeigt jetzt das nebenstehende Fenster, in dem Sie nach Computern oder Dateien/Ordnern suchen können.

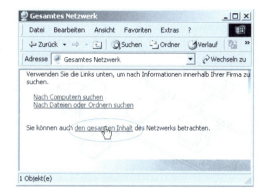

2 Klicken Sie im Ordnerfenster auf den Hyperlink »den gesamten Inhalt«.

Im nächsten Ordnerfenster werden die von Windows erkannten Netzwerke angezeigt.

3 Doppelklicken Sie im Ordnerfenster auf das Symbol des Microsoft Windows-Netzwerks.

Windows zeigt jetzt die im Netzwerk gefundenen Server und Arbeitsgruppen an. Hier wurden zwei Arbeitsgruppen gefunden.

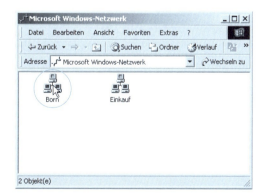

4 Doppelklicken Sie im Ordnerfenster auf eines der Symbole (Server oder Arbeitsgruppe).

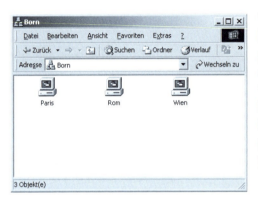

Windows zeigt dann die in der betreffenden Domäne/Arbeitsgruppe gefundenen Rechner an. Anschließend können Sie wie bereits auf den vorhergehenden Seiten gezeigt auf die Ressourcen des Rechners zugreifen, indem Sie das Symbol per Doppelklick anwählen.

Der hier beschriebene Weg ermöglicht Ihnen den Zugang zu Servern anderer Domänen bzw. den Zugriff auf Arbeitsstationen anderer Arbeitsgruppen. Voraussetzung zum Zugriff auf deren Ressourcen ist allerdings, dass Sie über die entsprechenden **Zugangsberechtigungen** verfügen und eine **Benutzerkennung** sowie ein **Kennwort** besitzen. Sprechen Sie ggf. Ihren Netzwerkadministrator an, falls Sie Zugriff auf andere Domänen und/oder Arbeitsgruppen benötigen oder Probleme haben.

Wird die gesuchte Station im Netzwerk nicht angezeigt? Dies kann einerseits daran liegen, dass der Rechner gerade heruntergefahren oder auf andere Weise vom Netz genommen wurde. Nach dem Hochfahren dauert es ebenfalls einige Zeit, bis Windows die Verfügbarkeit eines Servers oder einer Arbeitsstation erkennt. Sie haben aber die Möglichkeit, gezielt im Netzwerk nach einem Rechner suchen zu lassen.

1 Öffnen Sie das Ordnerfenster *Netzwerkumgebung* durch einen Doppelklick auf das betreffende Desktop-Symbol.

Suchen im Netzwerk

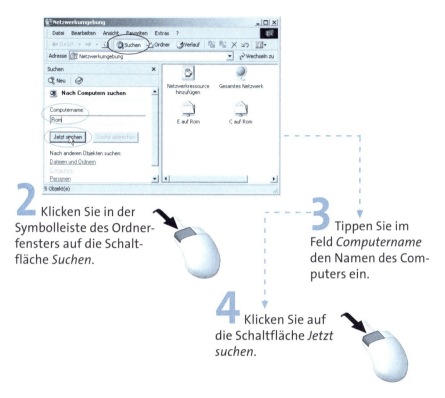

2 Klicken Sie in der Symbolleiste des Ordnerfensters auf die Schaltfläche *Suchen*.

3 Tippen Sie im Feld *Computername* den Namen des Computers ein.

4 Klicken Sie auf die Schaltfläche *Jetzt suchen*.

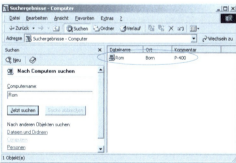

Windows durchsucht anschließend das Netzwerk und zeigt die gefundenen Rechner, die mit dem Suchbegriff übereinstimmen. Mit einem Doppelklick auf das betreffende Symbol können Sie das zugehörige Ordnerfenster öffnen.

Sie können im Feld *Computername* sowohl den genauen Namen als auch Wildcardzeichen angeben. Mit * werden alle im Windows-Netzwerk verfügbaren Rechner gesucht und in der Liste angezeigt. Der Text *B** liefert Rechner wie *Bonn*, *Berlin*, *Bremen* etc., falls diese Stationen im Netzwerk vorhanden sind.

Die Suchseite erreichen Sie auch, indem Sie in der Netzwerkumgebung auf *Gesamtes Netzwerk* doppelklicken und dann in der Textseite (siehe oben) den Hyperlink »Nach Computern suchen« wählen.

Netzlaufwerkressource hinzufügen

Arbeiten Sie häufiger mit Netzwerkressourcen (Ordner, Drucker etc.)? Dann ist es recht mühsam, wenn Sie jedes Mal auf das Symbol *Netzwerkumgebung* und anschließend auf *Benachbarte Computer* doppelklicken müssen. Sie können sich das Leben erleichtern, indem Sie die gewünschte(n) Netzwerkressource(n) zum Ordnerfenster *Netzwerkumgebung* hinzufügen.

1 Öffnen Sie das Ordnerfenster *Netzwerkumgebung* durch einen Doppelklick auf das betreffende Desktop-Symbol.

Netzwerkressource hinzufügen

2 Doppelklicken Sie im Ordnerfenster *Netzwerkumgebung* auf das Symbol *Netzwerkressource hinzufügen*.

Windows startet jetzt einen Assistenten, der Sie durch die Schritte zum Hinzufügen der Netzwerkressource führt.

> Bei diesem Vorgang müssen Sie den so genannten **UNC-Pfad** zur gewünschten Ressource (Laufwerk, Ordner etc.) angeben. Es handelt sich dabei um den Pfad, der in der Form *\\Rechnername\Ressource* geschrieben wird. Mit der Angabe *\\Rom\C* wird dann die (freigegebene) Ressource *C* (z.B. Laufwerk C) auf dem Rechner mit dem Namen *Rom* bezeichnet. Groß-/Kleinbuchstaben werden dabei nicht unterschieden.

3 Tippen Sie den UNC-Pfad zur Netzwerkressource ein.

NETZLAUFWERKRESSOURCE HINZUFÜGEN

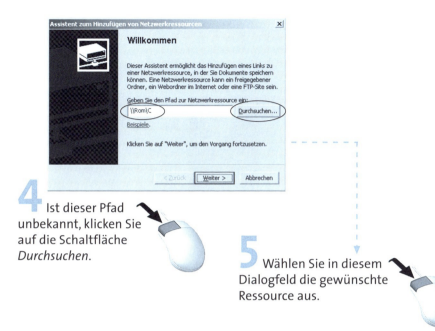

4 Ist dieser Pfad unbekannt, klicken Sie auf die Schaltfläche *Durchsuchen*.

5 Wählen Sie in diesem Dialogfeld die gewünschte Ressource aus.

Sie können dabei in der Netzwerkhierarchie bis zu einzelnen Ordnern navigieren.

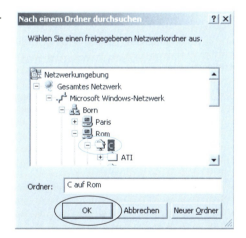

6 Schließen Sie das Dialogfeld über die *OK*-Schaltfläche.

317

7 Passen Sie ggf. den Namen für die Netzwerkressource in diesem Dialogfeld an.

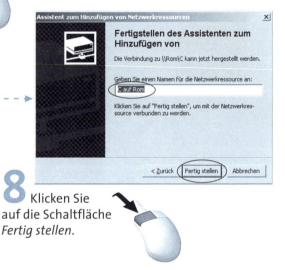

8 Klicken Sie auf die Schaltfläche *Fertig stellen*.

C auf Rom

Der Assistent richtet anschließend die Netzwerkressource mit dem angegebenen Namen und einem Symbol in der Netzwerkumgebung ein.

Je nach Freigabe müssen Sie bei der Anmeldung ein Kennwort eingeben. Die betreffenden Techniken haben Sie auf den vorhergehenden Seiten bereits kennen gelernt.

Gleichzeitig wird das Ordnerfenster mit den zugehörigen Ressourcen geöffnet. Sie können dann mit den Ordnern arbeiten.

Netzlaufwerk verbinden und trennen

Arbeiten Sie lieber mit Laufwerkssymbolen im Explorerfenster oder im Fenster *Arbeitsplatz*? Haben Sie noch ältere Programme, die die Zugriffe auf Netzwerkressourcen nur ungenügend oder überhaupt nicht unterstützen?

Dann können Sie einem freigegebenen Ordner im Netzwerk einen Laufwerksnamen zuweisen. Dieses Laufwerk wird im Ordner *Arbeitsplatz* angezeigt. Am stilisierten Netzwerkkabel erkennen Sie, dass es sich um eine Netzwerkressource handelt.

Um ein solches Laufwerk mit einem freigegebenen Laufwerk oder einem freigegebenen Ordner einer anderen Netzwerkstation zu verbinden, sind nur wenige Schritte erforderlich:

1 Öffnen Sie das Fenster eines Ordners oder das Explorer-Fenster.

2 Wählen Sie im Menü Extras den Befehl NETZLAUFWERK VERBINDEN.

3 Passen Sie im Listenfeld *Laufwerk* ggf. den vorgeschlagenen (freien) Laufwerksbuchstaben an.

4 Geben Sie im Feld *Ordner* den Pfad zur Netzwerkressource an.

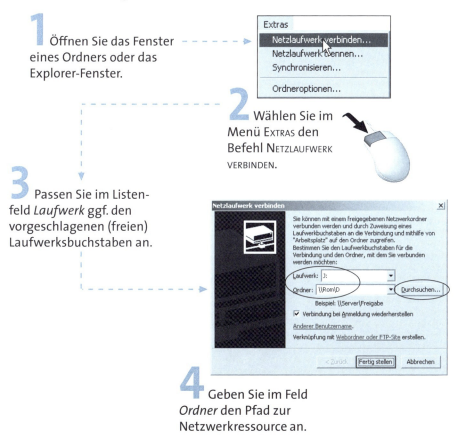

Wurde die Netzwerkressource bereits einmal für ein Laufwerk vergeben, können Sie das Listenfeld *Ordner* öffnen und den Pfad durch Anklicken wählen.

Markieren Sie das Kontrollkästchen *Verbindung bei Anmeldung wiederherstellen*, richtet Windows bei der nächsten Anmeldung die Verbindung zum Laufwerk automatisch ein. Hierzu muss jedoch der betreffende Rechner im Netzwerk betriebsbereit sein.

5 Kennen Sie den Pfad zur Ressource nicht, klicken Sie auf die Schaltfläche *Durchsuchen*.

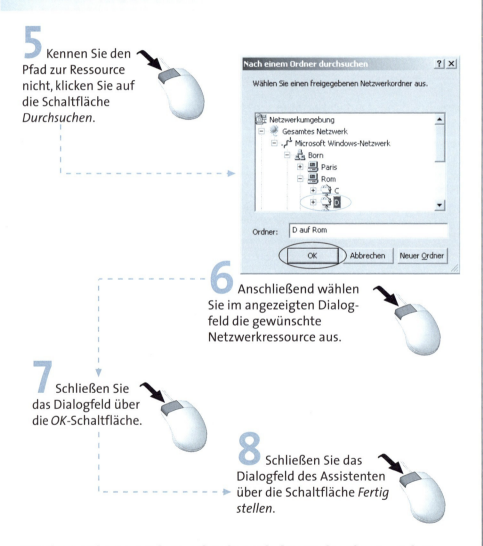

6 Anschließend wählen Sie im angezeigten Dialogfeld die gewünschte Netzwerkressource aus.

7 Schließen Sie das Dialogfeld über die *OK*-Schaltfläche.

8 Schließen Sie das Dialogfeld des Assistenten über die Schaltfläche *Fertig stellen*.

Windows richtet jetzt das Laufwerkssymbol im Ordnerfenster *Arbeitsplatz* ein. Weiterhin wird die Ressource in einem Ordnerfenster geöffnet.

Je nach Freigabe müssen Sie allerdings vor dem Zuweisen der Ressource ein Kennwort angeben. Weiterhin können Sie sich unter einem anderen Namen anmelden. Klicken Sie im Assistenten auf den Hyperlink »Anderer Benutzername« und geben Sie dann im hier gezeigten Dialogfeld Ihren Benutzernamen und Ihr Kennwort ein.

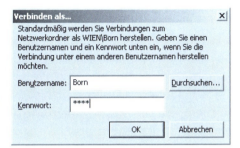

Um eine **bestehende Verbindung** für ein Netzlaufwerk wieder **aufzuheben**, sind nur zwei Schritte erforderlich.

1 Klicken Sie mit der rechten Maustaste im Ordnerfenster auf das Symbol der Ressource.

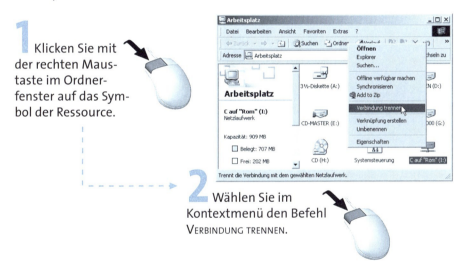

2 Wählen Sie im Kontextmenü den Befehl VERBINDUNG TRENNEN.

Windows trennt die Verbindung zur Netzwerkressource und entfernt das Laufwerkssymbol aus dem Ordner *Arbeitsplatz*.

Im Kontextmenü sehen Sie die Befehle OFFLINE VERFÜGBAR MACHEN und SYNCHRONISIEREN. Windows erlaubt Ihnen eine Verbindung per Netzwerk oder Telefonleitung zu einem anderen Netzwerkrechner aufzunehmen. Ist diese Verbindung nicht immer verfügbar, wählen Sie OFFLINE VERFÜGBAR MACHEN. Dann lädt Windows eine Kopie der betreffenden Ressource auf den lokalen Rechner. Arbeiten Sie mit dieser Kopie, falls die Verbindung zum Netzwerk fehlt. Über den Befehl SYNCHRONISIEREN können Sie bei bestehender Verbindung die Dateien zwischen der lokalen Kopie und der Netzwerkressource aktualisieren. Beide Funktionen werden aber in diesem Buch nicht weiter behandelt.

Drucken im Netzwerk

Ist an Ihrem Computer kein Drucker angeschlossen? Möchten Sie zum Drucken von Dokumenten einen besonderen Drucker (z.B. Farbdrucker) verwenden? Falls Ihr Rechner in ein Netzwerk eingebunden ist, können Sie alle freigegebenen Drucker im Netzwerk benutzen. Die Auswahl eines solchen Druckers ist so einfach wie das Benutzen des am eigenen Rechner angeschlossenen lokalen Druckers.

1 Klicken Sie im Fenster der Anwendung im Menü DATEI auf den Befehl DRUCKEN. Alternativ können Sie auch die Tastenkombination [Strg]+[P] drücken.

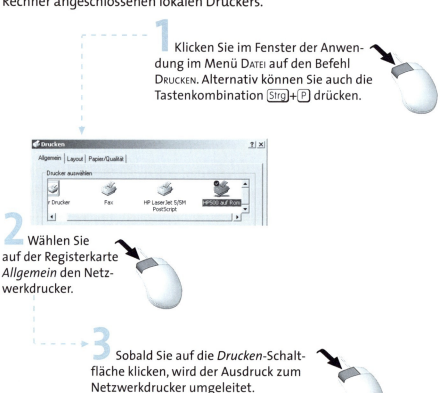

2 Wählen Sie auf der Registerkarte *Allgemein* den Netzwerkdrucker.

3 Sobald Sie auf die *Drucken*-Schaltfläche klicken, wird der Ausdruck zum Netzwerkdrucker umgeleitet.

Um einen Drucker im Netzwerk verwenden zu können, muss dieser erst auf Ihrem Computer eingerichtet werden. Finden Sie auf der Registerkarte *Allgemein* in der Gruppe *Drucker auswählen* keinen Netzwerkdrucker, müssen Sie diesen zunächst einrichten.

Wie kann ich einen Netzwerkdrucker einrichten?

Um von Ihrem Computer aus den freigegebenen Drucker einer anderen Netzwerkstation zu benutzen, müssen Sie diesen erst einrichten. Hierzu gehen Sie folgendermaßen vor:

1 Öffnen Sie den Ordner *Drucker* (z.B. über den Befehl EINSTELLUNGEN/DRUCKER im Startmenü).

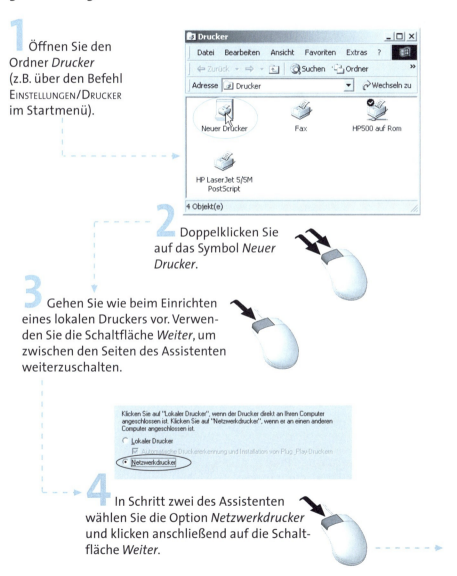

2 Doppelklicken Sie auf das Symbol *Neuer Drucker*.

3 Gehen Sie wie beim Einrichten eines lokalen Druckers vor. Verwenden Sie die Schaltfläche *Weiter*, um zwischen den Seiten des Assistenten weiterzuschalten.

4 In Schritt zwei des Assistenten wählen Sie die Option *Netzwerkdrucker* und klicken anschließend auf die Schaltfläche *Weiter*.

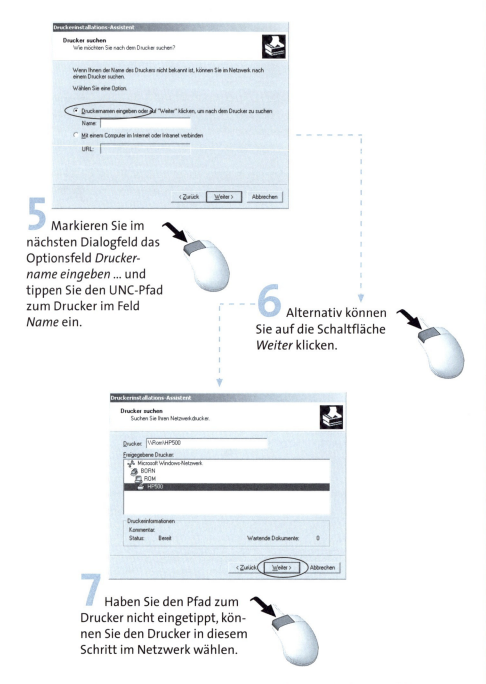

5 Markieren Sie im nächsten Dialogfeld das Optionsfeld *Druckername eingeben* ... und tippen Sie den UNC-Pfad zum Drucker im Feld *Name* ein.

6 Alternativ können Sie auf die Schaltfläche *Weiter* klicken.

7 Haben Sie den Pfad zum Drucker nicht eingetippt, können Sie den Drucker in diesem Schritt im Netzwerk wählen.

Sie zeigen die Ressourcen an, indem Sie auf ein Symbol doppelklicken.

Wie kann ich einen Netzwerkdrucker einrichten?

8 Im nächsten Schritt aktivieren Sie im Folgedialog eines der Optionsfelder, um ggf. den Drucker als Standard zu verwenden.

9 Erscheint dieses Dialogfeld, klicken Sie auf die Schaltfläche *Fertig stellen*.

Die letzten Schritte gleichen weitgehend der in Kapitel 6 beschriebenen Vorgehensweise bei der Druckerinstallation. Der neu eingerichtete Netzwerkdrucker wird jetzt im Ordner *Drucker* als Symbol angezeigt. Sie können nun diesen Drucker wie jeden anderen (lokalen) Drucker benutzen.

Ziehen Sie das Symbol mit der rechten Maustaste zum Desktop und wählen Sie den Befehl VERKNÜPFUNG(EN) HIER ERSTELLEN im Kontextmenü, wird das Symbol auf dem Desktop eingerichtet. Sie können dann das Fenster dieses Druckers sehr schnell öffnen und die anstehenden Druckaufträge an den betreffenden Netzwerkdrucker kontrollieren (siehe auch Kapitel 6).

Wie kann ich einen Drucker freigeben?

Sie können anderen Netzwerkteilnehmern die Benutzung des an Ihrem PC angeschlossenen (lokalen) Druckers erlauben. Hierzu müssen Sie diesen Drucker jedoch für die allgemeine Benutzung freigeben.

1 Öffnen Sie den Ordner *Drucker*.

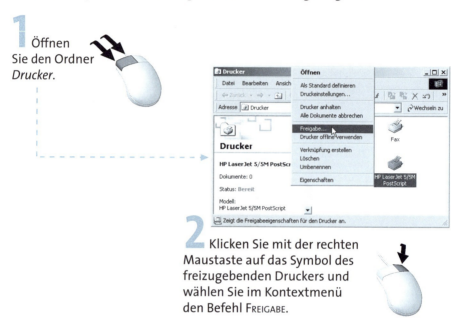

2 Klicken Sie mit der rechten Maustaste auf das Symbol des freizugebenden Druckers und wählen Sie im Kontextmenü den Befehl FREIGABE.

Windows öffnet jetzt das Fenster mit den Eigenschaften des betreffenden Druckers. Hier interessiert nur die Registerkarte *Freigabe*, die bereits im Vordergrund angezeigt wird. Auf dieser Registerkarte müssen Sie jetzt die Freigabeoptionen festlegen.

1 Klicken Sie auf das Optionsfeld *Freigeben als*.

WIE KANN ICH EINEN DRUCKER FREIGEBEN?

Über die Schaltfläche *Zusätzliche Treiber* können Sie bei Bedarf Drucker auf anderen Rechnerplattformen (Windows 95, Windows NT 3.51 etc.) installieren.

2 Tippen Sie den **Freigabenamen** (maximal zwölf Zeichen) ein.

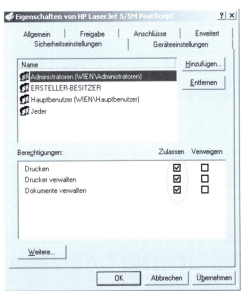

3 Klicken Sie auf die Registerkarte *Sicherheitseinstellungen*.

4 Legen Sie auf dieser Registerkarte die Berechtigungen für die einzelnen Benutzer fest.

327

5 Schließen Sie das Fenster über die *OK*-Schaltfläche.

Über die Schaltfläche *Hinzufügen* der Registerkarte *Sicherheitseinstellungen* können Sie Benutzer in die Liste aufnehmen. Markieren Sie einen Eintrag in der Liste der Benutzer, können Sie in der Liste *Berechtigungen* festlegen, welche Befehle dieser Benutzer für den Drucker ausführen darf.

Der eingegebene Name wird den anderen Benutzern bei der Anwahl des Computers im Fenster der Netzwerkumgebung angezeigt. Auf der Registerkarte *Allgemein* lässt sich zusätzlich ein Kommentar eintragen, den andere Benutzer im Anzeigemodus *Details* bei Anwahl des betreffenden Rechners sehen.

Windows gibt nach dem Schließen des Dialogfelds den Drucker im Netzwerk für andere Benutzer frei. Im Ordner *Drucker* erscheint beim betreffenden Druckersymbol eine kleine Hand als Freigabesymbol.

Haben Sie Ihren Drucker im Netzwerk freigegeben, müssen Sie etwas sorgsamer damit umgehen. Sie dürfen diesen nicht einfach ausschalten, um z.B. einen Druckauftrag abzubrechen. Es könnte ja der Druckauftrag eines anderen Benutzers sein. Auch beim Löschen von Druckaufträgen (siehe Kapitel 6) müssen Sie aufpassen und ggf. die anderen Netzteilnehmer verständigen.

Um die Freigabe wieder aufzuheben, rufen Sie die Registerkarte *Freigabe* auf und markieren das Optionsfeld *Nicht freigegeben*.

Laufwerke/Ordner zur gemeinsamen Benutzung freigeben

Sie können ein komplettes Laufwerk oder nur einen Ordner (dann aber mitsamt den zugehörigen Unterordnern) zur gemeinsamen Benutzung im Netzwerk freigeben. Hierzu sind nur wenige Schritte erforderlich.

LAUFWERKE/ORDNER ZUR GEMEINSAMEN BENUTZUNG FREIGEBEN

1 Klicken Sie im Fenster *Arbeitsplatz* oder in einem anderen Fenster mit der rechten Maustaste auf das Laufwerks- oder Ordnersymbol, um das Kontextmenü zu öffnen.

2 Wählen Sie im Kontextmenü den Befehl FREIGABE.

Windows öffnet das Fenster mit der Registerkarte *Freigabe*. Sie müssen jetzt die Freigabeoptionen für das Laufwerk oder den Ordner festlegen.

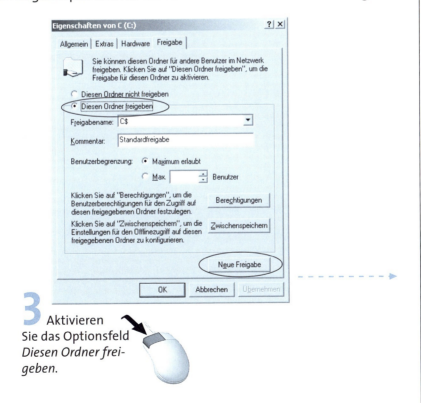

3 Aktivieren Sie das Optionsfeld *Diesen Ordner freigeben*.

329

4 Klicken Sie auf die Schaltfläche *Neue Freigabe*.

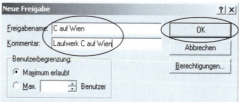

5 Definieren Sie einen Freigabenamen und ggf. einen Kommentar für die freizugebende Ressource.

Bei Bedarf können Sie die maximale Anzahl an Benutzern, die gleichzeitig Zugriff zur Ressource besitzt, in der Gruppe *Benutzerbegrenzung* festlegen.

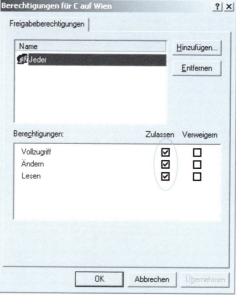

6 Klicken Sie auf die Schaltfläche *Berechtigungen*.

7 Legen Sie auf der Registerkarte *Freigabeberechtigungen* über die Schaltfläche *Hinzufügen* die Benutzer fest, die auf die Ressource zugreifen dürfen.

LAUFWERKE/ORDNER ZUR GEMEINSAMEN BENUTZUNG FREIGEBEN

8 Markieren Sie den Benutzer und legen Sie über die Kontrollkästchen der Gruppe *Berechtigungen* die Zugriffsoptionen fest.

9 Schließen Sie die Registerkarten und Dialogfelder über die *OK*-Schaltflächen.

Windows gibt das Laufwerk mit den betreffenden Optionen im Netzwerk frei. Sie erkennen freigegebene Laufwerke an der stilisierten Hand, die in der linken unteren Ecke des Laufwerkssymbols eingeblendet wird.

Falls Sie Probleme mit der Freigabe von Ressourcen haben oder andere Benutzer nicht auf freigegebene Ressourcen zugreifen können, bitten Sie Ihren Netzwerkadministrator, die betreffenden Benutzer auf der Arbeitsstation einzurichten und die Zugriffsberechtigungen festzulegen. So muss beispielsweise ein Benutzer unter Windows 2000 mit Benutzername und Kennwort angelegt worden sein, bevor er über einen anderen Netzwerkrechner auf freigegebene Ressourcen zugreifen darf. Die Diskussion der Details im Hinblick auf Freigabeberechtigungen sprengt den Rahmen dieses Buches. Weitere Hinweise zu den Netzwerkfunktionen erhalten Sie auch in der Windows-Hilfe.

10 und Optimierung

Was bringt Ihnen dieses Kapitel?

Beim Arbeiten mit Programmen und Dateien werden die Daten auf der Festplatte häufig verändert. Dabei können Fehler auftreten, was unter Umständen zu Datenverlusten führt. Um Fehler zu erkennen, zu beheben und Datenverlusten vorzubeugen, erfahren Sie in diesem Kapitel, wie sich Laufwerke mit einem Programm überprüfen lassen. Weiterhin lernen Sie, wie sich die Festplatte mit einem so genannten Defragmentierungsprogramm optimieren oder von »Datenmüll« bereinigen lässt. Außerdem lernen Sie, wie Windows Dateien komprimieren und verschlüsseln kann.

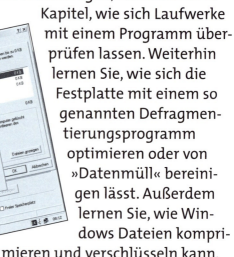

Das können Sie schon:

Schriftstücke mit WordPad erstellen	132
Drucken im Netzwerk	322
Laufwerke, Dateien und Ordner anzeigen	77

Das lernen Sie neu:

Laufwerke auf Fehler prüfen	334
Laufwerke defragmentieren	336
Laufwerke/Ordner komprimieren	339
Dateien verschlüsseln	342
Laufwerke aufräumen	343

Laufwerke auf Fehler prüfen

In Kapitel 3 wurde gezeigt, wie Sie mit Laufwerken und Disketten arbeiten. Manchmal kann es aber vorkommen, dass die Daten auf den Laufwerken beschädigt werden. Oder die Festplatte enthält **defekte Sektoren**, d.h. Bereiche, auf denen sich keine Daten speichern lassen. Die Ursachen für defekte Sektoren oder beschädigte Daten sind vielseitig:

- Die Festplatte ist an einigen Stellen beschädigt und kann dort keine Daten mehr aufnehmen (dies kann z.B. passieren, wenn Sie den eingeschalteten Computer an eine andere Stelle schieben oder ihm versehentlich einen heftigen Stoß »verpassen«).

- Vielleicht wurde der Rechner ausgeschaltet, ohne Windows vorher zu beenden. Dies kann auch die Folge eines Stromausfalls sein.

- Manchmal funktioniert auch ein Programm nicht mehr (man spricht dann von einem Absturz), und Sie bringen den Rechner nur noch durch Aus- und Wiedereinschalten zum Funktionieren.

Diese und andere Faktoren haben zur Folge, dass es mit der Zeit zu **Fehlern** auf der **Festplatte** oder im **Dateisystem** kommt.

Windows benutzt ein bestimmtes **Dateisystem**, um Ordner und Dateien auf einer Festplatte oder Diskette zu speichern. Das Dateisystem legt dabei die Organisation der Daten fest und fasst die Datei- und Ordnernamen in einem Inhaltsverzeichnis zusammen. Windows 2000 unterstützt dabei verschiedene Dateisysteme (FAT für MS-DOS bzw. Windows 95, FAT32 für Windows 98, NTFS für Windows NT/2000). Die eigentlichen Daten der Dateien werden dann in Blöcken, man bezeichnet diese auch als **Zuordnungseinheiten**, auf dem Medium gespeichert. Das Dateisystem merkt sich, welche Zuordnungseinheiten belegt sind und zu welchen Dateien sie gehören. Es kann aber durchaus vorkommen, dass die Festplatte belegte Zuordnungseinheiten aufweist, die zu keiner Datei gehören oder ungültige Daten enthalten etc.

Solche und andere Fehler führen mit der Zeit zu Problemen. Sie sollten solche Fehler deshalb feststellen und notfalls von den entsprechenden Programmen beheben lassen.

Die folgenden Schritte können Sie aber nur ausführen, wenn Sie als Administrator unter Windows 2000 angemeldet sind. Falls Sie als normaler Benutzer angemeldet sind, müssen Sie diese Aufgabe entweder dem Administrator überlassen, oder Sie melden sich über den Befehl *Beenden/"xxxx" abmelden* ab und dann als Administrator wieder an.

1 Klicken Sie im Fenster *Arbeitsplatz* auf das Symbol des zu prüfenden Laufwerks mit der **rechten** Maustaste.

2 Im Kontextmenü wählen Sie den Befehl EIGENSCHAFTEN.

3 Aktivieren Sie die Registerkarte *Extras*.

4 Klicken Sie auf die Schaltfläche *Jetzt prüfen*.

Windows startet das Programm zur Datenträgerprüfung. Im Dialogfeld können Sie dann noch zwei Kontrollkästchen mit den Optionen zur Datenträgerprüfung setzen. Dann korrigiert die Prüfung evtuell vorhandene Fehler automatisch.

Lassen Sie Optionen unmarkiert, prüft das Programm den Datenträger, ohne eine Fehlerkorrektur durchzuführen.

5 Klicken Sie auf die Schaltfläche *Starten*, um die Prüfung einzuleiten.

Während der Prüfung zeigt das Programm den Fortschritt im Dialogfeld an.

Der Abschluss der Prüfung wird in einem Dialogfeld angezeigt.

6 Klicken Sie auf die *OK*-Schaltfläche, um das Programm zu beenden.

Laufwerke defragmentieren

Eine Festplatte wird in einzelne Blöcke unterteilt. Die kleinste Einheit ist dabei ein **Sektor**, wobei immer mehrere benachbarte Sektoren zu so genannten **Zuordnungseinheiten** (auch als Cluster bezeichnet) zusammengefasst werden. Diese Zuordnungseinheiten werden vom Dateisystem zum Speichern der Dateien benutzt. Das Dateisystem belegt dabei immer freie Zuordnungseinheiten mit den Dateidaten. Ändern oder löschen Sie Dateien, führt dies dazu, dass eine Datei selten nebeneinanderliegende Zuordnungseinheiten benutzt. Vielmehr sind die Daten der Datei »willkürlich« über freie Zuordnungseinheiten der Festplatte verstreut. Dies hat den Effekt, dass Windows beim Lesen und Speichern von Dateien immer langsamer wird (da die zur Datei gehörenden Zuordnungseinheiten auf der Festplatte erst gesucht werden müssen). Windows 2000 enthält ein Programm, mit der sich die Dateien auf einer Festplatte optimieren lassen. Das Programm verlagert die Daten der Dateien so, dass diese in benachbarten Zuordnungseinheiten liegen.

LAUFWERKE DEFRAGMENTIEREN

Die Laufwerksoptimierung, auch als **Defragmentierung** bezeichnet, können Sie, ähnlich wie die Fehlerprüfung, nur durchführen, wenn Sie als Administrator am System angemeldet sind. Außerdem müssen alle laufenden Programme beendet werden, damit keine Dateien während der Prüfung verändert werden.

Zum Defragmentieren eines Laufwerks gehen Sie in folgenden Schritten vor:

1 Klicken Sie das Laufwerkssymbol im Fenster *Arbeitsplatz* mit der rechten Maustaste an und wählen Sie im Kontextmenü den Befehl EIGENSCHAFTEN.

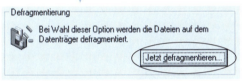

2 Auf der Registerkarte *Extras* im Eigenschaftenfenster wählen Sie die Schaltfläche *Jetzt defragmentieren*.

Das Programm meldet sich mit nebenstehendem Fenster.

1 Klicken Sie auf die Schaltfläche *Überprüfen*, um das markierte Laufwerk überprüfen zu lassen.

Das Programm prüft jetzt, wie stark die Dateien des Laufwerks in Blöcken auf der Festplatte verstreut sind. Man bezeichnet den Grad dieser Zerstückelung auch als **Fragmentierung**. Dieser Status wird auch im Feld *Überprüfungsanzeige* grafisch dargestellt. Im unteren Bereich des Fensters finden Sie eine Legende mit der Erläuterung der Farben für Dateien. Nach der Prüfung des Mediums erhalten Sie eine Statusanzeige in einem Dialogfeld.

1 Möchten Sie den Datenträger defragmentieren, klicken Sie auf die gleichnamige Schaltfläche.

Im Dialogfeld *Defragmentierung* finden Sie ebenfalls Schaltflächen, um die Defragmentierung direkt zu starten. Das Programm beenden Sie über die Schaltfläche *Schließen* in der rechten oberen Fensterecke.

Über die Schaltfläche *Bericht anzeigen* können Sie sich Details zum betreffenden Datenträger anfordern. Über die Schaltfläche *Schließen* beenden Sie das Dialogfeld.

Laufwerke/Ordner komprimieren

Eine Festplatte besitzt eine bestimmte Kapazität. Bedingt durch die wachsende Größe vieler Dokumentdateien (speziell Grafiken oder Word-Dokumente) wird der Speicherplatz auf der Festplatte schnell knapp. Dann heißt es entweder Programme und Dateien zu löschen oder eine neue größere Festplatte einzubauen. Der »Königsweg« liegt jedoch in einer dritten Alternative: die Dateien (bzw. der Inhalt des Laufwerks) werden komprimiert. Bei diesem Vorgang werden die Daten mit trickreichen Verfahren »gepackt« und anschließend gespeichert. Sie können Windows 2000 anweisen ein Laufwerk oder einen Ordner komprimiert anzulegen. Windows komprimiert dann die Dateien automatisch bei der Ablage auf dem Laufwerk bzw. im Ordner.

Die Komprimierung ist aber nur möglich, wenn das Laufwerk mit dem **NTFS-Dateisystem** formatiert wurde. Die Formatierung erfolgt in der Regel von der Windows-Installation und ist vom Administrator vorzunehmen. Die Umstellung der Laufwerkseigenschaft erfordert ebenfalls die Anmeldung als Administrator.

Zum Komprimieren eines Laufwerks gehen Sie in folgenden Schritten vor:

1 Klicken Sie mit der rechten Maustaste auf das Laufwerkssymbol und wählen Sie im Kontextmenü den Befehl EIGENSCHAFTEN.

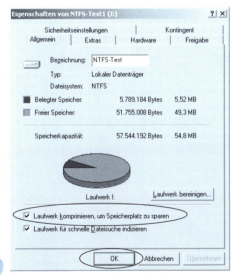

2 Bei einem Laufwerk mit NTFS-Dateisystem klicken Sie auf das Kontrollkästchen *Laufwerk komprimieren, um Speicherplatz zu sparen*.

3 Klicken Sie auf die *OK*-Schaltfläche.

Windows fragt nun, ob die Komprimierung auf alle Ordner anzuwenden ist.

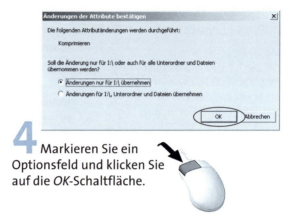

4 Markieren Sie ein Optionsfeld und klicken Sie auf die *OK*-Schaltfläche.

Jetzt übernimmt Windows 2000 die Vorgaben und bereitet das Laufwerk zur Komprimierung vor. Legen Sie Dateien auf dem Laufwerk ab, werden diese automatisch komprimiert.

> Um die Komprimierung **aufzuheben**, gehen Sie in der gleichen Reihenfolge vor, löschen aber die Markierung des Kontrollkästchens *Laufwerk komprimieren, um Speicherplatz zu sparen*. Voraussetzung ist aber, dass auf dem Datenträger genügend freie Kapazität zur Aufnahme der unkomprimierten Dateien vorhanden ist.

Möchten Sie lediglich einen Ordner komprimieren, geht dies ähnlich:

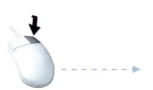

1 Klicken Sie mit der rechten Maustaste auf das Ordnersymbol und wählen Sie im Kontextmenü den Befehl EIGENSCHAFTEN.

LAUFWERKE/ORDNER KOMPRIMIEREN

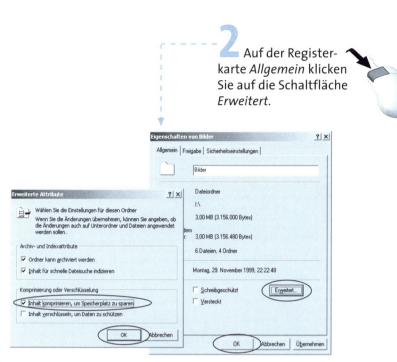

2 Auf der Registerkarte *Allgemein* klicken Sie auf die Schaltfläche *Erweitert*.

3 Markieren Sie im Dialogfeld *Erweiterte Attribute* das Kontrollkästchen *Inhalt komprimieren, um Speicherplatz zu sparen*.

4 Schließen Sie die geöffneten Dialogfelder über die *OK*-Schaltfläche.

Windows 2000 übernimmt die Vorgaben und komprimiert den Inhalt des Ordners. Legen Sie dort Dateien ab, werden diese automatisch komprimiert.

> Im Ordnerfenster können Sie komprimierte Dateien und Ordner farbig hervorheben lassen. Die Option *Komprimierte Dateien und Ordner in anderer Farbe anzeigen* zur Hervorhebung der Symboltitel finden Sie auf der Registerkarte *Ansicht*. Rufen Sie diese Registerkarte über den Befehl ORDNEROPTIONEN im Menü EXTRAS des Ordnerfensters auf.

Dateien verschlüsseln

Die Verschlüsselung funktioniert nur bei unkomprimierten Dateien. Beachten Sie auch, dass jeder Benutzer, der sich unter Ihrem Namen und Ihrem Kennwort anmeldet, die Dateien lesen kann (da der Schlüssel aus Ihren Benutzerdaten erzeugt wird).

Möchten Sie vertrauliche Dokumente vor einem unbefugten Zugriff schützen? Die Zugriffsmechanismen unter Windows erlauben Ihnen zwar bereits, die **Zugriffe auf Dateien** zu begrenzen. Mit der Funktion »Verschlüsselung« können Sie Dateien zusätzlich in einer codierten Form auf dem Datenträger hinterlegen. Dann können nur Sie selbst diese Dateien lesen.

Zum Verschlüsseln einer Datei gehen Sie ähnlich wie beim Komprimieren eines Ordners vor:

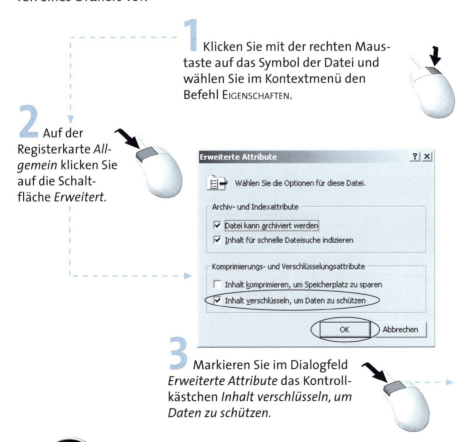

1 Klicken Sie mit der rechten Maustaste auf das Symbol der Datei und wählen Sie im Kontextmenü den Befehl EIGENSCHAFTEN.

2 Auf der Registerkarte *Allgemein* klicken Sie auf die Schaltfläche *Erweitert*.

3 Markieren Sie im Dialogfeld *Erweiterte Attribute* das Kontrollkästchen *Inhalt verschlüsseln, um Daten zu schützen*.

4 Schließen Sie die geöffneten Dialogfelder über die *OK*-Schaltfläche.

Windows 2000 übernimmt die Vorgaben und verschlüsselt den Inhalt der Datei. Ein anderer Benutzer (mit Ausnahme des Administrators) kann dann die Datei nicht mehr einsehen.

Zum Aufheben der Verschlüsselung wählen Sie den gleichen Weg, löschen aber die Markierung des Kontrollkästchens. Benötigen Sie eine Verschlüsselung für Dokumente, empfiehlt es sich, auf andere Verschlüsselungsprogramme auszuweichen, die ein separates Kennwort erlauben. Dies schützt Sie davor, dass Dritte Ihr Benutzerkennwort ausspähen und sich Zugang zu Ihren Dateien verschaffen.

Laufwerke aufräumen

Ist ein Laufwerk voll, hilft es manchmal, dieses Laufwerk aufzuräumen und nicht mehr benötigte Dateien zu löschen. Windows besitzt eine eigene Funktion *Datenträgerbereinigung*, mit der sich das Laufwerk »aufräumen« lässt. Um diese Funktion zu benutzen, gehen Sie folgendermaßen vor:

1 Klicken Sie im Fenster *Arbeitsplatz* mit der rechten Maustaste auf das Laufwerkssymbol und wählen Sie im Kontextmenü den Befehl EIGENSCHAFTEN.

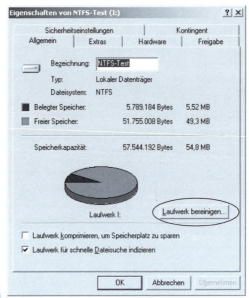

2 Wählen Sie auf der Registerkarte *Allgemein* die Schaltfläche *Laufwerk bereinigen*.

Windows zeigt kurzzeitig ein Dialogfeld zur Laufwerksbereinigung. Windows prüft dann das Laufwerk auf überflüssige Dateien, die sich entfernen lassen. Es handelt sich hierbei im Wesentlichen um den Inhalt des Papierkorbs sowie um den Zwischenspeicher für Internetdateien.

Dann fragt Windows nach, welche Dateien eigentlich zu entfernen sind.

LAUFWERKE AUFRÄUMEN

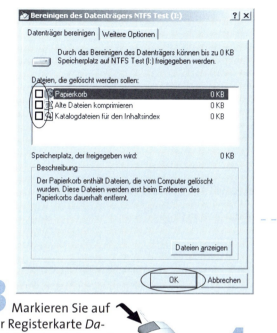

3 Markieren Sie auf der Registerkarte *Datenträger bereinigen* die Kontrollkästchen der Gruppen, deren Daten zu löschen sind.

4 Schließen Sie das Dialogfeld über die *OK*-Schaltfläche.

Die Registerkarte *Weitere Optionen* erlaubt erfahrenen Benutzern, weiteren Speicherplatz durch Entfernen nicht mehr benötigter Windows-Komponenten freizugeben.

Windows beginnt mit der Datenträgerbereinigung und löscht die betreffenden Dateien. Der Fortschritt wird in einem eigenen Fenster angezeigt.

Mit diesen Erläuterungen möchte ich das vorliegende Kapitel beenden. Sie haben die wichtigsten Funktionen zur Handhabung von Windows 2000 kennen gelernt. Weitere Tipps zum Arbeiten mit dem Betriebssystem finden Sie in der Windows-Hilfe sowie in weiter gehender Literatur. Im nächsten Kapitel finden Sie noch Informationen, wie Sie einige Windows-Einstellungen anpassen können.

11

Windowsanpassen

Was bringt Ihnen dieses Kapitel?

Windows 2000 lässt sich in vielen Bereichen anpassen. Geht die Uhr bei Windows falsch oder möchten Sie das Datum einstellen? In diesem Kapitel sehen Sie, wie sich dies mit ein paar Mausklicks korrigieren lässt. Weiterhin erfahren Sie, wie man die Eigenschaften der Anzeige anpasst. Dies erlaubt Ihnen, Hintergrundbilder oder Bildschirmschoner aufzurufen. Ein weiteres Thema ist das Installieren von Programmen und deren Einrichtung im Startmenü. Sie lernen, wie sich Windows-Komponenten nachträglich hinzufügen lassen oder wie Programme auf dem Rechner installiert werden. Zusätzlich wird gezeigt, wie Sie zum Beispiel die Einstellungen der Maus ändern oder einen Internetzugang einrichten können.

Das können Sie schon:

Arbeiten mit der Maus	26
Den Drucker verwalten	225
Schnellanzeige des Dateiinhalts	200
Den Papierkorb leeren	120

Das lernen Sie neu:

Uhrzeit und Datum einstellen	348
Den Desktop-Hintergrund ändern	351
Einen Bildschirmschoner einrichten	358
Die Bildschirmauflösung ändern	360
Windows-Komponenten installieren	363
Programme installieren	365
Das Startmenü ändern	366
Ein Programmsymbol auf dem Desktop einrichten	368
Die Maus einrichten	369
Internetzugang und E-Mail-Konto einrichten	371

Uhrzeit und Datum einstellen

Windows zeigt in der rechten unteren Bildschirmecke die Uhrzeit, und auf Abruf auch das Datum, an. Dies haben Sie bereits in Kapitel 1 kennen gelernt. Was ist aber, wenn die Uhr falsch geht oder das Datum nicht stimmt? Dies ist kein größeres Problem, Sie benötigen nur ein paar Mausklicks, um die Uhr zu stellen oder das Datum zu setzen.

1 Doppelklicken Sie in der rechten unteren Ecke der Taskleiste auf die angezeigte Uhrzeit.

Windows öffnet jetzt das Dialogfeld mit der Anzeige der aktuellen Uhrzeit und des Kalenders. Im Kalender werden der Monat und das Jahr angezeigt.

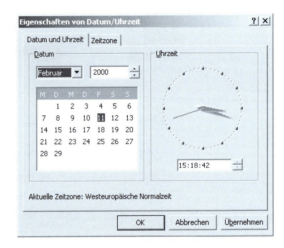

Um die Uhrzeit einzustellen, gehen Sie folgendermaßen vor:

1 Klicken Sie im Feld mit der Uhrzeit auf den Wert für Stunden, Minuten oder Sekunden.

2 Geben Sie den neuen Wert ein oder ändern Sie die Einstellung durch Klicken auf die beiden Schaltflächen des Drehfelds.

3 Klicken Sie entweder auf die Schaltfläche *OK* oder auf *Übernehmen*.

Die neu eingestellte Uhrzeit wird direkt in der Anzeige des Zifferblatts dargestellt.

Möchten Sie dagegen das Datum neu festlegen, sind folgende Schritte erforderlich:

1 Kontrollieren Sie das Feld mit der Jahreszahl und passen Sie diesen Wert gegebenenfalls an. Sie brauchen hierzu lediglich auf die Schaltflächen des Drehfelds im Feld für die Jahreszahl zu klicken.

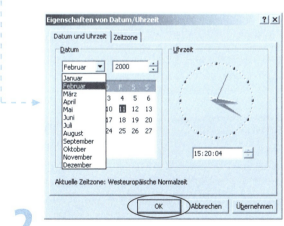

2 Öffnen Sie bei Bedarf das Listenfeld für den Monat.

3 Klicken Sie auf den Monat, den Sie einstellen möchten.

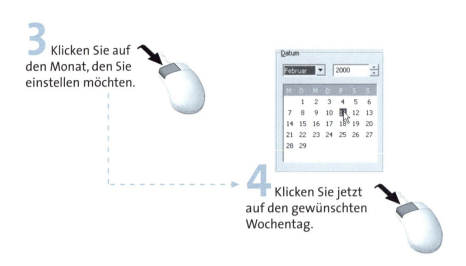

4 Klicken Sie jetzt auf den gewünschten Wochentag.

Der aktuelle Tag wird durch eine farbige Hinterlegung markiert.

5 Schließen Sie das Dialogfeld über die *OK*-Schaltfläche.

Über die Registerkarte *Datum und Uhrzeit* können Sie jederzeit feststellen, auf welchen Wochentag ein bestimmtes Datum (im Zeitraum von 1980 bis 2099) fällt. Sie müssen lediglich das Jahr und den Monat ändern. Sobald Sie die Jahreszahl über die Schaltflächen des Drehfelds ändern, werden die zugehörigen Wochentage im Kalenderfeld angezeigt. Schließen Sie die Registerkarte über die Schaltfläche *Abbrechen*, bleibt das aktuelle Datum erhalten.

Das Eigenschaftenfenster für das Datum/die Uhrzeit besitzt noch eine zweite Registerkarte, über die Sie die gewünschte **Zeitzone einstellen** können. Diese Zeitzone legt unter anderem fest, in welcher Form das Datum und die Uhrzeit angezeigt werden. Für Deutschland, Österreich und die Schweiz wird die Mitteleuropäische Zeitzone verwendet. Möchten Sie die Zeitzone ändern, gehen Sie folgendermaßen vor:

1 Öffnen Sie das Listenfeld mit den Zeitzonen.

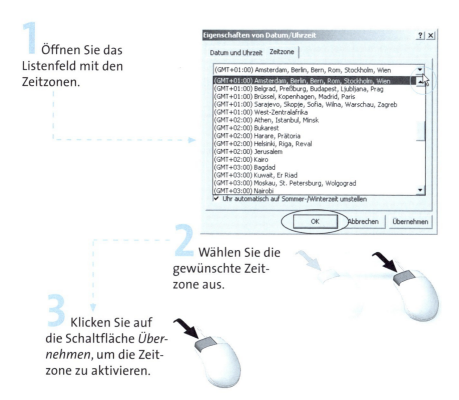

2 Wählen Sie die gewünschte Zeitzone aus.

3 Klicken Sie auf die Schaltfläche *Übernehmen*, um die Zeitzone zu aktivieren.

Den Desktop-Hintergrund ändern

Der Windows-**Desktop** kann mit einem weißen Hintergrund (wie in diesem Buch), mit verschiedenen Farben, Mustern und auf Wunsch sogar mit **Hintergrundbildern** versehen werden. Dadurch erhalten Sie die Möglichkeit den Desktop nach eigenen Wünschen zu gestalten. Sie könnten zum Beispiel ein Foto aus dem Urlaub **einscannen** und als Hintergrund auf dem Bildschirm anzeigen.

Um Bilder als Dateien in einen Computer zu übernehmen, brauchen Sie spezielle Geräte, die als **Scanner** bezeichnet werden. Diese arbeiten ähnlich wie ein Fotokopierer, übertragen aber die Vorlage in den Computer. Sobald Sie eine Seite (z.B. ein Foto) als *.bmp*-Datei speichern, lässt es sich unter Windows anzeigen und als Hintergrundbild verwenden.

Nach der Installation zeigt Windows auf Ihrem Bildschirm vermutlich einen blauen Hintergrund für den Desktop an. In diesem Buch wurde jedoch ein weißer Hintergrund benutzt, damit die Symbole besser zu erkennen sind. Möchten Sie die Farbe für den Desktop-Hintergrund ändern, gehen Sie folgendermaßen vor:

1 Klicken Sie mit der **rechten** Maustaste auf eine freie Stelle des Desktop.

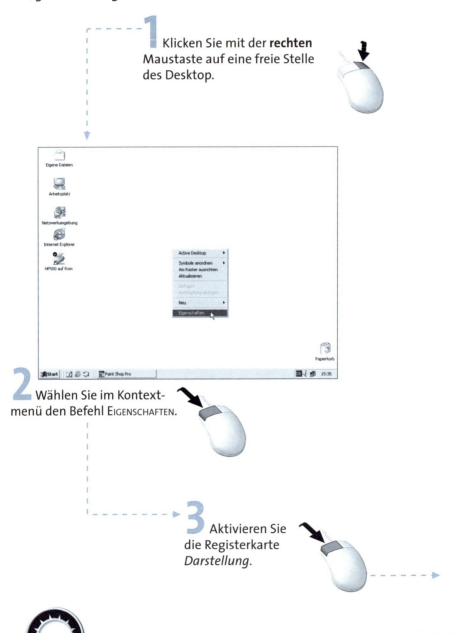

2 Wählen Sie im Kontextmenü den Befehl EIGENSCHAFTEN.

3 Aktivieren Sie die Registerkarte *Darstellung*.

DEN DESKTOP-HINTERGRUND ÄNDERN

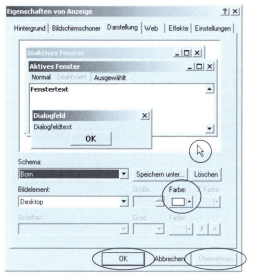

4 Klicken Sie im Fenster mit der Vorschau der Fensterelemente auf den Bereich mit der aktuellen Hintergrundfarbe.

Im Feld *Bildelement* muss der Name *Desktop* erscheinen. Falls dies nicht der Fall ist, wählen Sie diesen Eintrag im Listenfeld *Bildelement* aus.

6 Wählen Sie eine neue Hintergrundfarbe in der Farbpalette aus.

5 Klicken Sie jetzt auf das kleine schwarze Dreieck neben dem Feld *Farbe*.

7 Klicken Sie auf die Schaltfläche *Übernehmen*.

Anschließend färbt Windows den Desktop mit der von Ihnen gewählten Hintergrundfarbe ein.

> Windows bietet Ihnen in der Registerkarte *Darstellung* vordefinierte, farblich aufeinander abgestimmte Einstellungen für den Desktop an. Sie müssen lediglich das Listenfeld *Schema* öffnen und das betreffende Schema anwählen. Die Vorschau der Registerkarte präsentiert Ihnen dann die betreffende Farbkombination.

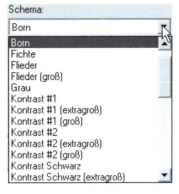

Neben einem einfarbigen **Hintergrund** lassen sich zusätzlich **Muster** und **Bilder** auf dem Desktop verwenden. Die **Auswahl** eines solchen Bildes ist recht einfach. Hintergrundbilder müssen lediglich mit dem Dateityp *.bmp* im Windows-Ordner gespeichert sein. Um den Desktop-Hintergrund mit einem Bild auszustatten, gehen Sie folgendermaßen vor:

1 Klicken Sie mit der **rechten** Maustaste auf eine freie Stelle des Desktop.

2 Wählen Sie im Kontextmenü den Befehl EIGENSCHAFTEN.

3 Aktivieren Sie die Registerkarte *Hintergrund*.

Die Registerkarte *Hintergrund* zeigt Ihnen in einem stilisierten Bildschirm eine Vorschau des aktuell eingestellten Musters bzw. Hintergrundbildes. Weiterhin sehen Sie noch ein Listenfeld zur Auswahl des Hintergrunds.

DEN DESKTOP-HINTERGRUND ÄNDERN

4 Suchen Sie das gewünschte Bild bzw. das HTML-Dokument im Listenfeld *Hintergrundbild* aus und klicken Sie auf den betreffenden Namen.

5 Gefällt Ihnen das Hintergrundbild, klicken Sie auf eine der Schaltflächen *OK* oder *Übernehmen*.

Windows wird jetzt das von Ihnen gewählte Bild oder HTML-Dokument als Hintergrund des Desktops anzeigen.

> **HINWEIS**
> Zur Auswahl eines Musters verwenden Sie die Schaltfläche *Muster* auf der Registerkarte *Hintergrund*. In einem Dialogfeld lassen sich Muster abrufen bzw. definieren. Da Hintergrundmuster die Lesbarkeit und Handhabbarkeit des Desktops stark einschränken, sollten Sie auf diese verzichten. Am besten lässt sich mit dem Desktop arbeiten, wenn Sie den in diesem Buch verwendeten weißen Hintergrund benutzen.

Um die **Muster** oder **Hintergrundbilder** wieder zu **entfernen**, wiederholen Sie die gerade gezeigten Schritte. Anschließend stellen Sie die betreffende Option für das Muster bzw. Hintergrundbild in der Registerkarte *Hintergrund* auf die Auswahl *(Kein)*.

> Ist das von Ihnen gewählte Bild kleiner als der Bildschirm, wählen Sie auf der Registerkarte *Hintergrund* im Listenfeld *Bildanzeige* den Eintrag *Nebeneinander*. Dann benutzt Windows das Bild ähnlich wie eine Kachel und füllt damit den gesamten Desktop. Enthält ein Bild ein Motiv (z.B. ein Urlaubsfoto), sollten Sie den Eintrag *Zentriert* auswählen. Ist das Bild kleiner als der Desktop-Bereich, wird es in der Mitte der Anzeige ausgerichtet. Soll das Bild die gesamte Anzeigefläche belegen, wählen Sie den Eintrag *Strecken*. Über die Schaltfläche *Durchsuchen* können Sie übrigens nach Bild- und HTML-Dokumentdateien in anderen Ordnern suchen.

Möchten Sie anstelle eines Bildes oder HTML-Dokuments eine Webseite als *Active Desktop*-Element auf dem Desktop hinterlegen? Dies ist mit folgenden Schritten möglich:

1 Aktivieren Sie die Registerkarte *Web* (mit rechter Maustaste auf den Desktop klicken und EIGENSCHAFTEN im Kontextmenü wählen).

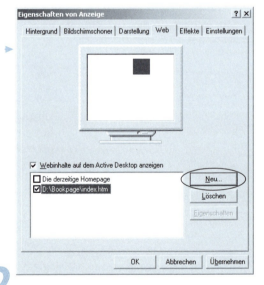

> Die Schaltfläche *Neu* ist nur dann wählbar, wenn auf der Registerkarte *Web* das Kontrollkästchen neben *Webinhalte auf dem Active Desktop anzeigen* aktiviert ist.

2 Klicken Sie auf die Schaltfläche *Neu*.

DEN DESKTOP-HINTERGRUND ÄNDERN

Windows fragt nach, ob die Website aus dem Internet geladen werden soll. Verfügen Sie über ein Webdokument auf dem lokalen Rechner, schließen Sie dieses Dialogfeld über die *Nein*-Schaltfläche.

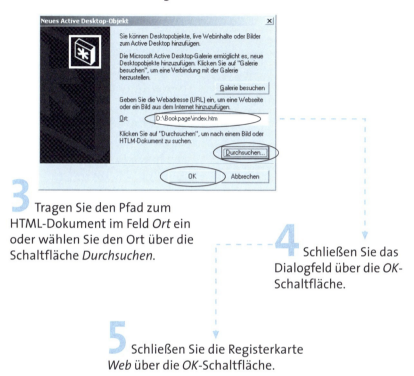

3 Tragen Sie den Pfad zum HTML-Dokument im Feld *Ort* ein oder wählen Sie den Ort über die Schaltfläche *Durchsuchen*.

4 Schließen Sie das Dialogfeld über die *OK*-Schaltfläche.

5 Schließen Sie die Registerkarte *Web* über die *OK*-Schaltfläche.

Windows fügt die Website als Elemente auf dem Desktop ein. Enthält diese Seite **Hyperlinks**, lassen sich die zugehörigen Dokumente durch Anklicken öffnen.

357

Einen Bildschirmschoner einrichten

Windows bietet Ihnen die Funktion eines **Bildschirmschoners** an. Hierbei handelt es sich um ein Programm, welches erkennt, wenn der Computer einige Zeit unbenutzt ist (d.h. wenn keine Tastatureingaben oder Mausbewegungen erfolgen). Das Programm schaltet dann von der Anzeige des Desktops zu einem wählbaren bewegten Muster auf dem Bildschirm um.

> **HINWEIS:** Bei älteren Bildschirmen sieht man in ausgeschaltetem Zustand manchmal eingebrannte »Muster«. Die Funktion des Bildschirmschoners soll verhindern, dass bei häufiger Anzeige des gleichen Bildes (z.B. des Desktops) dieses als »Muster« in den Monitor »eingebrannt« wird.

Um einen der in Windows enthaltenen Bildschirmschoner zu benutzen, müssen Sie diesen zunächst konfigurieren. Hierzu gehen Sie ähnlich wie beim Ändern des Hintergrundbildes vor:

1 Klicken Sie auf eine freie Stelle des Desktop und wählen Sie im Kontextmenü den Befehl EIGENSCHAFTEN.

2 Aktivieren Sie die Registerkarte *Bildschirmschoner*.

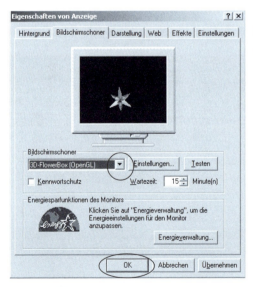

Auf dieser Registerkarte finden Sie die Optionen, um den Bildschirmschoner auszuwählen.

Einen Bildschirmschoner einrichten

3 Öffnen Sie das Listenfeld *Bildschirmschoner* und klicken Sie auf den gewünschten Eintrag.

4 Stellen Sie die Wartezeit in Minuten im gleichnamigen Feld ein.

5 Klicken Sie auf die *OK*-Schaltfläche.

Windows übernimmt jetzt Ihre Einstellungen für den Bildschirmschoner. Dieser wird aktiv, sobald das System länger als die vorgegebene Wartezeit unbenutzt war. Sobald Sie eine Taste drücken oder die Maus bewegen, erscheint die bisherige Anzeige des Desktops wieder und Sie können mit dem Computer weiterarbeiten.

Die Motive des Bildschirmschoners werden bereits bei dessen Auswahl in der Vorschau der Registerkarte *Bildschirmschoner* angezeigt. Klicken Sie auf dieser Registerkarte die Schaltfläche *Testen* an, wird dieses Motiv auf dem gesamten Desktop angezeigt. Sie brauchen nur die Maus zu bewegen, um zur Registerkarte zurückzukehren. Abhängig vom gewählten Bildschirmschoner können Sie über die Schaltfläche *Einstellungen* verschiedene Optionen festlegen. Markieren Sie das Kontrollkästchen *Kennwortschutz*, müssen Sie Ihr Kennwort eintippen, um vom aktivierten Bildschirmschoner-Modus zum Desktop zurückzukehren.

Unterstützt Ihr Monitor den Energiesparmodus, enthält die Registerkarte *Bildschirmschoner* zusätzliche Steuerelemente. Klicken Sie auf die Schaltfläche *Einstellungen* in der Gruppe »Energiesparfunktionen des Monitors«. Windows öffnet ein zweites Dialogfeld mit verschiedenen Registerkarten. Hier können Sie auf Wunsch die Wartezeiten bis zum Einschalten dieser Funktionen (Monitor ausschalten, Festplatten abschalten etc.) einstellen.

Die Bildschirmauflösung ändern

Unter Windows lässt sich die Bildschirmauflösung wählen. Je höher die Bildschirmauflösung ist, umso mehr Motive haben auf dem Desktop Platz. Andererseits verkleinern sich die dargestellten Desktop-Elemente und Fenster mit steigender Auflösung. Standardmäßig wird der Bildschirm nach der Windows-Installation auf eine Auflösung von 640 x 480 Bildpunkten gesetzt. Je nach Größe des verwendeten Monitors und der eingebauten Grafikkarte können Sie jedoch höhere Auflösungen wählen.

> Der Bildschirminhalt wird durch ein Muster aus zeilenweise angeordneten Farbpunkten dargestellt. Die Zahl der Farbpunkte pro Reihe und die Zahl der Bildzeilen wird als (Bildschirm-)**Auflösung** bezeichnet. Jedem Bildschirmpunkt kann dabei eine bestimmte Farbe zugewiesen werden. Die Zahl der unterschiedlichen Farben, die auf dem Bildschirm benutzt werden, lässt sich ebenfalls einstellen und wird manchmal auch als **Farbtiefe** bezeichnet.

Hierzu gehen Sie folgendermaßen vor:

1 Klicken Sie mit der rechten Maustaste auf eine freie Stelle des Desktop und wählen Sie im Kontextmenü den Befehl EIGEN-SCHAFTEN.

2 Aktivieren Sie im Dialogfeld *Eigenschaften von Anzeige* die Registerkarte *Einstellungen*.

Die Bildschirmauflösung ändern

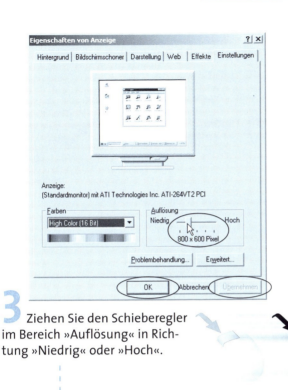

3 Ziehen Sie den Schieberegler im Bereich »Auflösung« in Richtung »Niedrig« oder »Hoch«.

4 Klicken Sie auf die Schaltfläche *Übernehmen*.

In Schritt 3 lassen sich nur solche Auflösungen wählen, die die im Rechner eingebaute Grafikkarte tatsächlich unterstützt. Windows muss zur Änderung der Auflösung die Darstellung umschalten.

Daher werden vor und während der Umschaltung einige Dialogfelder angezeigt. Wählen Sie in den Dialogfeldern die jeweiligen Schaltflächen an.

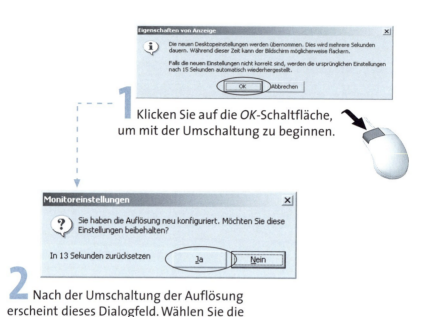

1 Klicken Sie auf die *OK*-Schaltfläche, um mit der Umschaltung zu beginnen.

2 Nach der Umschaltung der Auflösung erscheint dieses Dialogfeld. Wählen Sie die Schaltfläche *Ja*, um die neue Auflösung beizubehalten.

3 Wird der Desktop in der neuen Auflösung nicht richtig angezeigt, wählen Sie die *Nein*-Schaltfläche.

Bleibt der Bildschirm nach der Umschaltung dunkel oder können Sie nichts erkennen, brauchen Sie lediglich ca. 15 Sekunden zu warten. Windows schaltet dann automatisch zur bisherigen Auflösung zurück.

Bei erfolgreicher Umschaltung sollten Sie prüfen, ob sich mit der gewählten Auflösung gut arbeiten lässt. Gerade bei höheren Auflösungen lassen sich die Symbole und Texte bei kleineren Monitoren nur sehr schwer lesen. Dann ist eine reduzierte Auflösung von 640 x 480 oder eventuell 800 x 600 Bildpunkten vorzuziehen.

Windows-Komponenten installieren

Windows wird standardmäßig mit bestimmten Programmen und Funktionen installiert (dies erfolgt meist beim Hersteller des Computers). Fehlen bei Ihrem System spezielle Funktionen? Sofern Sie sich als Administrator anmelden können und über die Windows 2000-CD-ROM verfügen, lassen sich diese fehlenden Funktion sehr einfach nachträglich installieren.

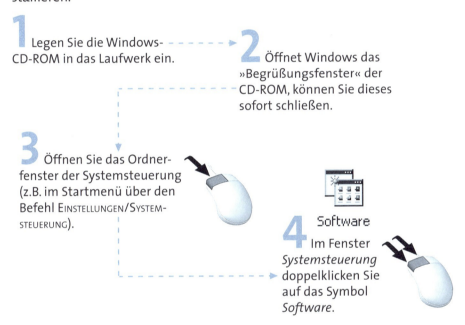

1 Legen Sie die Windows-CD-ROM in das Laufwerk ein.

2 Öffnet Windows das »Begrüßungsfenster« der CD-ROM, können Sie dieses sofort schließen.

3 Öffnen Sie das Ordnerfenster der Systemsteuerung (z.B. im Startmenü über den Befehl EINSTELLUNGEN/SYSTEMSTEUERUNG).

4 Software
Im Fenster *Systemsteuerung* doppelklicken Sie auf das Symbol *Software*.

Windows öffnet ein Dialogfeld mit den Optionen zum Hinzufügen und Entfernen von Komponenten.

5 Klicken Sie im Dialogfeld auf die Schaltfläche *Windows-Komponenten hinzufügen/entfernen*.

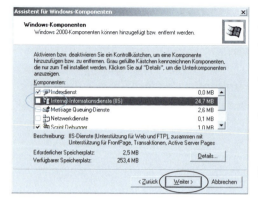

Windows startet einen Assistenten, der die Komponentengruppen anzeigt, die Sie in Windows nachträglich hinzufügen oder entfernen können. Enthält das Kontrollkästchen vor der betreffenden Zeile ein Häkchen, ist mindestens eine Komponente der Gruppe installiert.

6 Setzen oder löschen Sie die Markierung der Kontrollkästchen aller Komponenten, die Sie hinzufügen oder entfernen möchten.

7 Klicken Sie auf die Schaltfläche *Weiter*, um das System zu aktualisieren.

8 Klicken Sie auf die Schaltfläche *Fertig stellen*.

Windows führt jetzt die erforderlichen Änderungen an der Konfiguration durch.

Windows überprüft alle von Ihnen vorgenommen Änderungen in der Komponentenauswahl. Vorher markierte, aber jetzt gelöschte Optionen führen dazu, dass die jeweiligen Komponenten entfernt werden. Bei neu markierten Komponenten werden die fehlenden Dateien von der CD-ROM durch Windows installiert. Falls ein Neustart erforderlich wird, informiert Sie der Assistent hierüber.

Programme installieren

Beachten Sie, dass Sie bei der Installation einer Software massiv in Windows 2000 eingreifen. Sie benötigen daher die Benutzerrechte des Administrators, um neue Software auf Ihrem Rechner einzuspielen.

Um ein neues Programm unter Windows 2000 zu benutzen, müssen Sie dieses meist von einer CD-ROM oder von einer Diskette installieren. Hierzu sind nur wenige Schritte erforderlich.

Legen Sie die CD-ROM oder die Diskette in das entsprechende Laufwerk ein. Bei neueren Programmen erkennt der Computer dies und öffnet automatisch ein Dialogfeld mit Optionen zur Programminstallation. Dies ist beispielsweise der Fall, wenn Sie die Windows-CD-ROM in das Laufwerk einlegen. Sie müssen dann nur noch die gewünschten Optionen wählen. Falls die CD-ROM oder das Installationsprogramm **nicht automatisch** startet, gehen Sie folgendermaßen vor:

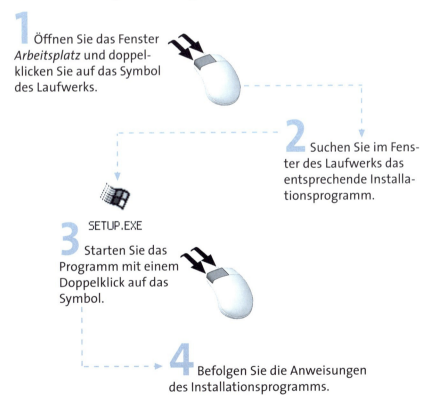

1 Öffnen Sie das Fenster *Arbeitsplatz* und doppelklicken Sie auf das Symbol des Laufwerks.

2 Suchen Sie im Fenster des Laufwerks das entsprechende Installationsprogramm.

SETUP.EXE

3 Starten Sie das Programm mit einem Doppelklick auf das Symbol.

4 Befolgen Sie die Anweisungen des Installationsprogramms.

Die **Installationsprogramme** werden meist mit Namen wie *Setup.exe* oder *Install.exe* belegt. Sofern Sie eine solche Datei im Hauptverzeichnis der CD-ROM oder Diskette sehen, dürfte es sich um das gesuchte Programm handeln. Hinweise zum Namen des Installationsprogramms finden Sie häufig auch in den Dokumentationsdateien des betreffenden Programms. Solche Dateien besitzen häufig Namen wie *Readme.txt* oder *Liesmich.txt*. Solche Textdateien können Sie im Windows-Editor oder mit dem Programm WordPad anzeigen.

Die Schritte bei der Installation sind von Programm zu Programm unterschiedlich. Aus diesem Grund müssen an dieser Stelle weitere Erläuterungen entfallen. Schlagen Sie in diesem Fall in der Programmdokumentation nach.

Das Startmenü ändern

Beim Installieren von Programmen wird meist auch ein Symbol im Startmenü eingetragen. Oft ergibt sich jedoch die Situation, dass die Einträge im Startmenü zu ändern sind. Entweder sind nicht mehr benötigte Einträge zu entfernen, oder es gibt Fälle, wo ein Programm nachträglich in eine bestehende oder in eine neue Gruppe des Startmenüs aufzunehmen ist. Um einen **Ordner** (bzw. eine Gruppe) oder einen **Programmeintrag** aus dem **Startmenü** zu **entfernen**, sind folgende Schritte erforderlich:

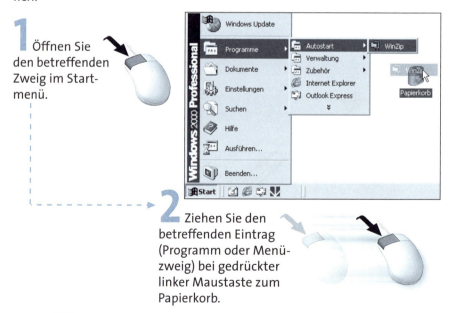

1 Öffnen Sie den betreffenden Zweig im Startmenü.

2 Ziehen Sie den betreffenden Eintrag (Programm oder Menüzweig) bei gedrückter linker Maustaste zum Papierkorb.

Sobald Sie die linke Maustaste loslassen, wird der markierte Eintrag des Startmenüs gelöscht. Um ein **Programm in** das **Startmenü aufzunehmen**, führen Sie folgende Schritte aus:

1 Öffnen Sie das Ordnerfenster mit dem betreffenden Programmeintrag.

2 Ziehen Sie das Programmsymbol bei gedrückter rechter Maustaste zur Schaltfläche *Start*.

3 Halten Sie die Maustaste gedrückt und warten Sie, bis sich das Startmenü öffnet. Zeigen Sie anschließend bei weiterhin gedrückter Maustaste auf die Programmgruppe und den Zweig, an dem der neue Eintrag im Startmenü erscheinen soll.

4 Ist die Stelle erreicht, an der der Eintrag eingefügt werden soll, lassen Sie die rechte Maustaste los und wählen im Kontextmenü den Eintrag VERKNÜPFUNG(EN) HIER ERSTELLEN.

Windows fügt jetzt eine neue Verknüpfung auf das betreffende Programm im Startmenü ein.

Sie können anschließend das Startmenü öffnen und den neuen Eintrag mit einem Klick der rechten Maustaste anwählen. Im Kontextmenü steht Ihnen dann der Befehl EIGENSCHAFTEN zur Verfügung, um die Einstellungen für den Eintrag anzupassen. Den im Startmenü gezeigten Befehlsnamen passen Sie beispielsweise auf der Registerkarte *Allgemein* an.

Ein Programmsymbol auf dem Desktop einrichten

Verknüpfungen sind eine speziell von Windows benutzte Technik. Hierbei wird ein Symbol und ein Name mit einem Programm oder einer Dokumentdatei verknüpft. Sie können eine Verknüpfung zum Beispiel auf dem Desktop anlegen. Dann genügt ein Doppelklick auf das betreffende Symbol, um das zugehörige Dokument oder Programm zu laden.

Häufig benötigte **Programme** können Sie als **Verknüpfung** auf dem **Desktop** einrichten. Dann lässt sich das Programm durch einen Doppelklick auf das Symbol starten.

1 Öffnen Sie das Ordnerfenster, in dem die betreffende Programmdatei hinterlegt ist.

2 Ziehen Sie das Symbol des Programms bei gedrückter **rechter** Maustaste aus dem Ordnerfenster zum Desktop.

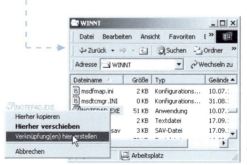

3 Sobald sich das Symbol außerhalb des Fensters im Bereich des Desktop befindet, geben Sie die rechte Maustaste wieder frei.

4 Wählen Sie im Kontextmenü den Befehl VERKNÜPFUNG(EN) HIER ERSTELLEN.

Windows richtet jetzt das Symbol als **Verknüpfung** auf dem Desktop ein. Zum Starten des Programms genügt anschließend ein Doppelklick auf das betreffende Symbol.

Um den Symboltitel anzupassen, markieren Sie das Symbol und drücken anschließend die Funktionstaste F2. Dann lässt sich der Symboltitel ändern. Sie können auf die oben beschriebene Weise beliebige Verknüpfungen auf dem Desktop einrichten. In Kapitel 3 wird dies mit Dateien und Ordnern gezeigt. Eine **Verknüpfung entfernen** Sie, indem Sie das Symbol zum Papierkorb ziehen.

Die Maus einrichten

Sind Sie Linkshänder oder klappt der Doppelklick bei der Maus nicht besonders gut? Dann sollten Sie die Mauseinstellungen an Ihre Bedürfnisse anpassen.

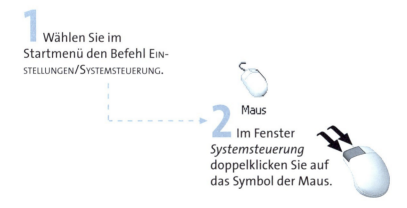

1 Wählen Sie im Startmenü den Befehl EINSTELLUNGEN/SYSTEMSTEUERUNG.

2 Maus Im Fenster *Systemsteuerung* doppelklicken Sie auf das Symbol der Maus.

Windows öffnet jetzt das Eigenschaftenfenster mit den Registerkarten der Mauseigenschaften.

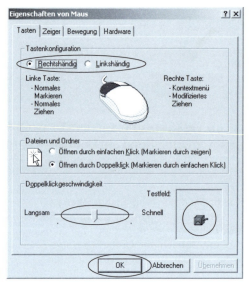

1 Als Linkshänder klicken Sie auf der Registerkarte *Tasten* auf das Optionsfeld *Linkshändig*.

2 Zum **Ändern** der **Doppelklickgeschwindigkeit** ziehen Sie den Schieberegler im Bereich »Doppelklickgeschwindigkeit« nach rechts oder links.

3 Zum Testen doppelklicken Sie auf das Testfeld mit der kleinen Schachtel. Erscheint der Kopf des »Harlekins«, hat der Doppelklick funktioniert.

Über die anderen Registerkarten des Eigenschaftenfensters können Sie weitere Mausoptionen einstellen. Die restlichen Symbole der Systemsteuerung erlauben Ihnen zusätzliche Windows-Optionen einzustellen. Näheres hierzu finden Sie in der Windows-Hilfe.

Sobald Sie das Eigenschaftenfenster über die *OK*-Schaltfläche schließen, übernimmt Windows die neuen Einstellungen.

Internetzugang und E-Mail-Konto einrichten

Verfügen Sie über einen Internetzugang und möchten mit dem Internet Explorer auf Webseiten zugreifen? Möchten Sie E-Mails mit Outlook Express versenden und empfangen? Dann müssen Sie den Internetzugang konfigurieren und Windows die Daten für die E-Mail-Verbindung mitteilen. Die Zugangsdaten (Telefonnummer, Benutzername, Kennwort, E-Mail-Adresse etc.) hängen dabei von Ihrem Internet-Provider ab.

Internetzugang einrichten

Nachfolgend wird exemplarisch gezeigt, wie Sie einen Internetzugang mit einem E-Mail-Konto beim Internet-Provider Mannesmann Arcor einrichten. Dieser Provider zeichnet sich dadurch aus, dass er einen Internet-by-Call-Zugang erlaubt. Die Verbindungsentgelte werden dabei über die Telefonrechnung abgerechnet. Falls Sie einen anderen Internet-Provider (z.B. T-Online, CompuServe etc.) nutzen, müssen Sie die entsprechenden Daten bei der Konfigurierung verwenden.

Nach der Windows-Installation erscheint das Symbol *Verbinden mit dem Internet* auf dem Desktop. Über dieses Symbol lässt sich ein Assistent starten.

Verbinden mit dem Internet

Ist das Symbol auf Ihrem Desktop verschwunden, wählen Sie im Startmenü PROGRAMME/ZUBEHÖR/KOMMUNIKATION/ASSISTENT FÜR DEN INTERNETZUGANG. Achten Sie darauf, dass Ihr Modem vor dem Starten des Assistenten angeschlossen und eingeschaltet ist. Arbeiten Sie mit einer ISDN-Karte, muss diese installiert und betriebsbereit sein.

Der Assistent führt Sie anschließend durch die einzelnen Schritte zum Einrichten des Internetzugangs.

1 Wählen Sie im ersten Dialogfeld das Optionsfeld *Manuelle Einrichtung der Internetverbindung ...*

2 Klicken Sie auf die Schaltfläche *Weiter*.

3 Im nächsten Dialogfeld wählen Sie die Option *Verbindung über Telefonleitung und Modem* und klicken auf die Schaltfläche *Weiter*.

4 Sind mehrere Modems/ISDN-Verbindungen vorhanden, wählen Sie im nächsten Dialog das Modem und klicken Sie auf *Weiter*.

5 Tragen Sie im Dialogfeld die Telefonnummer des Internet-Zugangs ein und klicken Sie dann auf *Weiter*.

Hier wurde die Telefonnummer von Mannesmann Arcor für Internet-by-Call gewählt. Verwenden Sie hier ggf. die Nummer Ihres Providers.

Als Benutzername wird bei Mannesmann Arcor »arcor« und als Kennwort »internet« verwendet.

6 Tragen Sie im nächsten Dialogfeld den Benutzernamen und das Kennwort ein und klicken Sie dann auf *Weiter*.

7 Geben Sie im nächsten Dialogfeld den Namen für diese Verbindung ein und klicken Sie dann auf *Weiter*.

Kennen Sie Ihr E-Mail-Konto bereits, wählen Sie das Optionsfeld *Ja*. Auf den folgenden Seiten wird gezeigt, welche Schritte zur Definition des Kontos im Assistenten erforderlich sind.

8 Markieren Sie die Option *Nein*, um die Einrichtung eines E-Mail-Kontos zu übergeben, und klicken Sie auf *Weiter*.

9 Klicken Sie im nächsten Dialogfeld auf die Schaltfläche *Fertig stellen*.

Mit diesen Schritten haben Sie eine funktionsfähige Internetverbindung eingerichtet. Der Internet Explorer sollte sich anschließend starten lassen und Webseiten anzeigen.

Bei korrekter Einstellung nimmt der Internet Explorer automatisch Verbindung zum Internet auf, sobald Sie eine WWW-Adresse eintippen. Die Einstellungen zur Verbindungsaufnahme lassen sich im Internet Explorer auf der Registerkarte *Verbindungen* (Menü EXTRAS/INTERNETOPTIONEN) einstellen. Wählen Sie in der Liste *DFÜ-Einstellungen* die gewünschte Verbindung und markieren Sie das Optionsfeld *Nur wählen, wenn keine Netzwerkverbindung besteht*. Gegebenenfalls bitten Sie Ihren Administrator den Internetzugang entsprechend einzurichten.

Möchten Sie explizit eine Verbindung zum Internet aufbauen, um auf Internetseiten zuzugreifen oder per Outlook Express E-Mail zu versenden?

1 Wählen Sie im Startmenü den Befehl EINSTELLUNGEN/NETZWERK- UND DFÜ-VERBINDUNGEN.

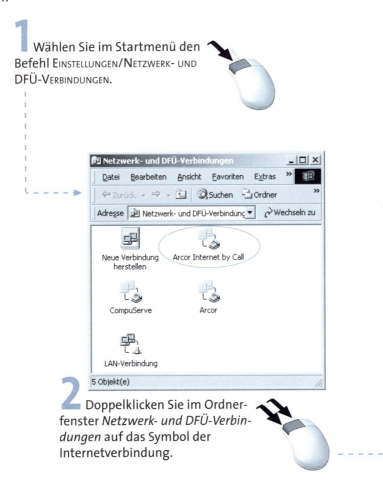

2 Doppelklicken Sie im Ordnerfenster *Netzwerk- und DFÜ-Verbindungen* auf das Symbol der Internetverbindung.

INTERNETZUGANG UND E-MAIL-KONTO EINRICHTEN

3 Korrigieren Sie ggf. Benutzername und Kennwort und klicken Sie auf *Wählen*.

Das DFÜ-Netzwerk baut dann über eine Telefonleitung eine Wählverbindung zum Internet auf.

Während der Verbindungsaufnahme werden Sie durch verschiedene Dialogfelder über den Status informiert.

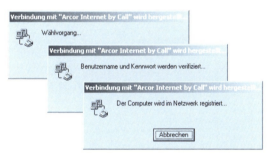

Sobald Verbindung zum Internet hergestellt wurde, zeigt Windows (bei richtiger Konfigurierung) in der Taskleiste das nebenstehende Symbol.

Sie können anschließend Internetfunktionen über den Internet Explorer oder über Outlook Express nutzen. Zum Beenden der Verbindung doppelklicken Sie auf das Symbol in der Taskleiste und wählen auf der Registerkarte *Allgemein* die Schaltfläche *Verbindung trennen* (siehe auch Kapitel 8).

E-Mail-Konto einrichten

Um mit Outlook Express elektronische Nachrichten austauschen zu können, muss ein E-Mail-Konto definiert worden sein. Diese Definition kann entweder über den Assistenten für den Internetzugang erfolgen oder in Outlook Express vorgenommen werden. Rufen Sie Outlook Express erstmalig auf, wird das Programm automatisch einen Assistenten starten, der Sie durch die erforderlichen Schritte führt. Nehmen wir an, Sie verfügen über ein E-Mail-Konto bei einem Internetanbieter. Dann führen Sie die hier gezeigten Schritte aus.

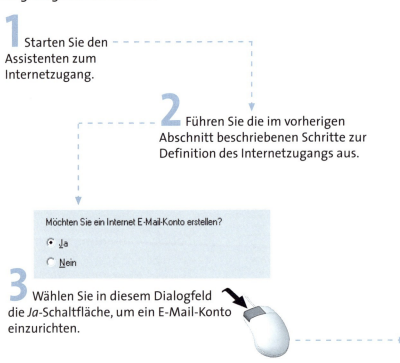

1 Starten Sie den Assistenten zum Internetzugang.

2 Führen Sie die im vorherigen Abschnitt beschriebenen Schritte zur Definition des Internetzugangs aus.

3 Wählen Sie in diesem Dialogfeld die *Ja*-Schaltfläche, um ein E-Mail-Konto einzurichten.

INTERNETZUGANG UND E-MAIL-KONTO EINRICHTEN

> Ihr Internet Mail-Konto umfasst Informationen zum Lesen und Senden von Nachrichten. Sie können entweder ein neues Internet Mail-Konto erstellen oder ein vorhandenes Konto verwenden. Wenn Sie ein vorhandenes Konto verwenden, können Sie die Einstellungen mit diesem Assistenten später noch ändern.
>
> ⦿ Neues Internet E-Mail-Konto erstellen
> ○ Bestehendes Internet E-Mail-Konto verwenden
>
> Pop.compuserve.com

4 Markieren Sie im nächsten Dialogfeld das Optionsfeld *Neues Internet E-Mail-Konto erstellen* und klicken Sie auf die Schaltfläche *Weiter*.

> Wenn Sie eine Nachricht senden, erscheint Ihr Name in der Nachricht im Feld "Von". Geben Sie Ihren Namen so ein, wie er angezeigt soll.
>
> Name: Günter Born
>
> Beispiel: Jens Mander

5 Tragen Sie im nächsten Dialogfeld Ihren Namen ein, der bei Nachrichten im Absenderfeld erscheint, und klicken Sie auf die Schaltfläche *Weiter*.

> An Sie gerichtete E-Mail-Nachrichten werden an Ihre E-Mail-Adresse geleitet.
>
> E-Mail-Adresse: GB@arcor.com
>
> Zum Beispiel: jemand@microsoft.com

6 Geben Sie in diesem Dialogfeld Ihre E-Mail-Adresse ein und klicken Sie auf *Weiter*.

Die E-Mail-Adresse sowie das Kennwort erhalten Sie von Ihrem Internetanbieter. Alternativ können Sie sich bei einem der Anbieter von freien E-Mail-Konten einen Benutzernamen und ein Kennwort für den E-Mail-Zugang besorgen. Achten Sie dann aber darauf, dass dieser Anbieter die **POP3**- und **SMTP-Technik** unterstützt. Bei Mannesmann Arcor können Sie sich auf der Webseite *www.call.arcor* bzw. auf den Folgeseiten für ein E-Mail-Konto anmelden und erhalten sowohl Benutzerkennung als auch Passwort.

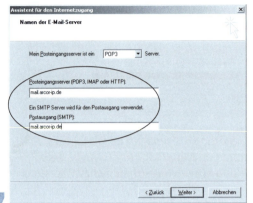

7 Tragen Sie in diesem Dialogfeld die Adresse des Posteingangs- und des Postausgangsservers ein und klicken Sie auf die Schaltfläche *Weiter*.

> **HINWEIS** Diese Adressen erhalten Sie von Ihrem Internetanbieter. Bei Mannesmann Arcor werden die hier gezeigten Adressen benutzt. CompuServe-Mitglieder verwenden für den POP3-Posteingang *pop.compuserve.com* und für den SMTP-Postausgang *smtp.compuserve.com*. T-Online-Kunden können für POP3 *pop.btx.dtag.de* eintragen, während der SMTP-Server die Adresse *mailto.btx.dtag.de* benutzt.

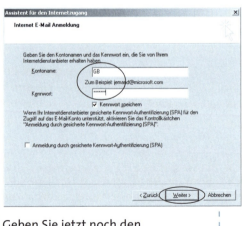

8 Geben Sie jetzt noch den Namen Ihres E-Mail-Kontos und die Benutzerkennung ein.

Internetzugang und E-Mail-Konto einrichten

9 Klicken Sie auf *Weiter*.

10 Klicken Sie im letzten Dialogfeld auf die Schaltfläche *Fertig stellen*.

Der Assistent richtet das E-Mail-Konto für den betreffenden Internetzugang ein. Sie sollten anschließend mit Outlook Express elektronische Nachrichten verschicken können.

> Möchten Sie weitere Konten definieren, bestehende Konten anpassen oder löschen, starten Sie Outlook Express und wählen das Menü EXTRAS/KONTEN. Auf der Registerkarte *E-Mail* können Sie die betreffenden Funktionen abrufen. Falls Sie Probleme mit dem Internetzugang oder mit dem Einrichten des E-Mail-Kontos haben, kontaktieren Sie Ihren Administrator oder beschaffen Sie sich weiterführende Literatur. Die detaillierte Diskussion der betreffenden Technologien geht weit über den Umgang dieses Buches hinaus.

Probleme beim Rechnerstart

Nach dem Einschalten tut sich nichts

Prüfen Sie bitte folgende Punkte:

- Sind alle Stecker an Steckdosen angeschlossen?
- Ist der Bildschirm eingeschaltet?
- Ist überhaupt Strom da?

Der Rechner meldet: Keyboard Error, Press <F1> Key

Prüfen Sie bitte folgende Punkte:

- Ist die Tastatur angeschlossen?
- Liegt etwas auf der Tastatur?
- Klemmt vielleicht eine Taste auf der Tastatur?

Drücken Sie anschließend die Funktionstaste F1.

Der Rechner meldet: Kein System oder Laufwerksfehler ...

Vermutlich enthält das Diskettenlaufwerk A: noch eine Diskette. Entfernen Sie die Diskette und starten Sie den Rechner neu.

Probleme mit Tastatur und Maus

Nach dem Start funktionieren die Tasten auf der numerischen Tastatur nicht richtig

Am rechten Rand enthält die Tastatur einen Tastenblock (den so genannten **Zehnerblock**), über den Sie **Zahlen eingeben** können. Lassen sich mit diesen Tasten keine Zahlen eingeben, drücken Sie die Taste (Num). Diese wird auch **NumLock**-Taste genannt und befindet sich in der linken oberen Ecke des Zehnerblocks. Sobald die Anzeige *Num* auf der Tastatur leuchtet, können Sie Zahlen eintippen. Ein weiterer Tastendruck auf die (Num)-Taste schaltet die Tastatur wieder um und Sie können die Cursortasten dieses Tastenblocks nutzen.

Beim Drücken einer Taste erscheinen plötzlich mehrere Zeichen

Die Tastatur besitzt eine Wiederholfunktion. Drücken Sie eine Taste etwas länger, wiederholt der Rechner das betreffende Zeichen. Vielleicht drücken Sie die Taste zu lange. Sie können die Zeit, bis die Wiederholfunktion von Windows aktiviert wird, ändern.

1 Klicken Sie im Startmenü auf EINSTELLUNGEN/SYSTEMSTEUERUNG.

2 Doppelklicken Sie im Fenster der Systemsteuerung auf das Symbol *Tastatur*.

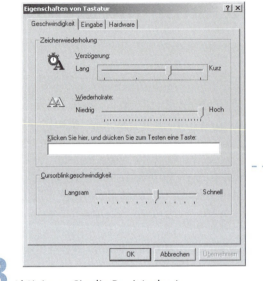

3 Aktivieren Sie die Registerkarte *Geschwindigkeit*.

4 Ändern Sie die Einstellungen für *Wiederholrate* und *Geschwindigkeit*.

Sie können die Einstellungen im Testfeld überprüfen und anschließend das Fenster über die *OK*-Schaltfläche schließen. Lässt sich das Problem auf diese Weise nicht beheben, prüfen Sie bitte, ob vielleicht eine Taste klemmt oder die Tastatur beschädigt ist (der Schalter für die Taste »prellt«, d.h., bei jedem Tippen gibt er mehrere Zeichen aus).

Die Tasten Y und Z sind vertauscht und die Umlaute fehlen

Sie haben keinen deutschen **Tastaturtreiber** (dies ist das Programm zum Steuern der Tastatur) installiert.

1 Klicken Sie im Startmenü auf EINSTELLUNGEN/SYSTEMSTEUERUNG.

Probleme mit Tastatur und Maus

2 Doppelklicken Sie im Fenster der Systemsteuerung auf das Symbol *Tastatur*.

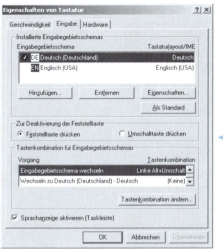

3 Aktivieren Sie die Registerkarte *Eingabe*.

Hier muss das Gebietsschema auf *Deutsch* eingestellt sein.

Sind mehrere Sprachen verfügbar, wählen Sie *Deutsch* und schließen das Fenster. Fehlt der Eintrag *Deutsch* ..., müssen Sie diesen über die Schaltfläche *Hinzufügen* neu installieren. Windows führt Sie durch die betreffenden Schritte.

Der Mauszeiger bewegt sich nicht oder nicht richtig

Prüfen Sie bitte folgende Punkte:

⇒ Ist die Maus richtig am Rechner angeschlossen?

⇒ Liegt die Maus auf einer Mausunterlage (Mauspad)?

⇒ Ist die Kugel an der Maus vielleicht verschmutzt?

Bei längerem Gebrauch der Maus verschmutzt der Teil zum Erkennen der Mausbewegungen. Entfernen Sie die Kugel an der Unterseite der Maus. Sie sehen einige kleine Rädchen. Sind diese schmutzig, säubern Sie diese (z.B. mit einem Q-Tip-Stäbchen). Sie sollten die Maus auch nicht auf eine glatte Unterlage stellen, da dann die Kugel nur schlecht rollt.

Die Maustasten sind vertauscht oder Doppelklicks funktionieren nicht

Es ergibt sich folgendes Fehlerbild: Klicken Sie mit der linken Maustaste, erscheint ein Kontextmenü, die rechte Taste markiert dagegen etwas. Das heißt, die Wirkung der linken/rechten Taste ist vertauscht. Ursache: Sie haben eine Maus für Linkshänder erwischt. Abhilfe: Schulen Sie auf Linkshänder um oder ...

1 ... klicken Sie im Startmenü auf EINSTELLUNGEN/SYSTEMSTEUERUNG.

2 Doppelklicken Sie im Fenster der Systemsteuerung auf das Symbol *Maus*.

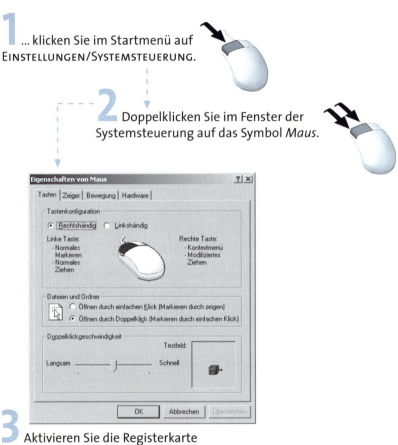

3 Aktivieren Sie die Registerkarte *Tasten* und stellen Sie die *Tastenkonfiguration* auf *Rechtshändig* ein.

Sobald Sie das Fenster schließen, sollten die Maustasten wieder richtig funktionieren. Haben Sie **Probleme mit** dem **Doppelklick**? Auf dieser Registerkarte können Sie auch die Doppelklickgeschwindigkeit verändern, um besser mit der Maus arbeiten zu können.

Arbeiten Sie mit einem Laptop? Dann aktivieren Sie die Registerkarte *Bewegung* und markieren das Kontrollkästchen »Mausspur anzeigen«. Weiterhin können Sie auf dieser Registerkarte auch einstellen, wie schnell sich der Mauszeiger bewegt.

Probleme mit dem Windows-Desktop

Die Symbole lassen sich auf dem Desktop nicht verschieben

Falls die Desktop-Symbole nach dem Verschieben per Maus automatisch an die alte Position zurückspringen, führen Sie folgende Schritte aus:

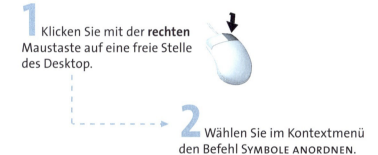

1 Klicken Sie mit der **rechten** Maustaste auf eine freie Stelle des Desktop.

2 Wählen Sie im Kontextmenü den Befehl SYMBOLE ANORDNEN.

3 Heben Sie die Markierung des Befehls AUTOMATISCH ANORDNEN im Untermenü mit einem Mausklick auf.

Jetzt können Sie die Symbole verschieben.

Eine Verknüpfung wurde irrtümlich gelöscht

Haben Sie eine Verknüpfung irrtümlich gelöscht, können Sie sofort danach das Kontextmenü mit der rechten Maustaste öffnen und den Befehl RÜCKGÄNGIG LÖSCHEN wählen. Andernfalls müssen Sie die Verknüpfung neu erstellen (siehe Kapitel 11).

Das Programm fehlt im Startmenü

Sie müssen das Programm im Startmenü selbst eintragen. Wie dies funktioniert, wird in Kapitel 11 gezeigt.

Ein Programm wird beim Start nicht gefunden

Beim Starten eines Programms über eine Verknüpfung oder über das Startmenü erscheint das nebenstehende Fenster. Windows kann das Programm nicht finden.

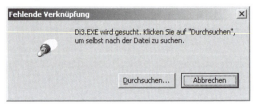

Sie haben die Programmdatei gelöscht oder in einen anderen Ordner verschoben. Gibt es das Programm noch auf der Festplatte, passen Sie im Eigenschaftenfenster der Verknüpfung den Pfad zu diesem Programm an.

Die Taskleiste fehlt, ist verschoben oder zu groß

Die Taskleiste lässt sich auf dem Desktop verschieben. Sie können diese mit der Maus an eine der vier Seiten des Bildschirms ziehen. Weiterhin lässt sich die Taskleiste an den Rand schieben. Dann sehen Sie nur noch einen grauen Strich. Ziehen Sie die Taskleiste per Maus an die gewünschte Position. Manchmal verschwindet die Taskleiste, sobald Sie ein Fenster auf volle Bildschirmgröße setzen. Sie können diese Einstellungen der Taskleiste über den Befehl EINSTELLUNGEN/TASKLEISTE UND STARTMENÜ im Startmenü anpassen. Markieren Sie auf der Registerkarte *Allgemein* das Kontrollkästchen *Immer im Vordergrund*.

Die Uhrzeit wird in der Taskleiste nicht angezeigt

1 Klicken Sie im Startmenü auf EINSTELLUNGEN/TASKLEISTE UND STARTMENÜ.

Probleme mit dem Windows-Desktop

2 Markieren Sie auf der Registerkarte *Allgemein* das Kontrollkästchen *Uhr anzeigen*.

3 Schließen Sie das Fenster.

Muster oder Hintergrundbild erscheint/fehlt

Möchten Sie eine Einstellung für den Desktop-Hintergrund ändern (Bild oder Muster ein- bzw. ausblenden), geht dies über das Eigenschaftenfenster der Anzeige. Die Vorgehensweise ist in Kapitel 11 erläutert.

Der Bildschirmschoner funktioniert nicht

Der Bildschirmschoner wird nur dann aufgerufen, wenn der Computer eine gewisse Zeit unbenutzt war. Ist das Fenster einer Anwendung geöffnet, schaltet sich der Bildschirmschoner ebenfalls nicht immer ein. Prüfen Sie gegebenenfalls auch die Einstellungen auf der Registerkarte *Bildschirmschoner* (siehe Kapitel 11).

Windows-Kennwort vergessen?

Müssen Sie sich mit Kennwort unter Windows anmelden? Haben Sie das Kennwort vergessen? Dann müssen Sie den Administrator ansprechen und diesen bitten das Kennwort neu zu setzen. Um als Administrator

387

das Kennwort eines Benutzers zu ändern, öffnen Sie das Fenster der Systemsteuerung. Dann doppelklicken Sie auf das Symbol *Benutzer und Kennwörter*. Auf der Registerkarte *Benutzer* lässt sich ein Benutzername wählen und das Kennwort über die Schaltfläche *Kennwort ändern* umsetzen. Ein angemeldeter Benutzer kann auf diese Weise übrigens sein eigenes Kennwort ebenfalls ändern.

Im Fenster sind nicht alle Ordner und Dateien zu sehen

Manchmal ist das Fenster zu klein. Sie können dann über die Bildlaufleisten im Fenster blättern und die nicht sichtbaren Ordner/Dateien anzeigen.

Die Symbolleiste fehlt im Ordner-/Explorer-Fenster

Bei vielen Programmen können Sie Symbol- und Statusleisten über das Menü ANSICHT ein- oder ausblenden.

Ein Programm lässt sich nicht mehr bedienen

Manchmal kommt es vor, dass sich ein Programm nicht mehr bedienen lässt. Es reagiert weder auf Tastatureingaben noch auf Mausklicks.

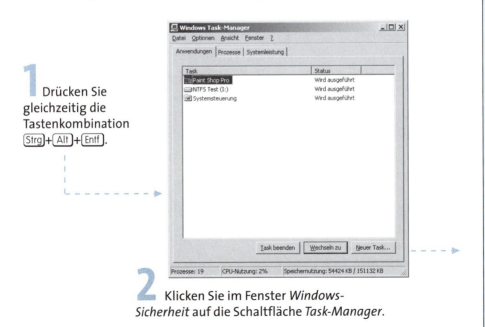

1 Drücken Sie gleichzeitig die Tastenkombination [Strg]+[Alt]+[Entf].

2 Klicken Sie im Fenster *Windows-Sicherheit* auf die Schaltfläche *Task-Manager*.

Ordner und Dateien

3 Klicken Sie im Windows Task-Manager auf der Registerkarte *Anwendungen* auf den betreffenden Eintrag und dann auf die Schaltfläche *Task beenden*.

Windows versucht jetzt das Programm zwangsweise zu beenden. Geht dies nicht, erscheint ein weiteres Fenster mit dem Hinweis, dass das Programm nicht reagiert. Sie müssen dann die Schaltfläche zum Beenden des Programms wählen.

Ordner und Dateien

Dateierweiterungen erscheinen nicht

Fehlen in den Ordnerfenstern oder im Explorer die Erweiterungen für einige Dateinamen?

1 Wählen Sie im Menü EXTRAS den Befehl ORDNEROPTIONEN.

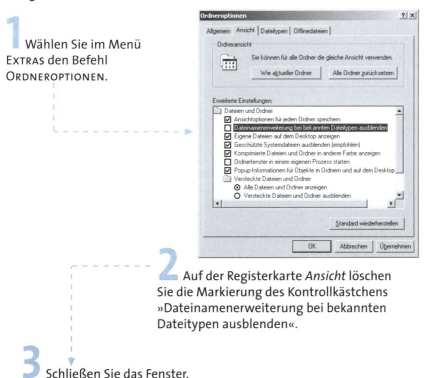

2 Auf der Registerkarte *Ansicht* löschen Sie die Markierung des Kontrollkästchens »Dateinamenerweiterung bei bekannten Dateitypen ausblenden«.

3 Schließen Sie das Fenster.

389

Einige Dateien werden nicht angezeigt

Sind Sie sicher, dass eine bestimmte Datei in einem Ordner enthalten ist, erscheint diese aber nicht im Ordnerfenster oder im Explorer? Dann aktivieren Sie die Registerkarte *Ansicht* (Menü Extras/Ordneroptionen). In der Gruppe »Versteckte Dateien und Ordner« muss das Optionsfeld »Alle Dateien und Ordner anzeigen« markiert werden. Nach dem Schließen der Registerkarte sehen Sie auch die versteckten Dateien. Notfalls müssen Sie die Taste F5 drücken, um die Anzeige des Fensters zu aktualisieren.

Jeder Ordner wird in einem eigenen Fenster angezeigt

Für jedes in einem Ordnerfenster per Doppelklick angewählte Ordnersymbol öffnet Windows plötzlich ein weiteres Fenster. Sie müssen auf der Registerkarte *Allgemein* das Optionsfeld *Jeden Ordner im selben Fenster öffnen* markieren und die *OK*-Schaltfläche anklicken.

Diskette oder CD-ROM lässt sich nicht lesen

Beim Doppelklicken auf das Symbol des Laufwerks erscheint ein Meldungsfeld mit dem Hinweis, dass das Laufwerk nicht bereit ist. Überprüfen Sie in diesem Fall die folgenden Punkte:

- Ist eine Diskette bzw. CD-ROM in das Laufwerk eingelegt?
- Bei einer CD-ROM öffnen und schließen Sie das Laufwerk und warten einige Sekunden. Meist erkennt Windows dann den Wechsel der CD.
- Ist die Diskette auch mit der richtigen Seite in das Laufwerk eingelegt? Sehen Sie notfalls in Kapitel 3 nach, wie eine Diskette in das Laufwerk eingelegt wird.
- Haben Sie eine neue Diskette verwendet, kann diese eventuell noch nicht formatiert sein. In diesem Fall müssen Sie die Diskette vor der Benutzung zunächst formatieren (siehe Kapitel 3).

Ordner und Dateien

1 Lässt sich der Fehler nicht beheben, klicken Sie auf die Schaltfläche *Abbrechen*.

Andernfalls versucht Windows zyklisch das Laufwerk mit dem Medium anzusprechen.

Auf eine Diskette lässt sich nichts speichern

Beim Versuch, eine Datei auf eine Diskette zu speichern, erscheint ein Fenster mit der Fehlermeldung, dass die Diskette schreibgeschützt ist.

Entfernen Sie die Diskette aus dem Laufwerk und deaktivieren Sie den Schreibschutz (siehe Kapitel 3).

Eine Datei lässt sich nicht ändern

Sie haben eine Dokumentdatei in einem Programm geladen, den Inhalt geändert und die Funktion *Speichern* gewählt. Das Programm öffnet jedoch das Dialogfeld *Speichern unter* und schlägt einen neuen Dateinamen vor. Geben Sie den Namen der alten Datei ein, meldet das Programm, dass die Datei schreibgeschützt ist. Bei den Dateien einer CD-ROM ist dies klar, da Sie den Inhalt einer CD-ROM nicht ändern können. Werden Dateien von CD-ROM kopiert, erhalten die Dateien einen Schreibschutz. Sie können diesen Schreibschutz bei solchen Dateien aufheben.

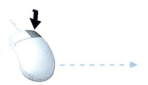
1 Klicken Sie mit der **rechten** Maustaste auf das Symbol der Datei.

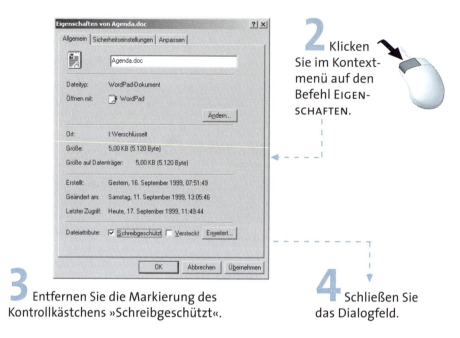

2 Klicken Sie im Kontextmenü auf den Befehl EIGENSCHAFTEN.

3 Entfernen Sie die Markierung des Kontrollkästchens »Schreibgeschützt«.

4 Schließen Sie das Dialogfeld.

Bei NTFS-Laufwerken lassen sich Dateien vor Veränderungen oder Benutzung durch Dritte schützen. Meldet Windows 2000 eine fehlende Berechtigung zum Zugriff auf Dateien, konsultieren Sie den Administrator des Systems oder den Benutzer der Datei, um die Zugriffsberechtigungen zu ändern (im Kontextmenü *Eigenschaften* wählen, auf der Registerkarte *Sicherheitseinstellungen* die Berechtigungen anpassen). Weitere Informationen finden Sie in der Windows-Hilfe sowie in weiterführender Literatur.

Probleme beim Drucken

Der Drucker funktioniert nicht

Beim Ausdruck erscheint vielleicht die folgende Meldung. Die Druckausgabe ist gestört. Beheben Sie die Störung, und wählen Sie die Schaltfläche *Wiederholen*.

Sie können den Ausdruck auch über die Schaltfläche *Abbrechen* beenden. Zum Beheben der Druckerstörung sollten Sie die folgenden Punkte überprüfen:

- Ist der Drucker eingeschaltet und erhält er Strom?
- Ist das Druckerkabel zwischen Rechner und Drucker richtig angeschlossen?
- Ist der Drucker auf **Online** gestellt?
- Hat der Drucker genügend Papier, Toner, Tinte?
- Gibt es eine Störung am Drucker (z.B. Papierstau)?
- Haben Sie beim Netzwerkdruck vielleicht einen falschen Drucker gewählt?
- Ist der Druckertreiber richtig eingerichtet (z.B. Auswahl der Druckeranschlüsse)?

Querdruck beheben

Die Druckausgaben erfolgen quer auf dem Blatt. In diesem Fall müssen Sie die Druckoptionen von Querformat auf Hochformat umstellen. Wie dies funktioniert, ist in Kapitel 6 beschrieben.

Drucker zieht Papier am verkehrten Schacht ein (Brief, A4)

Ändern Sie die Druckeroptionen für den Papiereinzug. Wie dies funktioniert, ist in Kapitel 6 beschrieben.

Probleme mit Benutzerberechtigungen

Sie erhalten die Nachricht, dass Ihnen Berechtigungen fehlen

Windows ist ein Betriebssystem, welches die Benutzer vor bestimmten Folgen ihres Tuns schützt. So können mehrere Benutzer an einem Rechner aber unter verschiedenen Namen arbeiten. So kann ein Benutzer seine Dateien gegen Veränderungen durch Dritte schützen oder ein Drucker wird nur zur Nutzung durch bestimmte Benutzer freigegeben. Kontaktieren Sie ggf. den Administrator, falls Sie ein bestimmtes Gerät oder Dateien nutzen müssen, aber keine Berechtigung dafür haben.

A

Access Microsoft Access 2000 ist der Name für eine Windows-**Datenbank**.

Account Berechtigung, sich an einen Computer per Datenleitung anzumelden und z.B. im WWW zu surfen.

Administrator Person, die für die Verwaltung eines Rechnersystems zuständig ist. Unter Windows 2000 besitzt der Administrator bestimmte Rechte, die ein normaler Benutzer nicht hat (z.B. Programme einrichten, Sicherheitsfunktionen umsetzen etc.).

Adresse Speicherstelle im Adressbereich (Hauptspeicher) des Computers oder Angabe zur Lage einer **Webseite** bzw. zum Empfänger einer **E-Mail**.

ANSI-Zeichen ANSI ist die Abkürzung für American National Standards Institute und ANSI-Zeichen definieren die unter Windows verwendeten Zeichen.

Anwendungsprogramm Programme, die zum Arbeiten am Computer benutzbar sind (z.B. Word, Excel, Access, CorelDraw etc.).

Arbeitsspeicher Dies ist der Speicher (RAM) im Computer. Die Größe wird in Megabyte angegeben.

Arithmetikprozessor (auch Coprozessor genannt) Spezieller Rechenbaustein für mathematische Rechenoperationen.

ASCII-Zeichen ASCII ist die Abkürzung für American Standard Code for Information Interchange. Der ASCII-Zeichensatz legt 127 Zeichen (Buchstaben, Ziffern und einige Sonderzeichen) fest, enthält jedoch keine Umlaute (ä, ö, ü und ß).

Aufzeichnungsdichte Bei Disketten wird bei der Aufzeichnungsdichte zwischen **DD** (Double Density) und **HD** (High Density) unterschieden.

Ausgabeeinheit Gerät, das Ausgaben des Computers aufnehmen kann (z.B. Bildschirm, Drucker).

B

Backslash Das Zeichen \ (wird zum Trennen von Ordnernamen benutzt).

Backup Bezeichnung für die Datensicherung (Dateien werden auf Diskette/Band gesichert).

Basic Abkürzung für Beginners **All-purpose Symbolic Instruction Code**. Basic ist eine einfache und leicht erlernbare Programmiersprache.

Baud Geschwindigkeitsangabe bei der Datenübertragung über serielle Leitungen.

Befehl Eine Anweisung an den Computer.

Benutzeroberfläche Darunter versteht man die Art, wie der Rechner Informationen vom Benutzer annimmt und seinerseits Informationen anzeigt. Windows besitzt zum Beispiel eine grafische Oberfläche mit Symbolen und Fenstern.

Betriebssystem Dies ist das Programm (z.B. Windows 98, Windows 2000), welches sich nach dem Einschalten des Computers meldet.

Bildauflösung Dieses Maß gibt die Zahl der Punkte zum Aufbau einer Grafik an (die als Punktreihen angeordnet sind). Die Bildauflösung bestimmt die Zahl der Punkte pro Zeile und die Zeilen pro Bild (gilt auch für die Bildschirmauflösung).

Bildschirmschoner Programm, das ein »Einbrennen« des Bildschirminhalts in den Monitor bei unbenutztem Rechner verhindert.

Bit Dies ist die kleinste Informationseinheit in einem Computer (kann die Werte 0 oder 1 annehmen). 8 Bit werden zu einem Byte zusammengefasst.

Bitmap Format, um Bilder oder Grafiken zu speichern. Das Bild wird wie auf dem Bildschirm in einzelne Punkte aufgeteilt, die zeilenweise gespeichert werden.

Booten Starten des Computers.

Browser Dies ist das Programm, mit dem sich die Seiten im World Wide Web anzeigen lassen.

Bug Englischer Name für einen Softwarefehler in einem Programm.

Byte Ein Byte ist die Informationseinheit, die aus 8 Bit besteht. Ein Byte ermöglicht es, Zahlen von 0 bis 255 darzustellen.

C

C Name einer Programmiersprache.

Chat Englischer Ausdruck für »schwätzen« oder »plaudern«. Bezeichnet einen Internetdienst, bei dem sich Teilnehmer in so genannten Chaträumen unterhalten können.

Chip Allgemeine Bezeichnung für einen elektronischen Baustein.

CIS Kurzname der Firma CompuServe, die den Zugang zu Online-Diensten anbietet.

COM Name der seriellen Schnittstellen des PC (z.B. COM1:).

CPU Englische Abkürzung für **Central Processing Unit**, die Recheneinheit des Computers.

Cursor Dies ist der Positionszeiger auf dem Bildschirm (Symbol: Pfeil, Hand, senkrechte Linie, Sanduhr etc.).

D

Datei In einer Datei (englisch File) werden Daten auf Disketten oder Festplatten gespeichert (siehe Kapitel 3).

Datenbank Programme zur Speicherung, Verwaltung und Abfrage von Daten.

Desktop Publishing (DTP) Aufbereitung von Dokumenten (Prospekte, Bücher etc.) am Rechner.

DFÜ Abkürzung für Datenfernübertragung.

Dialogfeld Fenster in Windows, in dem Eingaben abgefragt werden.

Download Herunterladen von Daten per **Modem** z.B. aus dem Internet auf Ihren Rechner.

E

Editor Programm, zum Erstellen und Bearbeiten einfacher Textdateien.

Electronic Mail (E-Mail) Nachrichten, die auf elektronischem Wege verschickt werden (siehe Kapitel 8).

Error Englischer Name für einen Programmfehler.

Ethernet Technik zur Übertragung von Daten in Netzwerken.

Excel Name eines Tabellenkalkulationsprogramms von Microsoft.

F

FAT Englische Abkürzung für **File Allocation Table**. Besagt, wie Windows Dateien auf der Diskette oder Festplatte ablegt.

Floppy-Disk Dies ist ein anderer Name für eine Diskette.

Font Englischer Name für eine Schriftart.

Freeware Software, die kostenlos benutzt und nur kostenlos weitergegeben werden darf.

FTP FTP steht für **File Transfer Protocol**. Dies ist eine Funktion im Internet, mit der sich Dateien zwischen Computern übertragen lassen.

G

Gbyte Abkürzung für Gigabyte (entspricht 1.000 Megabyte).

GIF Grafikformat, welches für Grafiken in Webseiten benutzt wird.

Gopher Name für einen Suchdienst im Internet.

Grafikkarte Steckkarte in einem PC zur Ansteuerung des Bildschirms.

H

Hardware Als Hardware werden alle Teile eines Computers bezeichnet, die sich anfassen lassen (Gegenteil ist Software).

Homepage Startseite einer Person/Firma im World Wide Web. Von der Startseite gehen Hyperlinks zu weiteren Webseiten.

HTML HTML steht für **Hypertext Markup Language**, dem Dokumentformat im World Wide Web.

Hyperlink Verweis in einem HTML-Dokument zu einer anderen Web-Seite.

I

Internet Weltweiter Verbund von Rechnern in einem Netzwerk (siehe Kapitel 8).

J

Joystick Ein Joystick ist der Steuerknüppel zur Bedienung von Spielprogrammen.

JPEG Grafikformat, welches für Grafiken in Webseiten benutzt wird.

K

Kbyte Abkürzung für Kilobyte (entspricht 1.024 Byte).

L

LAN LAN heißt **Local Area Network** und bezeichnet ein Netzwerk innerhalb einer Firma (Gegenstück ist ein Wide Area Network).

LCD Spezielle Anzeige (Liquid Crystal Display) auf Laptop-Computern.

Linux Unix-Betriebssystem, welches von einer internationalen Gemeinde weiterentwickelt wird und frei verfügbar ist. Konkurrenz bzw. Alternative zu Microsoft Windows.

Lotus 1-2-3 Tabellenkalkulationsprogramm der Firma Lotus.

M

Mailbox Englischer Name für einen elektronischen Briefkasten.

Mbyte Abkürzung für Megabyte (1 Million Byte).

Modem Zusatzgerät, mit dem ein PC Daten über eine Telefonleitung übertragen kann. Wird z.B. zum Internetzugriff benötigt.

MS-DOS Von Microsoft vertriebenes älteres Betriebssystem.

Multimedia Techniken, bei denen auf dem Computer Texte, Bilder, Video und Sound integriert werden.

N

NetMeeting Windows-Programm, mit dem sich Konferenzen im Internet abhalten lassen.

NetShow Windows-Programm zur Anzeige von Videos aus dem Internet.

Netzwerk Verbindung zwischen Rechnern, um untereinander Daten austauschen zu können (siehe Kapitel 9).

Newsgroups Diskussionsgruppen zu bestimmten Themen im Internet.

O

Online-Dienst Dienste zum Zugang zum Internet wie T-Online, America Online oder CompuServe.

Outlook Express Windows-Programm zum Erstellen, Versenden, Lesen und Empfangen von E-Mails.

P

Parallele Schnittstelle Anschluss zwischen einem Computer und einem Gerät (meistens ein Drucker).

Pascal Programmiersprache, die häufig auf PC verwendet wird.

Path (Pfad) Gibt den Weg von einer Festplatte zu einer Datei in einem bestimmten Ordner an (z.B. C:\Text\Briefe).

Prozessor Anderer Name für die CPU.

Public Domain Public Domain ist Software, die öffentlich zugänglich ist und mit Erlaubnis des Autors frei kopiert oder weitergegeben werden darf (siehe auch Freeware).

Q

QWERTY-Tastatur Dieser Name bezeichnet eine englische Tastatur (die ersten sechs Tasten der zweiten Reihe ergeben das Wort QWERTY).

R

RAM RAM (englisch für Random Access Memory) ist der Name für die Bausteine, aus denen der Hauptspeicher eines Rechners besteht.

S

Scanner Dies ist ein Zusatzgerät, mit dem sich Bilder oder Schriftstücke in den Computer einlesen lassen.

Schriftart Name der Schrift, zur Darstellung der Buchstaben eines Texts (Arial, Times, Courier etc.).

Schriftgrad Größe eines Buchstabens in einem Text.

Serielle Schnittstelle Schnittstelle zur Anschaltung eines Geräts (Modem, Maus).

Server Hauptrechner in einem Netzwerk.

Shareware Software, die kostenlos weitergegeben und zum Prüfen ausprobiert werden darf. Bei einer regulären Benutzung muss die Software beim Programmautor gegen eine meist geringe Gebühr registriert werden. Damit hat der Benutzer die Möglichkeit die Software vorher ausgiebig zu testen. Der Autor kann auf aufwendige Vertriebswege verzichten und daher die Software meist preiswert anbieten.

Software Das ist ein anderer Name für die Programme.

T

Tabellenkalkulation Dies sind Programme, mit denen sich Berechnungen in Tabellenform sehr einfach machen lassen.

Textverarbeitung Dies sind Programme für das Erstellen von Briefen, Berichten, Büchern und so weiter (z.B. WordPad oder Microsoft Word).

U

Unix Unix ist ein Betriebssystem, das insbesondere in der Welt der Großrechner (Mainframes) verbreitet ist.

URL Abkürzung für **Uniform Resource Locator** (Adresse einer Webseite).

V

VGA Grafikstandard (16 Farben und 640 x 480 Bildpunkte). Heute wird Super-VGA mit mehr Farben und Bildpunkten benutzt.

Viren Programme, die sich selbst verbreiten und in andere Programme kopieren, wobei häufig Schäden an anderen Programmen, an Daten oder an der Hardware auftreten. Meist stören Viren den Computer bei einem bestimmten Ereignis (z.B. an einem bestimmten Tag).

W

Webseite Dokument im HTML-Format.

WWW **World Wide Web**, Teil des Internet, über den sich Texte und Bilder mit einem **Browser** sehr leicht abrufen lassen.

X

XMS Bezeichnung für den Erweiterungsspeicher eines PC oberhalb von 1 Megabyte.

Z

Zeichensatz Die Zeichencodes, die auf dem Rechner zur Verfügung stehen (ASCII, ANSI).

Symbole

.BMP 71, 181
.DOC 71
.EXE 71
.HTML 237
.PCX 181
.TXT 71

A

Absatzwechsel 136, 137
Account 394
Administrator 21
Adressbuch
– Gruppe anlegen 294
AltGr-Taste 136
Änderung rückgängig machen 143
ANSI, Definition 394
Anzeigeoptionen
– Ordnerfenster 124
Arbeitsbereich 24
Arbeitsgruppe 306
Arbeitsplatz 24
Arbeitsspeicher, Definition 395
Arithmetikprozessor 395
ASCII, Definition 395
Aufzählung 163
Aufzählungszeichen 164
Aufzeichnungsdichte 395
Ausgabeeinheit, Definition 395
ausschneiden 143

B

Backslash 123, 395
Basic 395
Baud, Definition 395
Benutzeroberfläche 24
– Definition 395
Betriebssystem, Definition 395
Bild im Textdokument 183
Bildauflösung, Definition 395
Bilder erstellen 165
Bildlauffeld 41
Bildlaufleisten 40, 41
Bildschirmauflösung 360
– ändern 360
Bildschirmhintergrund ändern 351
Bildschirmschoner 396
– einrichten 358
– Kennwort 359
– klappt nicht 387
Bit, Definition 396
Bitmap, Definition 396
Blind Copy 286
BMP-Datei 178
Brief
– nach DIN 5008 153
– schreiben 132
Browser 234
– Definition 396
Byte, Definition 396

C

Carbon Copy 286
Central Processing Unit *Siehe* CPU
Chat 234
CIS *Siehe* CompuServe
CompuServe 396
CPU, Definition 396
Cursortasten 140

D

Datei
– anzeigen 77
– Definition 396
– erzeugen 96
– Grundlagen 70
– im Explorer-Modus anzeigen 88
– Inhalt schnell anzeigen 200
– kopieren 100
– löschen 115
– Namen 71
– suchen 121
– umbenennen 98
– verschieben 104
Dateien
– Anzeigeoptionen 84
– aus dem Papierkorb holen 118
– Download 261
– mehrere handhaben 106
– mehrere kopieren 106
– Sortierkriterien 85
– verschlüsseln 342
Dateinamen
– Regeln 71
Dateinamenerweiterung 71
– ausblenden 192
– sortieren nach 86
Dateisymbole sortieren 85
Dateitypen, nicht registrierte 194
Datenaustausch per Zwischenablage 146
Datenfernübertragung *Siehe* DFÜ
Datenträgerbezeichnung 114
Datum
– ändern 348
– anzeigen 28
– einfügen 162
Defragmentierung 336
Desktop 24
– Hintergrund ändern 351
– Hintergrundbild entfernen 356
– mit Druckersymbol 218

403

- Muster 354
- Programmsymbol einrichten 368
- Symbole anordnen 87
- Verknüpfung einrichten 368

DFÜ, Definition 397
Dialogfeld 20, 51
- Definition 397
DIN 5008 153
- Brief 153
Direkthilfe 49
Diskette 76
  Siehe auch Floppy-Disk
- formatieren 113
- kopieren 109
- schreibgeschützt 112
Dokument
- Dokumentliste 202
- drucken 151
- Inhalt schnell anzeigen 200
- laden 198
- öffnen 194
- unter neuem Namen speichern 149
- Verknüpfung auf dem Desktop 196
Dokumentdatei
- Darstellung 192
Dokumentliste
- löschen 203
Domäne 306
Doppelklickgeschwindigkeit ändern 370
Download 261
- Definition 397
Druck-Manager 225
Druckauftrag 227
- abbrechen 228
- anhalten 228
- Besitzer 227
- Status 227
- wieder freigeben 228

Drucken 220
- eines Dokuments 151
- Hoch- oder Querformat 152
- im Netzwerk 322
- Papiergröße 224
- Querformat 224
Drucker
- als Desktop-Symbol 218
- einrichten 210
- Einstellungen ändern 222
- Freigabe aufheben 328
- freigeben 326
- Papierformat einstellen 224
- Papierzufuhr wählen 225
- Statusanzeige 225
Druckertreiber 210
Druckerwarteschlange 225
Druckqualität 224

E

E-Mail 233, 269
  Siehe auch Electronic Mail
- Datei anhängen 288
- im HTML-Format 287
- Text formieren 287
- was ist das? 269
E-Mail-Konto einrichten 371, 376
Eigenschaften
- Datei 126
- Laufwerk 126
- Ordner 126
Eigenschaftenfenster 50
Einfügemarke 98, 133
- positionieren 140
Eingabe fremdsprachlicher Zeichen 159
Eingabefeld 20
Electronic Mail, Definition 397
Elektronische Post 269
Erweiterung 71
Erweiterungsspeicher Siehe XMS

Ethernet, Definition 397
Euro-Symbol eingeben 136
Explorer 88
− Symbolgröße einstellen 81
Explorerleiste 89
Extension 71

F

Farbtiefe 360
FAT, Definition 397
Favoriten
− anzeigen 204
− festlegen 205
Fehler
− Drucker tut nichts 392
− Keyboard Error 380
− Rechner startet nicht 380
Feld 45
Fenster
− Größe verändern 37
− maximieren 35
− öffnen 32
− schließen 37
− verschieben 39
− volle Bildschirmgröße 35
− wechseln 39
− zum Symbol verkleinern 36
Festplatte
− defekte Sektoren 334
− Fragmentierung 338
− Organisation 336
Feststell-Taste 135
File Allocation Table *Siehe* FAT
File Transfer Protocol *Siehe* FTP
Flatterrand 156
Floppy-Disk 397
FrontPage Express 235
FTP, Definition 397

G

Großbuchstaben eingeben 135

H

Hauptspeicher *Siehe* RAM
Hilfe abrufen 42
Hintergrundbild 351
Homepage 257
− Definition 397
HTML 235
− Definition 398
HTML-Datei laden 237
HTML-Dokument drucken 255
HTML-Seiten drucken 255
Hyperlink 44, 235
− Definition 398
Hypertext Markup Language 235
 Siehe auch HTML

I

Installationsprogramme 366
Internet 232, 398
Internet Explorer
− Download 261
− Optionen 257
− Startseite 257
− Suchen 259
Internetzugang einrichten 371
Intranet 234

K

Kalender 348
Kennwort
− ändern 388
− speichern 272
Kombinationsfeld 123
Kontakte
− anlegen 292
− nachschlagen 291
Kontextmenü 88
Kontrollkästchen 51
kopieren 143

L

LAN, Definition 398
Laufwerk 74
- anzeigen 77
- benennen 75
- Datenträgerbereinigung 343
- defragmentieren 336
- Fehlerprüfung 334
- freigeben 328
- Kapazität anzeigen 126
- komprimieren 339
- optimieren 336
- wechseln 91
Local Area Network *Siehe* LAN

M

markieren 28, 99, 142
- mehrerer Objekte 106
- per Tastatur 143
Markierung
- aufheben 143
Maus 26
- Bewegung zu schnell 385
- Doppelklick, Probleme 384
- doppelklicken 31
- einrichten 369
- klicken 28
- markieren 28
- Mauszeiger schlecht sichtbar 385
- Tasten vertauscht 384
- zeigen 27
- Zeiger bewegt sich nicht 383
- ziehen 30
Mauscursor 26
Mauspad 26
Mauszeiger 26
Mauszeigerspur anzeigen 385
Menü 29
- arbeiten mit 64
- Start 58
- versteckte Einträge 60

Menüleiste 33
Microsoft Internet Explorer 236
Modem 233, 398
Monitor, Energiesparfunktion 359
Multimedia, Definition 398

N

Nachricht
- ablegen 282
- allen antworten 281
- Anlage auspacken 278
- beantworten 279
- Datei anhängen 289
- Dringlichkeit festlegen 288
- drucken 282
- formatieren 287
- handhaben 282
- kennzeichnen 277
- Kennzeichnung
   als ungelesen 277
   löschen 277
   verfolgen 277
- Priorität
   setzen 288
- verfassen 284
- weiterleiten 279
Nachrichtenleiste
- Symbole 276
Netzlaufwerk
- trennen 318
- verbinden 318
Netzressourcen
- als Laufwerke 318
Netzwerk 302
- anmelden 304
- arbeiten 304
- Client 302
- Drucker einrichten 323
- Schreibschutz 331
- Server 302
- suchen 312
Netzwerkressource hinzufügen 316

Netzwerkumgebung 25
Newsgroups 234
NTFS-Dateisystem 339
NumLock-Taste 381

O

Objekte, mehrere markieren 106
Öffnen mit 198
Online 252
Optionsfeld 125
Ordner 73
– anlegen 94, 147
– anzeigen 77
– freigeben 328
– Grundlagen 70
– in neuem Fenster anzeigen 126
– komprimieren 340
– kopieren 100
– löschen 115
– mehrere handhaben 106
– mehrere kopieren 106
– mehrere markieren 106
– Namen 74
– Sortierkriterien 85
– suchen 121
– umbenennen 98
– verschieben 104
– wechseln 91
Ordneranzeige
– herkömmliche 126
– sortieren 85
Ordnerfenster
– Anzeigeoptionen 124
– Statusleiste 81
– Symbolgröße einstellen 81
Outlook, Elektronische Post 269
Outlook Express
– Adressen 291
– E-Mail 269
– Kontakte 291
  anlegen 292
– Objekte löschen 296

– Papierkorb leeren 297
– Post senden/empfangen 270
– Postfach bearbeiten 274
– starten 266
– Überblick 266
– Übersicht 266
Outlook-Leiste 267
– nutzen 267

P

Paint 165
– Befehl rückgängig machen 168
– Bereiche ausschneiden 175
– Bereiche kopieren 175
– Bild laden 180
– drucken 181
– Hintergrundbild 182
– Hintergrundfarbe 169
  setzen 169
– neue Zeichnung 169
– Pinselstärke wählen 167
– speichern 178
– Text formatieren 175
– Werkzeugleiste 165
Papiergröße 224
Papierkorb 25
– leeren 120
Papierquelle 152
Parallele Schnittstelle,
  Definition 399
Pfad 123
Positionieren 140
– Tastenkombinationen 140
Post lesen 274
Postausgang ansehen 290
Programm
– Absturz 388
– beenden 37, 63
– installieren 365
– starten 58
– umschalten 61
– vom Desktop starten 65

Programmgruppen 59
Programmsymbol einrichten 368
Prozessor *Siehe* CPU

Q

Quellordner 104
QuickInfo 27

R

RAM *Siehe* Arbeitsspeicher
Randsteller 161
Rechner starten 20
Registerkarte 43
– Layout 152
– Papier/Qualität 152
Ressource 303

S

Scanner 351, 399
Schaltfläche 20, 25
– Start 25
Schmuckpunkt 163, 164
Schnellanzeige 200
Schnellstart-Symbolleiste 67
Schnittstelle
– parallele 399
– serielle 399
Schrift
– fett 158
– kursiv 158
Schriftart 158
Schriftgrad 158
Sektoren 336
Serielle Schnittstelle, Definition 399
Server 302
– Definition 400
Smileys 287
Standard-Drucker 214
Startmenü 29, 58
– ändern 366

Statusleiste 34
Steuerelemente 20
suchen im Netzwerk 312
Surfen im Internet 236
Symbol Netzwerkumgebung 305
Symbolleiste 34
– ein-/ausblenden 133
Systemadministrator 305

T

Tab-Taste 22
Taskleiste 25
Tastatur
– auf Großschreibung
  umstellen 135
– Bedienung 135
– Probleme 382
– Wiederholmodus 135
– Wiederholrate einstellen 381
Text
– Änderung rückgängig
  machen 143
– ausrichten 156
– ausschneiden 143
– bearbeiten 139
– Einfügemarke positionieren 140
– einfügen 139
– Einzug 136
– kopieren 143
– korrigieren 139
– löschen 140
– markieren 99, 142
– per Tastatur markieren 143
– positionieren, im 140
– überschreiben 139
– unterstreichen 158
– verschieben 143
Textbearbeitung, Tastenkombinationen 140
Textcursor 133
Textdokument, formatieren 153
Texteingabe, Tasten 135

Textfeld 20, 45
Titelleiste 33

U

Uhrzeit
– Anzeige fehlt 387
– stellen 348
UNC-Pfad 316
URL 244

V

Verknüpfung 368
Verlauf anzeigen 203
verschieben 143
versteckte Menübefehle 60
Verzeichnis 74
VGA-Grafik, Definition 400
Virus 400

W

Web-Server 233
Webseite 234, 400
– Buchmarken 250
– merken 250
– speichern 253
Wechsel
– zum übergeordneten Ordner 92
Wildcard 123
Windows
– Anmeldung 20
– beenden 53
– Hintergrundbild 182
– Kennwort vergessen 387
– Komponenten installieren 363
– starten 20
– Startmenü 58
Wochentag 350
– anzeigen 28

Word
– Absatzwechsel einfügen 136
– Text
   löschen 140
   überschreiben 139
WordPad 132
– Absatzwechsel 137
– beenden 152
– Befehl aufheben 143
– Blattrand 137
– Briefe schreiben 132
– Dateiformat setzen 149
– Dateityp wählen 149
– Datum einfügen 162
– Dialogfeld Optionen 138
– Dokument
   drucken 151
   laden 149
   speichern 146
– Erstzeileneinzug 161
– Lineal 137
– Modus Überschreiben 139
– Optionen 138
– positionieren im Text 140
– Ränder einstellen 161
– Seitenvorschau 152
– Text
   ausschneiden 143
   einfügen 139
   kopieren 143
   korrigieren 139
   markieren 142
   umbrechen 138
   verschieben 143
– Textdokument formatieren 153
– Zeichen löschen 140
– Zeilenlänge 137
– Zeilenumbruch 137
Workgroup 306
Workgroup-Netzwerk 303
World Wide Web 232
   Siehe auch WWW

WWW
- Definition 400
- surfen 243

X

XMS
- Definition 401

Z

Zahlen eintippen 135
Zeichen
- entfernen 140
- löschen 99, 135, 140

Zeichnung beschriften 174
Zeile einrücken 136
Zeilenlänge 161
Zeilenumbruch 137
Zeilenwechsel 136
Zeit ändern 348
Zeitzone einstellen 350
Zielordner 104
Ziffernblock auf Zahleneingabe
   umstellen 135
Zuordnungseinheiten 336
Zwischenablage 144, 145

Alle mögen's easy

Bestell-Nr. 25509, DM 29,95

Bestell-Nr. 25555, DM 39,95

Weitere Titel der Reihe:

- **Access 2000**
  Bestell-Nr. 25512, DM 29,95
- **Access 97**
  Bestell-Nr. 25292, DM 29,95
- **CorelDRAW 8**
  Bestell-Nr. 25387, DM 29,95
- **CorelDRAW 9**
  Bestell-Nr. 25550, DM 29,95
- **Excel 2000**
  Bestell-Nr. 25510, DM 29,95
- **Excel 97**
  Bestell-Nr. 25293, DM 29,95
- **Outlook 98**
  Bestell-Nr. 25441, DM 29,95
- **PC-Grundlagen**
  Bestell-Nr. 25452, DM 29,95
- **Windows 95**
  Bestell-Nr. 25320, DM 29,95
- **Word 2000**
  Bestell-Nr. 25511, DM 29,95
- **Word 97**
  Bestell-Nr. 25287, DM 29,95

Die Computerbuch-Reihe für die »absolute beginners«

✓ **leicht**
  Alle Arbeitsschritte sind bebildert

✓ **klar**
  Die wichtigsten Teile sind hervorgehoben

✓ **sofort**
  Von null auf hundert im Handumdrehen

Markt&Technik-Produkte erhalten Sie im Buchhandel, Fachhandel und Warenhaus.
Pearson Education Deutschland GmbH · Martin-Kollar-Straße 10–12 · 81829 München · Telefon (0 89) 4 60 03-0 · Fax (0 89) 4 60 03-100
Aktuelle Infos rund um die Uhr im Internet: www.mut.de

magnum

Kompakt – Komplett – Kompetent

Weitere Titel:

M&T magnum – Office 97
M. Borges/E. Elser/K. Pitzschel
1024 Seiten, 1 CD-ROM
ISBN 3-8272-5343-8

M&T magnum – Word 97
M. Borges/E. Elser/A. Neumann
896 Seiten, 1 CD-ROM
ISBN 3-8272-5344-6

M&T magnum – Excel 97
Günther Born
1072 Seiten, 1 CD-ROM
ISBN 3-8272-5351-9

M&T magnum – Access 97
E. Tiemeyer/K. Konopasek
944 Seiten, 1 CD-ROM
ISBN 3-8272-5349-7

M&T magnum – Windows 98
Konstantin Lindenau
1128 Seiten, 1 CD-ROM
ISBN 3-8272-5410-8

M&T magnum – PC-Werkstatt
Klaus Dembowski
1128 Seiten, 1 CD-ROM
ISBN 3-8272-5310-1

M&T magnum – Windows 95
Konstantin Lindenau
1120 Seiten, 1 CD-ROM
ISBN 3-8272-5396-9

M&T magnum – Internet
Helmut Saaro
912 Seiten, 1 CD-ROM
ISBN 3-8272-5438-8

E. Tiemeyer/K. Konopasek
ca. 900 Seiten, 1 CD-ROM
ISBN 3-8272-5482-5

M. Borges/E. Elser/J. Schumacher
1200 Seiten, 1 CD-ROM
ISBN 3-8272-5483-3

G. Born
1088 Seiten, 1 CD-ROM
ISBN 3-8272-5481-7

M. Borges/E. Elser/J. Schumacher
992 Seiten, 1 CD-ROM
ISBN 3-8272-5484-1

Alles drin für nur je DM 49,95

Markt&Technik-Produkte erhalten Sie im Buchhandel, Fachhandel und Warenhaus.
Pearson Education Deutschland GmbH · Martin-Kollar-Straße 10–12 · 81829 München · Telefon (0 89) 4 60 03-0 · Fax (0 89) 4 60 03-100
Aktuelle Infos rund um die Uhr im Internet: www.mut.de

Pearson Education

Gewusst wie!

Jeder Titel nur 19,95 DM

Uwe Graz
Digitale Fotografie
ISBN 3-8272-5658-5

Peter Stimpfle
Den PC beherrschen
ISBN 3-8272-5667-4

Anja Hinz
Word 2000
ISBN 3-8272-5664-X

In dieser Reihe erscheinen ausserdem:

Elke Nominikat
Endlich im Internet
ISBN 3-8272-5649-6

Ingo Dellwig
Meine Homepage
ISBN 3-8272-5652-6

Thomas Lauer
Gekonnt Surfen
ISBN 3-8272-5668-2

Enno Park
PC-Pannenkurs
ISBN 3-8272-5650-X

Bernd Held
Excel 2000
ISBN 3-8272-5665-8

Wilfred Lindo
PalmPilot
ISBN 3-8272-5679-8

Caroline Butz
Super Sachen mit Word
ISBN 3-8272-5651-8

Giesbert Damaschke
Fast geschenkt! Im Internet
ISBN 3-8272-5653-4

Anton Conrad
Richard Eisenmenger
Musik-CDs brennen
ISBN 3-8272-5697-6

Markt&Technik-Produkte erhalten Sie im Buchhandel, Fachhandel und Warenhaus.
Pearson Education Deutschland GmbH · Martin-Kollar-Straße 10–12 · 81829 München · Telefon (0 89) 4 60 03-0 · Fax (0 89) 4 60 03-100
Aktuelle Infos rund um die Uhr im Internet: www.mut.de

Pearson Education

M&T factory.
So holen Sie das Beste aus Ihrem PC!

M&T Factory bietet:
- Buch plus Software: Material und Software zum »Sofort-Loslegen«
- Beste Nachschlagequalitäten: großer Index, Glossar, visuelles Inhaltsverzeichnis, Listen und Übersichten
- Viele Bilder und Infografiken
- Hervorragende Leserorientierung

Jeder Titel ca. 350 Seiten inkl. CD-ROM

So gewinnen Sie an der Börse!
Walter Schwabe
ISBN 3-8272-5521-X, DM 39,95

So tauschen Sie problemlos Daten aus!
Hendric Wehr/Ralf Sydekum
ISBN 3-8272-5574-0, DM 49,95

So gehen Sie blitzschnell online!
Dirk Jasper
ISBN 3-8272-5670-4, DM 29,95

So managen Sie Ihre Zeit!
D. Louis/O. Pott
ISBN 3-8272-5507-4, DM 39,95

So entsteht Ihre Homepage
D. Louis/O. Pott
ISBN 3-8272-5508-2, DM 39,95

Markt&Technik-Produkte erhalten Sie im Buchhandel, Fachhandel und Warenhaus.
Pearson Education Deutschland GmbH · Martin-Kollar-Straße 10–12 · 81829 München · Telefon (0 89) 4 60 03-0 · Fax (0 89) 4 60 03-100
Aktuelle Infos rund um die Uhr im Internet: www.mut.de

Windows 2000

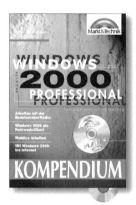

Bestell-Nr. **25608**
ca. 1000 Seiten, 1 CD-ROM
DM 89,95

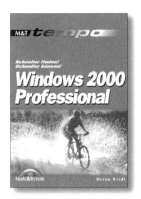

Bestell-Nr. **25678**
ca. 360 Seiten
DM 33,00

Bestell-Nr. **25647**
ca. 1000 Seiten, 1 CD-ROM
DM 49,95

Bestell-Nr. **25654**
ca. 400 Seiten
DM 29,95

Bestell-Nr. **25700**
ca. 400 Seiten
DM 44,00

Markt&Technik-Produkte erhalten Sie im Buchhandel, Fachhandel und Warenhaus.
Pearson Education Deutschland GmbH · Martin-Kollar-Straße 10–12 · 81829 München · Telefon (0 89) 4 60 03-0 · Fax (0 89) 4 60 03-100
Aktuelle Infos rund um die Uhr im Internet: www.mut.de